Casa del Libro
GRAN VIA, 29
TELF. 221 20 37
28013 MADRID

847143101-7
0004561

600 P   8,0 C
S1 248505

IA
AÑOLA

Y0-BGW-358

CARLOS SANCHEZ POLO

ANTOLOGIA DE LA LITERATURA ESPAÑOLA

DE LA EDAD MEDIA AL SIGLO XIX

Serie «ANTOLOGIAS»

SOCIEDAD GENERAL ESPAÑOLA DE LIBRERIA, S. A.
Evaristo San Miguel, 9
MADRID-8

© Carlos Sánchez Polo
Sociedad General Española
de Librería, S. A.
Madrid, 1976

ISBN 84-7143-101-7

Depósito legal: M. 31019 - 1976

Printed in Spain - Impreso en España

Selecciones Gráficas - Carretera de Irún, km. 11,500 - Madrid (1976)

PROLOGO

La primera cuestión que se plantea ante una Antología es la licitud de la misma. ¿Hasta qué punto es válido tomar unos fragmentos de la obra de un autor y ponerlos junto a los de otros autores? Es evidente que al hacer tal operación cometemos un doble falseamiento, ya que por un lado arrancamos el fragmento del contexto en que originariamente estaba situado y, además, al colocarlo junto al de otro autor, convertimos en secuencia espacial lo que antes era una relación espacio-temporal.

Pero sucede que, así como el botánico lleva las plantas a su laboratorio para en un primer momento estudiarlas aisladas del medio en donde viven (lo que no lo exime de, en un paso posterior, realizar un análisis del medio físico en el que se integren los análisis previamente realizados), de la misma forma, el profesor de Literatura no puede enfrentar a sus alumnos, para empezar, con toda la realidad —en este caso el conjunto de obras de una época—, sino que tendrá que hacerlos pasar por el «laboratorio» con el fin de realizar ese análisis a escala reducida para después poder enfrentarse con la realidad tal como es, sin mixtificaciones.

La operación descrita será válida a condición de que en el momento preciso eliminemos el doble falseamiento a que antes nos habíamos referido. Puesto que el profesor conoce la obra a la que el fragmento seleccionado pertenece, a través del análisis del texto tendrá que restablecer el contexto antes alterado para, a continuación, sustituir la secuencia espacial artificialmente creada por la relación espacio-temporal que en cada caso corresponda.

Lo que ha de quedar bien claro es que el conocimiento de un fragmento no debe sustituir sino potenciar la lectura de la obra completa por parte del alumno, función motivadora ésta cuyo éxito dependerá sobre todo de la habilidad del profesor.

Lo dicho hasta ahora puede servir para tranquilizarnos la conciencia, puesto que nos da vía libre para realizar la selección, al tiempo que nos marca la finalidad de la misma. Pero nos falta el cómo realizarla y es aquí donde más discusiones suelen plantearse, ya que por más que nos esforcemos siempre habrá un componente subjetivo en la elección de un texto o al juzgar tal elección. Desde luego he de afirmar que en este caso tal componente ha existido y lo único que he sabido hacer es contar con él y dejarlo aparecer sólo cuando realmente quería que tal cosa ocurriera.

Junto a los inevitables criterios subjetivos es posible plantearse, a la hora de realizar la selección, unos criterios objetivos en función de la finalidad que se persigue con tal selección. A continuación, trataremos de aclarar dichos criterios en la medida de lo posible.

Como esta Antología está pensada para una enseñanza general había, cuando menos, que incluir a los autores que aparecen en programa. A partir de este *condicionante se optó por seleccionar una muestra lo más amplia posible de cada autor, aunque esto supusiera disminuir el número de autores presentes en la Antología. A la hora de elegir entre las obras de cada autor, o el fragmento concreto a seleccionar, la razón que ha privado ha sido la didáctica, sin perder de vista nunca el criterio estético.*

Soy consciente de que la explicación anterior tal vez no resulte suficiente, de que lo ideal sería justificar la elección de cada texto, pero, puesto que tal cosa no es posible, me limitaré a los casos más discutibles; por ejemplo, la desproporción existente entre textos medievales y textos del siglo XX, en beneficio de estos últimos. Si los fines de la Antología hubieran sido otros, tal desproporción no estaría seguramente justificada, pero al tratarse de una Antología educativa tal hecho viene impuesto por el objetivo último que debe perseguir la enseñanza de la Literatura a este nivel, que para mí no es otro que hacer «buenos lectores»; la experiencia, sin embargo, nos está demostrando a cada paso que en lugar de conseguir tal objetivo lo que frecuentemente logramos es alejar al alumno de la Literatura en beneficio de otros territorios aledaños. Lo que no significa, desde luego, que sea necesario prescindir de todo aquello que al alumno no le gusta, sino que, a partir de lo que sí acepta de buen grado, porque lo siente más próximo, acompañarle en el lento recorrido que lo ha de llevar del rechazo a la aceptación. Pero, bien entendido, el viaje lo ha de realizar el alumno y es él quien tiene que llegar al convencimiento de que tal o cual obra es importante, porque, en caso contrario, fingirá que se lo cree exactamente hasta el momento de recibir la calificación positiva que le permita olvidarse de nosotros, y, lo que es peor, de la Literatura.

Ahora bien, si en el caso de autores y obras clásicas el desacuerdo sólo puede cifrarse en pensar que no están todos los que son o en preferir un fragmento a otro —porque el tiempo se ha encargado de hacer una severa selección—, con respecto a los autores actuales la cuestión es mucho más peliaguda. Concretamente, en la Literatura posterior a la Guerra Civil, el criterio utilizado ha sido el de procurar incluir una muestra representativa de las distintas corrientes que han ido afluyendo a nuestra Literatura en estos años, haciendo una agrupación según géneros literarios. Por otra parte, al multiplicarse el número de autores no era posible hacer una introducción de cada uno, por lo que me he limitado a dar una breve referencia bibliográfica en cada caso. A partir de aquí, y como en el resto del libro, el acierto o el desacierto de la selección solamente es responsabilidad del antólogo.

Un problema con el que me encontré desde el comienzo del trabajo fue el de las notas. Estoy convencido de que cualquier texto que utilicemos con fines educativos necesita una serie de aclaraciones, pero por la naturaleza de esta Antología no era posible incluir las notas necesarias, so pena de reducir considerablemente los textos, lo cual no me parecía aceptable. Otra solución podía ser colocar a cada texto unas cuantas notas semánticas, pero pienso que tales notas no son suficientes para el alumno y al profesor no le sirven prácticamente de nada. Por todo lo cual, y tras consultar con varios profesores, decidí suprimir las notas en beneficio de la extensión de los textos.

Sólo resta decir que una Antología como la presente es apenas una hipótesis de trabajo, susceptible de cuantas correcciones imponga su utilización.

EDAD MEDIA

EL «CANTAR DE MIO CID»

Es el único Cantar de Gesta que ha llegado hasta nosotros casi íntegro, conservado en una copia única hecha por Per Abbat en 1307; a esta copia le faltan dos hojas que han sido reconstruidas por Menéndez Pidal, basándose en las prosificaciones del *Cantar* hechas en crónicas medievales. Precisamente, ha sido Menéndez Pidal quien ha dedicado al *Cantar* trabajos más completos, que van desde la monumental edición del mismo a una serie de estudios sobre la lengua, el autor, la época del *Cantar*, etc. Aunque es preciso señalar que algunas de las teorías defendidas por don Ramón han comenzado a ser discutidas por investigaciones realizadas en los últimos años, es lo que ocurre con la teoría del autor. Según Menéndez Pidal, el poema habría sido compuesto hacia 1110 por un nativo de San Esteban de Gormaz que escribía pocos años después de ocurridos los hechos, y otro juglar de Medinaceli, hacia 1140, lo habría reelaborado, incrementando su parte imaginaria. Frente a esta teoría, una serie de investigaciones actuales defienden la existencia de un único autor, poeta culto, que habría compuesto el *Cantar* a comienzos del siglo XIII y habría vivido en las proximidades de Burgos.

El *Cantar*, en el estado en que ha llegado hasta nosotros, consta de 3.730 versos con métrica irregular, puesto que los versos oscilan alrededor de las catorce sílabas, agrupados en coplas monorrimas y divididos en dos hemistiquios, por una cesura.

La crítica ha venido señalando una serie de notas en el *Cantar*, algunas de éstas suponen una gran diferencia de la épica española con respecto a la épica de otras literaturas europeas, por ejemplo, con la francesa. Así, la condición eminentemente histórica del *Cantar*, tanto el héroe como casi todos los personajes que aparecen en el poema tuvieron existencia real, si bien este hecho no es del todo cierto en lo referente a los personajes árabes; la exactitud geográfica y topográfica, el carácter realista del poema, pues apenas si existen elementos fantásticos, y la mezcla de lo serio y lo cómico.

Entre los valores artísticos del poema podemos destacar los siguientes: rápida enumeración de lugares para sugerir el movimiento, sensación de tiempo que transcurre y maestría en la presentación de personajes.

El Poema se ha venido dividiendo en tres partes: Cantar del destierro, Cantar de las Bodas y Cantar de la afrenta de Corpes.

CANTAR DEL DESTIERRO

3
El Cid entra en Burgos

 Mio Çid Roy Díaz, por Burgos entróve,
En sue conpaña sessaenta pendones;
exien lo veer mugieres e varones,
burgeses e burgesas, por las finiestras sone,
plorando de los ojos, tanto avien el dolore.
De las sus bocas todos dizían una razóne:
«Dios, qué buen vassallo, si oviesse buen señore!»

4

Nadie hospeda al Cid.—Sólo una niña le dirige la palabra para mandarle alejarse.—El Cid se ve obligado a acampar fuera de la población, en la glera

 Conbidar le ien de grado, mas ninguno non osava:
el rey don Alfonsso tanto avie le grand saña.
Antes de la noche en Burgos dél entró su carta,
con grand recabdo e fuertemientre seellada:
que a mio Çid Roy Díaz que nadi nol diessen posada,
e aquel que gela diesse sopiesse vera palabra
que perderie los averes e más los ojos de la cara,
e aun demás los cuerpos e las almas.
Grande duelo avien las yentes cristianas;
ascóndense de mio Çid, ca nol osan dezir nada.
 El Campeador adeliñó a su posada;
así como llegó a la puorta, fallóla bien çerrada,
por miedo del rey Alfons, que assí lo pararan:
que si non la quebrantás, que non gela abriessen por nada.
Los de mio Çid a altas vozes llaman
los de dentro non les querién tornar palabra.
Aguijó mio Çid, a la puerta se llegaua,
sacó el pie del estribera, una ferídal dava;
non se abre la puerta, ca bien era çerrada.
 Una niña de nuef años a ojo se parava:
«Ya Campeador, en buena çinxiestes espada!
»El rey lo ha vedado, anoch dél entró su carta,
»con grant recabdo, e fuertemientre seellada.

10

»Non vos osariemos   abrir nin coger por nada;
»si non, perderiemos   los averes e las casas,
»e aun demás   los ojos de las caras.
»Çid, en el nuestro mal   vos non ganades nada;
»mas el Criador vos vala   con todas sus vertudes santas.»
Esto la niña dixo   e tornós pora su casa.
Ya lo vede el Çid   que del rey non avie graçia.
Partiós dela puerta,   por Burgos aguijaua,
llegó a Santa María,   luego descavalga;
finçó los inojos,   de coraçón rogava.
La oraçión fecha,   luego cavalgava;
salió por la puerta   e Arlançón passava.
Cabo Burgos essa villa   en la glera posava,
fincava la tienda   e luego descavalgava.
Mio Çid Roy Díaz,   el que en buena çinxó espada,
posó en la glera   quando nol coge nadi en casa;
derredor dél   una buena conpaña.
Assí posó mio Çid   commo si fosse en montaña.
Vedada l'an conpra   dentro en Burgos la casa
de todas cosas   quantas son de vianda;
nol osarien vender   al menos dinarada.
      … … … … … … … … … … … …

16

Jimena lamenta el desamparo en que queda la niñez de sus hijas.—El Cid espera llegar a casarlas honradamente

»Merced, ya Çid,   barba tan complida!
»Fem ante vos   yo e vuestras ffijas
»iffantes son   e de días chicas,
»con aquestas mis dueñas   de quien so yo servida.
»Yo lo veo   que estades vos en ida
»e nos de vos   partir nos hemos en vida.
»Dadnos consejo   por amor de santa María!»
    Enclinó las manos   la barba vellida,
a las sues fijas   en braço las prendía,
llególas al coraçón,   ca mucho las quería.
Llora de los ojos,   tan fuerte mientre sospira:
«Ya doña Ximena,   la mi mugier tan complida,
»commo a la mie alma   yo tanto vos quería.
»Ya lo veedes   que partir nos emos en vida,
»yo iré y vos   fincaredes remanida.
»Plega a Dios   e a santa María,
»que aun con mis manos   case estas mis fijas,
»e quede ventura   y algunos días vida,
»e vos, mugier ondrada,   de mí seades servida!»
      … … … … … … … … … … … …

19
Ultima noche que el Cid duerme en Castilla. Un ángel consuela al desterrado

I se echava mio Çid   después que fo de noch,
un sueñol priso dulçe,   tan bien se adurmió.
El ángel Gabriel   a él vino en visión:
«Cabalgad, Çid,   el buen Campeador,
»ca nunqua en tan buen punto   cavalgó varón;
»mientra que visquiéredes   bien se fará lo to.»
Quando despertó el Çid,   la cara se santigó.

... ...

CANTAR DE LAS BODAS

74
Gentes que acuden al pregón.—Cerco y entrada de Valencia

Esto dixo mio Çid   el Campeador leal.
Tornávas a Murviedro,   ca él ganada se la a.
Andidieron los pregones,   sabet, a todas partes,
al sabor de la ganançia,   non lo quieren detardar,
grandes yentes se le acojen   de la buena cristiandad.
Sonando van sus nuevas   todas a todas partes;
mas le vienen a mio Çid,   sabet, que nos le van;
creçiendo va riqueza   a mio Çid el de Bivar;
quando vido las gentes juntadas,   compeçós de pagar.
Mio Çid don Rodrigo   non lo quiso detardar,
adeliñó pora Valençia   e sobrellas va echar,
bien la çerca mio Çid,   que non i avía hart;
viédales exir   e viédales entrar.
Metióla en plazdo,   si les viniessen huviar.
Nueve meses complidos,   sabet, sobrella yaz,
quando vino el dezeno   oviérongela a dar.
    Grandes son los gozos   que van por es logar
quando mio Çid gañó a Valençia   e entró en la çibdad.
Los que foron de pie   cavalleros se fazen;
el oro e la plata   ¿quien vos lo podrie contar?
Todos eran ricos   quantos que allí ha.
Mio Çid don Rodrigo   la quinta mandó tomar,
en el aver monedado   treynta mill marcos le caen,
e los otros averes   ¿quien los podrié contar?
Alegre era el Campeador   con todos los que ha,
quando su seña cabdal   sedié en somo del alcáçer.

... ...

110

El Cid recela del casamiento

—«Mugier doña Ximena, grado al Criador.
»A vos digo, mis fijas, don Elvira e doña Sol:
»deste vuestro casamiento creçremos en onor;
»mas bien sabet verdad que non lo levanté yo:
»pedidas vos ha e rogadas el mio señor Alfons,
»atan firme mientre e de todo coraçón
»que yo nulla cosa nol sope dezir de no.
»Metivos en sus manos, fijas, amas ados;
»bien me lo creades, que él vos casa, ca non yo.»
... ...

CANTAR DE CORPES

112

Suéltase el león del Cid. Miedo de los infantes de Carrión. El Cid amansa al león.—Vergüenza de los infantes

En Valençia sedí mio Çid con todos los sos,
con ello amos sos yernos ifantes de Carrión.
Yazies en un escaño, durmie el Campeador,
mala sobrevienta, sabed, que les cuntió:
saliós de la red e desatós el león.
En grant miedo se vieron por medio de la cort;
enbraçan los mantos los del Campeador,
e çercan el escaño, e fincan sobre so señor.
Fernant Gonçalvez, ifant de Carrión,
non vido allí dos alçasse, nin cámara abierta nin torre;
metiós sol escaño, tanto ovo el pavor.
Díag Gonçalvez por la puerta salió,
diziendo de la boca: «non veré Carrión!»
Tras una viga lagar metiós con grant pavor;
el manto e el brial todo suzio lo sacó.
En esto despertó el que en buen ora naçió;
vido çercado el escaño de sos buenos varones:
«Qués esto, mesnadas, o qué queredes vos?»
—«Ya señor ondrado, rebata nos dió el león.»
Mio Çid fincó el cobdo, en pie se levantó,
el manto trae al cuello, e adeliñó pora' león;
el león quando lo vío, assi envergonçó,
ante mio Çid la cabeça premió e el rostro fincó.
Mio Çid don Rodrigo al cuello lo tomó,
e liévalo adestrando, en la red le metió.

A maravilla lo han quantos que i son,
e tornáronse al palaçio pora la cort.
  Mio Çid por sos yernos demandó e no los falló;
maguer los están llamando, ninguno non responde.
Quando los fallaron, assí vinieron sin color;
non vidiestes tal juego commo iva por la cort;
mandólo vedar mio Çid el Campeador.
Muchos tovieron por enbaídos ifantes de Carrión,
fiera cosa les pesa desto que les cuntió.
... ...

129

Los infantes abandonan a sus mujeres
(Serie gemela)

  Leváronles los mantos e las pieles armiñas,
mas déxanlas marridas en briales y en camisas,
e a las aves del monte e a las bestias de la fiera guisa.
Por muertas las dexaron, sabed, que non por bivas.
¡Quál ventura serie si assomas essora el Çid Roy Díaz!
... ...

152

Muño Gustioz vence a Asur González. El padre de los infantes declara vencida la lid.—Los del Cid vuelven cautelosamente a Valencia.—Alegría del Cid.—Segundos matrimonios de sus hijas.—El juglar acaba su poema

  Los dos han arrancado; dirévos de Muño Gustioz,
con Anssuor Gonçalvez cómmo se adobó.
Firiénsse en los escudos unos tan grandes colpea.
Anssuor Gonçalvez, forçudo e de valor,
firió en el escudo a don Muño Gustioz,
tras el escudo falssóle la guarnizón;
en vázio fue la lança, ca en carne nol tomó.
Este colpe fecho, otro dio Muño Gustioz:
por medio de la bloca el escúdol crebantó;
nol pudo guarir, falssóle la guarnizón,
apart le priso, que non cab el coraçón;
metiól por la carne adentro la lança con el pendón,
de la otra part una braça gela echó,
con él dió una tuerta de la siella lo encamó,
al tirar de la lança en tierra lo echó;
vermejo salió el astil, e la lança y el pendón.
Todos se cuedan que ferido es de muort.
La lança recombró e sobrél se paró;
dixo Gonçalvo Anssuórez: «nol firgades, por Dios!
«vençudo es el campo, quando esto se acabó!»
Dixieron los fideles: «esto odimos nos.»

Mandor librar el canpo el buen rey don Alfons,
las armas que i rastaron—elle se las tomó.
Por ondrados se parten los del buen Campeador;
vençieron esta lid, grado al Criador.
Grandes son los pesares por tierras de Carrión.
El rey a los de mio Çid de noche los enbió,
que no les diessen salto nin oviessen pavor.
A guisa de menbrados andan días e noches.
félos en Valençia con mio Çid el Campeador.
Por malos los dexaron a ifantes de Carrión,
complido han el debdo que les mandó so señor;
alegre fo d' aquesto mio Çid el Campeador.
Grant es la biltança de ifantes de Carrión.
Qui buena dueña escarneçe e la dexa despuós,
atal le contesca o siquier peor.
  Dexémonos de pleitos de ifantes de Carrión,
de lo que an preso mucho an mal sabor;
fablemos nos d'aqueste que en buen ora naçió.
Grandes son los gozos en Valençia la mayor,
porque tan ondrados foron los del Canpeador.
Prísos a la barba Roy Díaz so señor:
«Grado al rey del çielo, mis fijas vengadas son!
»Agora las ayan quitas heredades de Carrión!
»Sin vergüença las casaré o a qui pese o a qui non.»
  Andidieron en pleytos los de Navarra e de Aragón,
ovieron su ajunta con Alfons el de León.
Fizieron sos casamientos don Elvira e doña Sol;
los primeros foron grandes, mas aquestos son mijores;
a mayor ondra las casa que lo que primero fo.
Veed qual ondra creçe al que en buen ora naçió,
quando señoras son sues fijas de Navarra e de Aragón.
Oy los reyes d'España sos parientes son,
a todos alcança ondra por el que en buena naçió.
  Passado es deste sieglo mio Çid de Valençia señor
el día de cinquaesma; de Cristus aya perdón!
Assí ffagamos nós todos justos e peccadores!
  Estas son las nuevas de mio Çid el Canpeador;
en este logar se acaba esta razón.

GONZALO DE BERCEO

Es el primer poeta castellano de nombre conocido. Nacido a finales del siglo XII, en la localidad de Berceo, en la Rioja; se desconocen las fechas de su nacimiento y de su muerte, aunque aún vivía hacia 1260. Se sabe que fue educado en el monasterio de San Millán de la Cogolla y que, como clérigo secular, vivió en este monasterio hasta su muerte.

Obra:

a) Poemas hagiográficos: tres vidas de santos —San Millán de la Cogolla, Santo Domingo de Silos, Santa Oria— y un cuarto, incompleto, que contiene el martirio de San Lorenzo.

b) Poemas dedicados a la Virgen: *Milagros de Nuestra Señora, Loores de Nuestra Señora* y *Planto que fizo la Virgen el día de la Passión de su Fijo Jesu Christo.*

c) Obras doctrinales: *De los signos que aparecerán antes del Juicio* y *El Sacrificio de la Misa.*

Berceo es un poeta del Mester de Clerecía (usa la cuaderna vía, utiliza como fuentes de su obra textos latinos), pero no duda en emplear recursos del Mester de Juglaría para llegar mejor a los sencillos campesinos de los contornos del Monasterio a los que dirige su obra.

IX. EL CLERIGO IGNORANTE

Era un simple clerigo pobre de clerecia,
Dicie cutiano missa de la Sancta Maria,
Non sabia decir otra, diciela cada dia,
Más la sabia por uso que por sabiduria.
   Fo est missacantano al bispo acusado
Que era idiota, mal clerigo provado:
«Salve Sancta Parens» solo tenie usado,
Non sabie otra missa el torpe embargado.
   Fo durament movido el obispo a sanna,
Dicie: «Nunqua de preste oi atal hazanna—
Disso— diçit al fijo de la mala putanna
Que venga ante mi, no lo pare por manna.»
   Vino ante el obispo el preste peccador,
Avie con el grand miedo perdida la color,
Non podie de verguenza catar contral sennor,
Nunqua fo el mesquino en tan mala sudor.
   Dissoli el obispo: «Preste, dime la verdat,
Si es tal como dizen la tu neciedat.»
Dissoli el buen omne: «Sennor, por caridat,
Si dissiese que non, dizria falsedad.»
   Dissoli el obispo: «Quando non as ciencia,
De cantar otra misa, nin as sen, nin potencia,
Viedote que non cantes, metote en sentencia:
Vivi como merezes por otra agudencia.»
   Fo el preste su via triste e dessarrado,
Avie muj grand verguenza, el danno muj granado,
Tornó en la Gloriosa ploroso e quesado,
Que li diesse conseio, ca era aterrado.
   La Madre preciosa que nunqua fallecio
A qui de corazon a piedes li cadio,
El ruego del su clerigo luego gelo udio:
No lo metio por plazo, luego li acorrió.
   La Virgo Gloriosa, madre sin dicion,
Apareciól al obispo luego en vision:
Dixoli fuertes dichos, un brabiello sermon,
Descubrióli en ello todo su corazon.
   Dixoli brabamientre: «Don obispo lozano,
Contra mi ¿por qué fuste tan fuert e tan villano?
Io nunqua te tollí valia de un grano,
E tu asme tollido a mí un capellano.

El que a mí cantava la missa cada dia,
Tu tovist que facia ierro de eresia:
Judguesti lo por bestia e por cosa radia,
Tollisteli la orden de la capellania.
   Si tu no li mandares decir la missa mia
Como solie decirla, grand querella avria:
E tu serás finado hasta el trenteno dia:
¡Desend verás que vale la sanna de Maria!»
   Fo con estas menazas el bispo espantado,
Mandó enviar luego por el preste vedado:
Rogól quel perdonasse lo que avie errado,
Ca fo él en su pleito durament engannado.
   Mandólo que cantasse como solie cantar,
Fuesse de la Gloriosa siervo del su altar,
Si algo li menguasse en vestir o en calzar,
El gelo mandarie del suyo mismo dar.
   Tornó el omne bono en su capellania,
Sirvió a la Gloriosa Madre Sancta Maria,
Finó en su oficio de fin qual io queria,
Fue la alma a la gloria, a la dulz cofradria.
   Non podriemos nos tanto escribir nin rezar,
Aun porque podiessemos muchos annos durar,
Que los diezmos miraclos podiessemos contar,
Los que por la Gloriosa denna Dios demostrar.

DON JUAN MANUEL

Nació en Escalona en 1282 y murió en Peñafiel, en 1348 ó 1349. Nieto de San Fernando y sobrino de Alfonso X el Sabio, fue uno de los nobles más poderosos de su época.

Pese a ser un escritor muy preocupado por la conservación y transmisión de sus escritos, gran parte de éstos no han llegado hasta nosotros. De las obras conservadas destacan: *El libro del Caballero et del Escudero,* en donde se tratan diversos problemas del arte de la caballería, en forma de consejos que da un anciano caballero a un escudero joven. *El libro de los Estados,* versión cristiana de la Leyenda de Buda. Y su obra, sin duda, más importante, *El Conde Lucanor o Libro de Patronio,* colección de cincuenta apólogos, engarzados entre sí mediante un sencillo recurso: el conde Lucanor pide consejo a su servidor Patronio y éste le responde con una narración ilustrativa.

Don Juan Manuel es el primero de nuestros escritores que busca un arte literario personal. Hace de la claridad del estilo su objetivo fundamental y, aunque su prosa aún conserva lastres considerables como, por ejemplo, la repetición de la conjunción et, supone un avance gigantesco en relación con autores anteriores.

En nuestro autor predomina el elemento didáctico-moral, si bien muchos críticos resaltan el valor estético de sus narraciones y consideran que lo didáctico-moral es más bien el tributo que don Juan Manuel ofrece a las convenciones de su época.

Finalmente, es preciso apuntar la influencia oriental en don Juan Manuel, tanto en la fuente de muchas de sus narraciones como en la técnica de encerrar un conjunto de apólogos dentro de un marco general y en el hecho de ilustrar las reglas morales por medio de cuentos o ejemplos.

EL CONDE LUCANOR

EXEMPLO VII

De lo que contesçió a una muger quel dizíen doña Truhaña

Otra vez fablava el conde Lucanor con Patronio en esta guisa:
—Patronio, un omne me dixo una razón et amostróme la manera cómmo podría seer. Et bien vos digo que tantas maneras de aprovechamiento ha en ella que, si Dios quiere que se faga assí commo me él dixo, que sería mucho mi pro: ca tantas cosas son que nasçen las unas de las otras, que al cabo es muy grant fecho además.

Et contó a Patronio la manera cómmo podría seer. Desque Patronio entendió aquellas razones, respondió al conde en esta manera:
—Señor conde Lucanor, siempre oy dezir que era buen seso atenerse omne a las cosas çiertas et non a las [vanas] fuzas, ca muchas vezes a los que se atienen a las fuzas, contésçeles lo que contesçió a doña Truana.

Et el conde preguntó cómmo fuera aquello.
—Señor conde —dixo Patronio—, una muger fue que avíe nombre doña Truana et era asaz más pobre que rica; et un día yva al mercado et levava una olla de miel en la cabeça. Et yendo por el camino, començó a cuydar que vendría aquella olla de miel et que compraría una partida de huevos, et de aquellos huevos nazçirían gallinas et depués, de aquellos dineros que valdrían, conpraría ovejas, et assí [fue] comprando de las ganançias que faría, que fallóse por más rica que ninguna de sus vezinas.

Et con aquella riqueza que ella cuydava que avía, asmó cómmo casaría sus fijos et sus fijas, et cómmo yría aguardada por la calle con yernos et con nueras et cómmo dizían por ella cómmo fuera de buena ventura en llegar a tan grant riqueza, seyendo tan pobre cómmo solía seer.

Et pensando en esto començó a reyr con grand plazer que avía de la su buena andança, et, en riendo, dio con la mano en su fruente, et entonçe cayol la olla de la miel en tierra, et quebróse. Quando vio la olla quebrada, començó a fazer muy grant duelo, toviendo que avía perdido todo lo que cuydava que avría si la olla non le quebrara. Et porque puso todo su pensamiento por fuza vana, non se fizo al cabo nada de lo que ella cuydava.

Et vós, señor conde, si queredes que lo que vos dixieren et lo que vós cuydardes sea todo cosa çierta, cred et cuydat sienpre todas cosas tales que sean aguisadas et non fuzas dubdosas et vanas. Et si las quisierdes provar, guardatvos que non aventuredes, nin pongades de lo vuestro cosa de que vos sintades por fiuza de la pro de lo que non sodes çierto.

Al conde plogo de lo que Patronio le dixo, et fízolo assí et fallóse ende bien.

Et porque don Iohan se pagó deste exienplo, fízolo poner en este libro et fizo estos viessos:

> A las cosas çiertas vos comendat
> et las fuyzas vanas dexat.

Et la ystoria deste exiemplo es ésta que se sigue:

EXEMPLO XXXV

De lo que contesçió a un mançebo que casó con una [muger] muy fuerte et muy brava

Otra vez fablava el conde Lucanor con Patronio, et díxole:

Patronio, un mio criado me dixo quel trayan cassamiento con una muger muy rica et aun, que es más onrada que él, et que es el casamiento muy bueno para él, sinon por un enbargo que y ha, et el enbargo es éste: díxome quel dixeran que aquella muger que era la más fuerte et más brava cosa del mundo. Et agora ruégovos que me conseiedes si le mandaré que case con aquella muger, pues sabe de quál manera es, o sil mandaré que lo non faga.

—Señor conde —dixo Patronio—, si él fuer tal commo fue un fijo de un omne bueno que era moro, conseialde que case con ella, mas si non fuere tal, non gelo conseiedes.

El conde le rogó quel dixiesse cómmo fuera aquello.

Patronio le dixo que en una villa avía un omne bueno que avía un fijo, el mejor mançebo que podía ser, mas non era tan rico que pudiesse complir tantos fechos et tan grandes commo el su coraçón le dava a entender que devía complir. Et por esto era él en grand cuydado, ca avía la buena voluntat et non avía el poder.

En aquella villa misma, avía otro omne muy más onrado et más rico que su padre, et avía una fija non más, et era muy contraria de aquel mançebo; ca quanto aquel mançebo avía de buenas maneras, tanto las avía aquella fija del omne bueno malas et revesadas; et por ende, omne del mundo non quería casar con aquel diablo.

Aquel tan buen mançebo vino un día a su padre et díxole que bien sabía que él non era tan rico que pudiesse darle con que él pudiesse bevir a su onra, et que, pues le convinía a fazer vida menguada et lazdrada o yrse daquella tierra, que si él por bien tobiesse, quel paresçía meior seso de catar algún casamiento con que pudiesse aver alguna passada. Et el padre le dixo quel plazía ende mucho si pudiésse fallar para él casamiento quel cumpliesse.

Entonces le dixo el fijo que, si él quisiesse, que podría guisar que aquel omne bueno que avía aquella fija que gela diesse para él. Quando el padre esto oyó, fue muy maravillado, et díxol que cómmo cuydava en tal cosa: que non avía omne que la conosçiesse que, por pobre que fuese, quisiese casar con ella. El fijo le dixo quel pidía por merçed quel guisasse aquel casamiento. Et tanto lo afincó que, commo quier que el padre lo tovo por estraño, que gelo otorgó.

Et él fuesse luego para aquel omne bueno, et amos eran mucho amigos, et díxol todo lo que passara con su fijo et rogol que, pues su fijo se atrevía a casar con su fija, quel ploguiesse que gela diesse para él. Quando el omne bueno esto oyó aquel su amigo, díxole:

—Par Dios, amigo, si yo tal cosa fiziesse seervos ya muy falso amigo, ca vós avedes muy buen fijo, et ternía que fazía muy grand maldat si yo consintiesse su mal nin su muerte; et so çierto que, si con mi fija casase, que o sería muerto o le valdría más la muerte que la vida. Et non entendades que vos digo esto por non complir vuestro talante, ca si la quisierdes, a mí mucho me plaze de la dar a vuestro fijo, o a quienquier que me la saque de casa.

El su amigo le dixo quel gradesçía mucho quanto le dizía, et que pues su fijo quería aquel casamiento, quel rogava quel ploguiesse.

El casamiento se fizo, et levaron la novia a casa de su marido. Et los moros an por costumbre que adovan de çena a los novios et pón[enl]es la mesa et déxanlos en su casa fasta otro día. Et fiziéronlo aquellos assí; pero estavan los padres et las madres et parientes del novio et de la novia con grand reçelo, cuydando que otro día fallarían el novio muerto o muy maltrecho.

Luego que ellos fincaron solos en casa, assentáronse a la mesa, et ante que [ella] ubiasse a dezir cosa, cató el novio en derredor de la mesa, et vio un perro et díxol ya quanto bravamente:

—¡Perro, danos agua a las manos!

El perro non lo fizo. Et él encomençósse a ensañar et díxol más bravamente que les diesse agua a las manos. Et el perro non lo fizo. Et desque vio que lo non fazía, levantóse muy sañudo de la mesa et metió mano a la espada et endereçó al perro. Quando el perro lo vio venir contra sí, començó a foyr, et él en pos él, saltando amos por la ropa et por la mesa et por el fuego, et tanto andido en pos dél fasta que lo alcançó, et cortol la cabeça et las piernas et los braços, et fízolo todo pedaços et ensangrentó toda la casa et toda la mesa et la ropa.

Et assí, muy sañudo et todo ensangrentado, tornóse a sentar a la mesa et cató en der[r]edor, et vio un gato et díxol quel diesse agua a manos; et porque non lo fizo, díxole:

—¡Cómmo, don falso traydor!; ¿et non vistes lo que fiz al perro porque non quiso fazer lo quel mandé yo? Prometo a Dios que, si poco nin más conmigo porfías, que esso mismo faré a ti que al perro.

El gato non lo fizo, ca tampoco es su costumbre de dar agua a manos, commo del perro. Et porque non lo fizo, levantóse et tomol por las piernas et dio con él a la pared et fizo dél más de çient pedaços, et mostrándol muy mayor saña que contra el perro.

Et assí, bravo et sañudo et faziendo muy malos contenentes, tornóse a la mesa et cató a todas partes. La muger, quel vio esto fazer, tovo que estava loco o fuera de seso, et non dizía nada.

Et desque ovo catado a cada parte, et vio un su cavallo que estava en casa, et él non avía más de aquél, et díxol muy bravamente que les diesse agua a las manos; el cavallo non lo fizo. Desque vio que lo non fizo, díxol:

—¡Cómmo, don cavallo!, ¿cuydades que porque non he otro cavallo, que por esso vos dexaré si non fizierdes lo que yo vos mandare? Dessa vos guardat, que si, por vuestra mala ventura, non fizierdes lo que yo vos mandare, yo juro a Dios que tan mala muerte vos dé commo a los otros; et non ha cosa viva en el mundo que non faga lo que yo mandare, que esso mismo non le faga.

El cavallo estudo quedo. Et desque vio que non fazía su mandado, fue a él et cortol la cabeça con la mayor saña que podía mostrar, [et] despedaçólo todo.

Quando la muger vio que matava el cavallo non aviendo otro et que dizía que esto faría a quiquier que su mandado non cumpliesse, tovo que esto ya non se fazía por juego, et ovo tan grand miedo, que non sabía si era muerta o biva.

Et él assí, vravo et sañudo et ensangrentado, tornóse a la mesa, jurando que si mil cavallos et omnes et mugeres oviesse en casa quel saliessen de mandado, que todos serían muertos. Et assentósse et cató a cada parte, teniendo la espada sangrienta en el regaço; et desque cató a una parte et a otra et non vio cosa viva, bolvió los ojos contra su muger muy bravamente et díxol con grand saña, teniendo la espada en la mano:

—Levantadvos et datme agua a las manos.

La muger, que non esperava otra cosa sinon que la despedaçaría toda, levantóse muy apriessa et diol agua a las manos. Et díxole él:

—¡A!, ¡cómmo gradesco a Dios porque fiziestes lo que vos mandé, ca de otra guisa, por el pesar que estos locos me fizieron, esso oviera fecho a vós que a ellos!

Después mandol quel diesse de comer; et ella fízolo.

Et cada quel dizía alguna cosa, tan bravamente gelo dizía et en tal son, que ella ya cuydava que la cabeça era yda del polvo.

Assí passó el fecho entrellos aquella noche, que nunca ella fabló, mas fazía lo quel mandavan. Desque ovieron dormido una pieça, díxol él:

—Con esta saña que ove esta noche, non pude bien dormir. Catad que non me despierte cras ninguno; tenedme bien adobado de comer.

Quando fue grand mañana, los padres et las madres et parientes llegaron a la puerta, et porque non fablava ninguno, cuydaron que el novio estava muerto o ferido. Et desque vieron por entre las puertas a la novia et non al novio, cuydáronlo más.

Quando ella los vio a la puerta, llegó muy passo, et con grand miedo, et començóles a dezir:

—¡Locos, traydores!, ¿qué fazedes? ¿Cómmo osades llegar a la puerta nin fablar? ¡Callad, sinon todos, tambíen vós commo yo, todos somos muertos!

Quando todos esto oyeron, fueron marabillados; et desque sopieron cómmo pasaron en uno, presçiaron mucho el mançebo porque assí sopiera fazer lo quel cumplía et castigar tan bien su casa.

Et daquel día adelante, fue aquella su muger muy bien mandada et ovieron muy buena bida.

Et dende a pocos días, su suegro quiso fazer assí commo fiziera su yerno, et por aquella manera mató un gallo, et díxole su muger:

—A la fe, don fulán, tarde vos acordastes, ca ya non vos valdría nada si matássedes çient cavallos: que ante lo oviérades a començar, ca ya bien nos conosçemos.

Et vós, señor conde, si aquel vuestro criado quiere casar con tal muger, si fuere él tal commo aquel mançebo, conseialde que case seguramente, ca él sabrá cómmo passa en su casa; mas si non fuere tal que entienda lo que deve fazer et lo quel cumple, dexadle passe su ventura. Et aun conseio a vós, que con todos los omnes que ovierdes a fazer, que siempre les debes a entender en quál manera an de pasar conbusco.

El conde obo éste por buen conseio, et fízolo assí et fallóse dello vien.

Et porque don Iohan lo tovo por buen enxiemplo, fízolo escrivir en este libro, et fizo estos viessos que dizen assí:

> Si al comienço non muestras qui eres,
> nunca podrás después quando quisieres.

Et la ystoria deste enxiemplo [es] ésta que se sigue:

JUAN RUIZ, ARCIPRESTE DE HITA

El primero de los contrastes que nos encontramos al enfrentarnos con el Arcipreste es la escasez de datos sobre su vida, pese a que su obra se presenta como una autobiografía. Suponemos que nació en Alcalá de Henares o en algún punto de esta región, hacia finales del siglo XIII, suposición que se apoya en el hecho de que a esta región pertenecen la mayoría de las alusiones geográficas de la obra. Fue arcipreste de Hita y parece que sufrió prisión por orden del Cardenal Gil de Albornoz, arzobispo de Toledo. Si bien en torno a la prisión del Arcipreste se ha desarrollado una larga polémica, puesto que muchos críticos consideran que la prisión de que habla el autor no es real sino alegórica.

La obra de Juan Ruiz se conoce actualmente como el *Libro de Buen Amor,* título propuesto por don Ramón Menéndez Pidal, quien tomó como base un verso de la obra: «Buen Amor dixe al libro». En los versos del Arcipreste encontramos frecuentes advertencias para la correcta comprensión de su obra, pero también con harta frecuencia la ironía y ambigüedad presentes en ésta dificultan, cuando no impiden, una interpretación clara. En la línea de los contrastes más arriba apuntados no es el menor el que en la obra se yuxtapongan las muestras de una profunda religiosidad con constantes alusiones al goce mundano de toda clase de placeres.

La complejidad, por otra parte, no afecta solamente a la interpretación de la obra, sino también a su estructura narrativa y a su disposición métrica.

Los elementos de que consta el libro fueron fijados por Menéndez Pelayo y podíamos resumirlos así: *a)* una narración autobiográfica que es como el armazón de la obra y que se interrumpe frecuentemente para dar paso a otros elementos; *b)* una colección de fábulas o apólogos; *c)* una serie de digresiones morales, ascéticas y satíricas; *d)* una glosa del *Ars Amandi* de Ovidio; *e)* una serie de episodios alegóricos; *f)* una serie de composiciones líricas.

Por encima de la diversidad de tan distintos materiales, la obra posee, no obstante, una unidad que se impone al lector. Unidad que viene dada por la forma autobiográfica y sobre todo por la fuerte personalidad del autor.

Frente a la uniformidad métrica de las restantes obras del Mester de Clerecía, el *Libro de Buen Amor* presenta una gran variedad de ritmos y una compleja diversidad estrófica. En este aspecto, el Arcipreste recoge la rica tradición de una poesía popular en gran parte hoy perdida. También toma del pueblo su rico lenguaje y da entrada en la obra a toda clase de modismos y giros de la lengua coloquial. Hasta el punto de que la obra se nos muestra hoy como un gran fresco, una pintura viva de la sociedad de su época.

GOZOS DE SANTA MARIA

Virgen, del çielo Reyna,
É del mundo melezina,
Quiérasme oyr muy dina,
Que de tus gozos ayna
Escriva yo prosa dina
Por te servir.

Dezir t' he tu alegría,
Rrogándote todavía
Yo pecador
Que á la grand culpa mía
Non pares mientes, María,
Más al loor.

Tú siete gozos oviste:
Primero, quando rresçebiste
Salutaçión
Del ángel, quando oiste:
Ave María, conçebiste
Dios, salvaçión.

El segundo fué cunplido,
Quando fué de ti nasçido,
É sin dolor,
De los ángeles servido,
Fué luego conosçido
Por Salvador.

Fué el tu gozo terçero,
Quando vino el luzero
Á mostrar
El camino verdadero
Á los rreyes: conpañero
Fué en guiar.

Fué la quarta alegría,
Quando te dixo, María,
El Grabiel
Que Jesuxristo vernía

É por señal te dezía
Que viniera á él.

El quinto fué de grant dolçor,
Quando al tu fijo Señor
Viste sobir
Al çielo, á su Padre mayor,
E tu fincaste con amor
De á él yr.

No es el sesto de olvidar:
Los discípulos vino alunbrar
Con espanto,
Tú estavas en ese lugar,
Del çielo viste y entrar
Spritu Santo.

El seteno non ha par,
Quando por ti quiso enbiar
Dios tu Padre,
Al çielo te fizo pujar,
Con él te fizo assentar
Como á Madre.

Señora, oy' al pecador:
Ca tu fijo el Salvador
Por nos diçió
Del çielo, en ti morador,
El que pariste, blanca flor,
Por nos nasçió.

A nosotros pecadores
Non aborrescas,
Pues por nos ser merescas
Madre de Dios;
Ant'él connusco parescas,
Nuestras almas le ofrescas,
Ruegal' por nos.

ENXIENPLO DE LA PROPIEDAT QUE'L DINERO HA

Mucho faz' el dinero, mucho es de amar:
Al torpe faze bueno é ome de prestar,
Ffaze correr al coxo é al mudo fablar,
El que non tiene manos, dyneros quier' tomar.
 Sea un ome nesçio é rudo labrador,
Los dyneros le fazen fidalgo é sabydor,
Quanto más algo tiene, tanto es de más valor;
El que non há dineros, non es de sy señor.
 Sy tovyeres dyneros, avrás consolaçión,
Plazer é alegría é del papa raçión,
Conprarás parayso, ganarás salvaçión:
Do son muchos dineros, es mucha bendiçión.
 Yo vy alla en Roma, do es la santidat,
Que todos al dinero fazianl' omilidat,
Grand onrra le fazían con grand solenidat:
Todos á él se omillan como á la magestat.
 Ffazíe muchos priores, obispos é abbades,
Arçobispos, dotores, patriarcas, potestades,
Á muchos clérigos nesçios dávales denidades.
Fazíe verdat mentiras é mentiras verdades.
 Ffazíe muchos clérigos é muchos ordenados,
Muchos monges é mongas, rreligiosos sagrados:
El dinero les dava por byen esaminados;
Á los pobres dezían que non eran letrados.
 Dava muchos juyzios, mucha mala sentençia:
Con malos abogados era su mantenençia,
En tener malos pleitos é fer mal' abenencia;
En cabo por dineros avya penitençia.
 El dinero quebranta las cadenas dañosas,
Tyra çepos é grillos, presiones peligrosas;
Al que non da dineros, échanle las esposas:
Por todo el mundo faze cosas maravillosas.
 Vy fazer maravillas a do él mucho usava:
Muchos meresçían muerte, que la vida les dava;
Otros eran syn culpa, que luego los matava:
Muchas almas perdía, muchas almas salvava.
 Faze perder al pobre su casa é su vyña;
Sus muebles é rayzes todo lo desalyña,
Por todo el mundo cunde su sarna é su tyña,
Do el dinero juzga, ally el ojo guiña.
 Él faze cavalleros de neçios aldeanos,
Condes é ricos omes de algunos vyllanos;
Con el dinero andan todos omes loçanos,
Quantos son en el mundo, le besan oy las manos.
 Vy tener al dinero las mayores moradas,
Altas é muy costosas, fermosas é pyntadas,
Castillos, heredades, villas entorreadas:
Al dinero servian é suyas eran conpradas.

Comía munchos manjares de diversas naturas,
Vistía nobles paños, doradas vestiduras,
Trata joyas preçiosas en vyçios é folguras,
Guarnimientos estraños, nobles cavalgaduras.
 Yo vy á muchos monges en sus predicaçiones
Denostar al dinero é á sus tenptaçiones;
En cabo, por dyneros otorgan los perdones,
Asuelven los ayunos é fazen oraçiones.
 Peroque lo denuestan los monges por las plaças,
Guárdanlo en convento en vasos é en taças:
Con el dinero cunplen sus menguas é sus raças:
Más condedijos tiene que tordos nin picaças.
 Monges, clerigos é frayres, que aman á Dios servir,
Sy varruntan que el rrico está para moryr,
Quando oyen sus dineros, que comyençan rreteñir,
Quál dellos lo levará, comyençan a reñir.

AQUI DIZE DE COMO FUE FABLAR CON DOÑA ENDRINA EL ARÇIPRESTE

 ¡Ay! ¡quán fermosa vyene doñ' Endrina por la plaça!
¡Qué talle, qué donayre, qué alto cuello de garça!
¡Qué cabellos, qué boquilla, qué color, qué buenandança!
Con saetas d' amor fyere, quando los sus ojos alça.
 Pero tal lugar non era para fablar en amores:
A mí luego me vinieron muchos miedos é tenblores,
Los mis pies é las mis manos non eran de sí senores:
Perdí seso, perdí fuerça, mudáronse mis colores.
 Unas palabras tenía pensadas por le dezir;
El miedo de las conpañas me façen ál departir.
Apenas me conosçía nin sabía por do yr,
Con mi voluntat mis dichos non se podían seguir.
 Ffablar con muger en plaça es cosa muy descobierta:
Á bezes mal atado el perro tras la puerta.
Bueno es jugar fermoso, echar alguna cobierta:
Ado es lugar seguro, es bien fablar, cosa çierta.
 «—Señora, la mi sobrina, que en Toledo seya,
»Se vos encomienda mucho, mill saludes vos enbya,
»Si ovies' lugar é tienpo, por quanto de vos oya,
»Deseavos mucho ver é conosçervos querría.
 »Querían mis parientes cassarme esta saçón
»Con una donçella rrica, fija de don Pepión;
»A todos dy por rrespuesta que la non quería, non;
» ¡D' aquella será mi cuerpo, que tiene mi corazón!»
 Abaxé más la palabra, díxel' qu' en juego fablava.
Porque tod' aquella gente de la plaça nos mirava;
Desde vy que eran ydos, que ome y non fyncava,
Començel' dezir mi quexa del amor, que m' afyncava.
 ... ...

CANTICA DE SSERRANA

Cerca la Tablada,
La sierra passada,
Falléme con Alda
Á la madrugada.
   Ençima del puerto
Cuydéme ser muerto
De nieve é de frío
É dese rruçío
É de grand' elada.
   Ya á la decida
Dy una corrida:
Fallé una sserrana
Fermosa, loçana,
É byen colorada.
   Dixel' yo á ella:
«Omíllome, bella»—
Diz': «Tú, que bien corres,
»Aquí non t' engorres:
»Anda tu jornada.»—
   Yo l' dix: «Frío tengo
»É por eso vengo
»A vos, fermosura:
»Quered, por mesura,
»Oy darme posada.»
   Díxome la moça:
«Pariente, mi choça
»El qu' en ella posa,
»Comigo desposa,
»É dame soldada.»—
   Yo l' dixe: «De grado;
»Mas yo so cassado
»Aquí en Ferreros;
»Mas de mis dineros
»Darvos hé, amada.»—
   Diz': «Vente conmigo.»—
Levóme consigo,
Dióme buena lunbre,
Com' era costumbre
De sierra nevada.
   Dióm' pan de çenteno
Tyznado, moreno,
Dióme vino malo,
Agrillo é ralo,
É carne salada.
   Dióm' queso de cabras;
Dyz': «Fidalgo, abras
»Ese blaço, toma
»Un canto de soma,

»Que tengo guardada.»
   Diz': «Uéspet, almuerça,
»É bev' é esfuerça,
»Caliéntat' é paga:
»De mal no s' te faga
»Fasta la tornada.
   »Quien donas me diere,
»Quales yo pediere,
»Avrá buena çena
»É lichiga buena,
»Que no l' cueste nada.»—
   —«Vos, qu' eso desides,
»¿Por qué non pedides
«La cosa çertera?»—
Ella diz': «¡Maguera!
»¿Sy me será dada?
   »Pues dame una çinta
»Bermeja, bien tynta,
»É buena camisa,
»Fecha á mi guisa
»Con su collarada.
   »Dame buenas sartas
»D' estaño é hartas,
»É dame halía
»De buena valya,
»Pelleja delgada.
   »Dame buena toca,
»Lystada de cota,
»É dame çapatas,
»Bermejas, byen altas,
»De pieça labrada.
   »Con aquestas joyas,
»Quiero que lo oyas,
»Serás byen venido:
»Serás mi marido
»É yo tu velada.»—
   «Serrana señora,
»Tant' algo agora
»Non trax' por ventura;
»Faré fiadura
»Para la tornada.»—
   Díxome la heda:
«Do non ay moneda,
»Non ay merchandía
»Nin ay tan buen día
»Nin cara pagada.
   »Non ay mercadero
»Bueno sin dinero,

»É yo non me pago »Pagan ostalaje;
»Del que non da algo »Por dineros faze
»Nin le dó posada. »Ome quanto'l plase:
   »Nunca d' omenaje »Cosa es provada.»

DE LAS FIGURAS DEL ARÇIPRESTE

«Señora,» diz' la vieja: «yo le veo a menudo:
»El cuerpo á muy grant, mienbros largos, trefudo,
»La cabeça non chica, velloso, pescuçudo,
»El cuello non muy luengo, cabel' prieto, orejudo.
»Las çejas apartadas, prietas como carbón,
»El su andar infiesto, bien como de pavón,
»El paso segurado é de buena rasón,
»La su nariz es luenga, esto le desconpón'.
»Las ençías bermejas é la fabla tunbal,
»La boca non pequena, labros al comunal,
»Más gordos que delgados, bermejos como coral,
»Las espaldas byen grandes, las muñecas atal.
»Los ojos há pequeños, es un poquillo baço,
»Los pechos delanteros, bien trefudo el braço,
»Bien cunplidas las piernas; el pie, chico pedaço;
»Señora, dél non vy más: por su amor vos abraço.
»Es ligero, valiente, byen mançebo de días,
»Sabe los estrumentos é todas juglarías,
»Doñeador alegre, ¡por las çapatas mías!
»Tal ome qual yo digo non es en todas erías.»—
   A la dueña mi vieja ¡tan byen que la enduxo!:
«Señora», diz' «la fabla del que de feria fúxo:

DE COMO MORIO TROTACONVENTOS E DE COMO EL ARÇIPRESTE FAZE SU PLANTO, DENOSTANDO E MALDIZIENDO LA MUERTE

¡Ay Muerte! ¡muerta sseas, muerta é malandante!
Matásteme mi vieja: ¡matasses á mí enante!
Enemiga del mundo, que non as semejante:
De tu memoria amarga non sé quien non se espante.
   ¡Muerte! al que tú fieres, liévastelo de belméz,
Al bueno é al malo, al noble é al rrehez,
A todos los yguales é lievas por un prez:
Por papas é por reyes non das una vil nuez.
   Non catas señorío, debdo é amistad,
Con todo el mundo tyenes continua enamistad;
Non ay en ty mesura, amor nin piadad;
Synon dolor, tristesa, pena é crueldad.

Non puede foyr ome de ty nin se asconder,
Nunca fué quien contigo podiese bien contender;
La tu venida triste non se puede entender:
¡Desque vienes, non quieres al ome atender!
   Dexas el cuerpo yermo á gusanos en fuesa;
Al alma, que lo puebla, liévastela de priesa;
Non es el ome çierto de tu carrera aviesa:
¡De flablar en ti, Muerte, espanto me atraviesa!
   Eres de tal manera del mundo aborrida,
Que, por bien que lo amen al ome en la vida,
En punto, que tú vienes con tu mala venida,
¡Todos fuyen dél luego, como de rres podrida!
   Los que aman é quieren en vida su conpaña,
Aborrésçenle muerto, como á cosa estraña;
Parientes é amigos, todos le tyenen saña,
Todos fuyen dél luego, como si fues' araña.
   De padres é de madres los fijos tan queridos,
Amigos é amigas, deseados é servidos,
De mugeres leales los sus buenos maridos,
Desque tú vienes, Muerte, luego son aborridos.
   Ffases al mucho rico yaser en grand pobresa:
Non tyene una miaja de toda su riquesa.
El que byvo es bueno é con mucha noblesa,
¡Vyl, fediondo es muerto é aborrida vilesa!
   Non há en el mundo libro nin escrito nin carta,
Ome sabio nin reçio, que de ty byen departa;
En el mundo non há cosa, que de ty byen se parta;
Salvo el cuervo negro, que de muertos se farta.
   Cada día le dises que tú le fartarás;
¡El ome non es çierto quándo é quál matarás!
   ¡Ay! ¡mi Trotaconventos, mi leal verdadera!
Munchos te seguían biva; ¡muerta yases señera!
¿Dó te me han levado? ¡Non sé cosa çertera!
Nunca torna con nuevas quien anda esta carrera.
   ¡Cierto en parayso estás tú asentada!
¡Con los márteres deves estar aconpañada!
¡Sienpre en el mundo fuste por Dios martyriada!
¿Quién te me rrebató, vieja, por mi lasrada?
   A Dios merçed le pido que te dé la su gloria,
Que más leal trotera nunca fué en memoria;
Fasert' hé un petafio, escrito con estoria:
Pues que á ty non viere, veré tu triste estoria.
   Faré por ty lymosna é faré oraçión,
Faré cantar las misas é faré oblaçión;
¡Dios, mi Trotaconventos, te dé su bendiçión!
El que salvó el mundo ¡él te dé salvaçión!
   Dueñas, ¡non me rrebtedes nin me llamedes neçuelo!
Que sy á vos serviera, ¡oviérades della duelo!
¡Lloraríedes por ella!, por su sotyl ansuelo!
¡Que á quantas seguía, tantas yvan por el suelo!

Alta muger nin baxa, çerrada nin escondida,
Non se le detenía, do fasía abatyda:
Non sé ome nin dueña, que tal ovies' perdida,
Que non tomas' tristesa é pesar syn medida.
  Yo fisle un petafio pequeño con dolor:
La tristesa me fiso ser rrudo trobador.
Todos los que 'l oyeredes, por Dios nuestro Señor,
La oración digades por la vieja d' amor.

DE LAS PROPIEDADES QUE LAS DUEÑAS CHICAS HAN

  Quiero abreviarvos, señores, la mi predicación,
Ca siempre me pagé de pequeño sermón
E de dueña pequeña é de breve rrasón:
Ca lo poco é bien dicho finca en el coraçón.
  Del que mucho fabla rríen, quien mucho rríe es loco,
Tyene la dueña chica amor grand é non de poco:
Dueñas dy grandes por chicas, por grandes chicas non troco;
Mas las chicas por las grandes non se rrepiente del troco.
  De las chicas, que bien diga, el amor me fiso rruego,
Que diga de sus noblesas é quiérolas dezir luego:
Direvos de dueñas chicas, que lo tenedes en juego.
Son frías como la nieve é arden más que 'l fuego:
  Son frías de fuera; en el amor ardientes,
En cama solaz, trebejo, plasenteras é rrientes.
En casa cuerdas, donosas, sosegadas, bienfasyentes;
Muncho ál fallaredes, ado byen paredes mientes.
  En pequeña girgonça yase grand rresplandor,
En açúcar muy poco yase mucho dulçor:
En la dueña pequeña yase muy grand amor:
Pocas palabras cunple al buen entendedor.
  Es pequeño el grano de la buena pimienta;
Pero más que la nués conorta é más calyenta:
Asy dueña pequeña, sy todo amor consienta,
Non há plaser del mundo, qu'en ella non se sienta.
  Como en chica rrosa está mucho color,
E en oro muy poco grand preçio é grand valor,
Como en poco balsamo yase grand buen olor:
Ansy en chica dueña yase muy grand amor.
  Como rroby pequeño tyene muncha bondad,
Color, vertud é precio, noblesa é claridad:
Asy dueña pequeña tiene muncha beldad,
Fermosura é donayre, amor é lealtad.
  Chica es la calandria é chico el rroysyñor;
Pero más dulçe canta, que otra ave mayor:
La muger, por ser chica, por eso non es pior;
Con doñeo es más dulçe, que açúcar nin flor.

Son aves pequeñuelas papagayo é orior;
Pero cualquiera dellas es dulçe gritador,
Adonada, fermosa, preçiada, cantador:
Bien atal es la dueña pequeña con amor.
 En la muger pequena non ha conparación:
Terrenal parayso es é consolaçión,
Solás é alegría, plaser é bendiçión,
¡Mijor es en la prueva, qu' en la salutaçión!
 Ssyenpre quis' muger chica, más que grand' nin mayor:
¡Non es desaguisado de grand mal ser foydor!
Del mal, tomar lo menos: díselo al sabidor:
¡Por end' de las mugeres la menor es mijor!

JORGE MANRIQUE

Nació en Paredes de Nava parece ser en 1440. Hijo del Maestre de Santiago, don Rodrigo Manrique, pertenecía, pues, a una de las familias nobles más antiguas de Castilla. Dedicado a las armas y a las letras, murió frente al castillo de Garci-Muñoz en 1479, luchando contra las tropas de la Beltraneja, y en defensa, por tanto, de los derechos al trono de Castilla de doña Isabel, la que después sería Isabel la Católica. Fuera de estos pocos datos biográficos, apenas si podemos reconstruir hoy la figura de Manrique, tal vez sepultada, curiosamente, bajo la enorme fama de las *Coplas por la muerte de su padre*.

Aunque las *Coplas* no son su única producción —se conservan unas cincuenta composiciones, casi todas ellas poesías amorosas en la línea de los poetas de cancionero—, constituyen su obra maestra y una de las más importantes de la poesía española de todos los tiempos.

Se trata de una composición de 40 coplas de pie quebrado (parejas de sextillas, constituidas, a su vez, por una doble serie de dos octosílabos más un tetrasílabo, con rima abc, abc) que desde el punto de vista temático podemos dividir en tres partes: las trece primeras estrofas son una consideración general sobre la fugacidad de la vida; las once estrofas siguientes ilustran con ejemplos tomados de la historia las consideraciones generales más arriba citadas; y, yendo de lo más general a lo más particular, a partir de la estrofa XXV se centra en la figura del Maestre, objeto de las coplas. Esta tercera parte, dedicada a don Rodrigo, podemos, a su vez, subdividirla en tres apartados: *a)* elogio de su figura; *b)* la muerte dialoga con el Maestre; *c)* éste acepta con entereza y resignación su inevitable final.

El tema de las coplas había sido tratado en multitud de ocasiones a lo largo de la Edad Media, por lo que Manrique no aportaba nada original. Su mérito estriba en haber sabido convertir lo que era lugar común en una originalísima experiencia poética.

COPLAS POR LA MUERTE DE SU PADRE

Recuerde el alma dormida,
avive el seso y despierte
    contemplando
cómo se pasa la vida,
cómo se viene la muerte
    tan callando;
    cuán presto se va el placer;
cómo, después de acordado,
    da dolor;
cómo, a nuestro parescer,
cualquiera tiempo pasado
    fue mejor.

    Pues si vemos lo presente
cómo en un punto s'es ido
    e acabado,
si juzgamos sabiamente,
daremos lo non venido
    por pasado.
    Non se engañe nadie, no,
pensando que ha de durar
    lo que espera
más que duró lo que vio,
pues que todo ha de pasar
    por tal manera.

    Nuestras vidas son los ríos
que van a dar en la mar,
    qu'es el morir;
allí van los señoríos
derechos a se acabar
    e consumir;
    allí los ríos caudales
allí los otros medianos,
    e más chicos,
allegados, son iguales
los que viven por sus manos
    e los ricos.
    … … … … … … … …

    Este mundo es el camino
para el otro, qu'es morada
    sin pesar;
mas cumple tener buen tino
para andar esta jornada
    sin errar.
    Partimos cuando nascemos,
andamos mientras vivimos,
    y llegamos
al tiempo que feneçemos;
así que cuando morimos
    descansamos.
… … … … … … … … …

    Ved en cuánd poco valor
son las cosas tras que andamos
    y corremos,
que, en este mundo traidor,
aun primero que muramos
    las perdemos:
    dellas deshace la edad,
dellas casos desastrados
    que acaeçen,
dellas por su calidad,
en los más altos estados
    desfalle[s]cen.

    Decidme: La hermosura,
la gentil frescura y tez
    de la cara,
la color e la blancura,
cuando viene la vejez,
    ¿cuál se para?
    Las mañas e ligereza
e la fuerça corporal
    de juventud,
todo se torna graveza
cuando llega el arrabal
    de senectud.
… … … … … … … … …

¿Qué se hizo el rey don Juan?
Los infantes d'Aragón
 ¿qué se hicieron?
¿Qué fue de tanto galán,
qué de tanta invinción
 que trujeron?
¿Fueron sino devaneos,
qué fueron sino verduras
 de las eras,
las justas e los torneos,
paramentos, bordaduras
 e çimeras?

¿Qué se hicieron las damas,
sus tocados e vestidos,
 sus olores?
¿Qué se hicieron las llamas
de los fuegos encendidos
 d'amadores?
¿Qué se hizo aquel trobar,
las músicas acordadas
 que tañían?
¿Qué se hizo aquel dançar,
aquellas ropas chapadas
 que traían?
… … … … … … … …

Tantos duques excellentes,
tantos marqueses e condes
 e barones
como vimos tan potentes,
di, Muerte, ¿dó lo escondes
 e traspones?
E las sus claras hazañas
que hicieron en las guerras
 y en las paces,
cuando tú, cruda, t'ensañas,
con tu fuerça las atierras
 e desfaces.

Las huestes inumerables,
los pendones, estandartes
 e banderas,
los castillos impugnables,
los muros e baluartes
 e barreras,
 la caba honda, chapada,
o cualquier otro reparo,
 ¿qué aprovecha?
Cuando tú vienes airada,
todo lo pasas de claro
 con tu flecha.

Aquel de buenos abrigo,
amado por virtuoso
 de la gente,
el maestre don Rodrigo
Manrique, tanto famoso
 e tan valiente;
sus hechos grandes e claros
non cumple que los alabe,
 pues los vieron,
ni los quiero hacer caros,
pues qu'el mundo todo sabe
 cuáles fueron.

Amigo de sus amigos,
¡qué señor para criados
 e parientes!
¡Qué enemigo d'enemigos!
¡Qué maestro d'esforçados
 e valientes!
¡Qué seso para discretos!
¡Qué gracia para donosos!
 ¡Qué razón!
¡Qué benino a los sujetos!
¡A los bravos e dañosos,
 qué león!
… … … … … … … …

Non dejó grandes tesoros
ni alcançó muchas riquezas
 ni bajillas;
mas fizo guerra a los moros,
ganando sus fortalezas
 e sus villas;
y en las lides que venció,
cuántos moros e caballos
 se perdieron;
y en este oficio ganó
las rentas e los vasallos
 que le dieron.
… … … … … … … …

Después de puesta la vida
tantas veces por su ley
 al tablero;
después de tan bien servida
la corona de su rey
 verdadero;
después de tanta hazaña
a que non puede bastar
 cuenta cierta,
en la su villa d'Ocaña
vino la Muerte a llamar
 a su puerta,

39

diciendo: «Buen caballero,
dejad el mundo engañoso
 e su halago;
vuestro coraçón d'acero
muestre su esfuerço famoso
 en este trago;
e pues de vida e salud
fecistes tan poca cuenta
 por la fama,
esfuércese la virtud
para sofrir esta afruenta
 que vos llama.»

«E pues vos, claro varón,
tanta sangre derramastes
 de paganos,
esperad el galardón
que en este mundo ganastes
 por las manos;
e con esta confiança
e con la fe tan entera
 que tenéis,
partid con buena esperança,
qu'estotra vida tercera
 ganaréis.»
... ...
 Fin.

Así, con tal entender,
todos sentidos humanos
 conservados,
cercado de su mujer
y de sus hijos e hermanos
 e criados,
dio el alma a quien se la dio
(el cual la dio en el cielo
 en su gloria),
que, aunque la vida perdió,
dejónos harto consuelo
 su memoria.

«LA CELESTINA»

Pocas obras de la Literatura Española, e incluso de la Universal, plantean el cúmulo de problemas que *La Celestina,* tantos y tan complejos que sólo podemos enumerarlos.

La primera cuestión la plantea el texto mismo: la primera edición conocida de la obra (Burgos, 1499), y varias ediciones posteriores, constaba de 16 actos, con el título de *Comedia de Calixto y Melibea,* pero a partir de 1502 la obra se incrementó con el llamado «Tratado de Centurio», cinco actos intercalados entre el catorce y el quince, al mismo tiempo que se cambiaba el título de la obra por el de *Tragicomedia de Calixto y Melibea.* Más tarde se impondría como título el nombre de un personaje de la obra, Celestina. Hay que señalar también que el texto se vería incrementado, aun, a partir de la edición de Toledo, 1526, con un nuevo acto, «el de Traso», si bien este añadido no prosperaría, por su escasa calidad literaria.

La primera edición antes citada apareció anónima, pero en ediciones posteriores y en unos versos acrósticos aparecía el nombre de Fernando de Rojas como autor de la obra. La aparición de Fernando de Rojas como autor de la obra no zanjaba la cuestión ni mucho menos, puesto que en una «carta del auctor a un su amigo», Rojas decía haber encontrado el primer acto escrito y que él era el autor del resto de la obra. Actualmente hay casi unanimidad en atribuir a Rojas todos los actos a partir del segundo, incluido el «Tratado de Centurio», y en rechazar como no perteneciente a Rojas el llamado «acto de Traso»; pero no hay acuerdo sobre si el primer acto, e incluso parte del segundo, pertenece o no a dicho autor.

De Fernando de Rojas sabemos hoy que nació en La Puebla de Montalbán y murió en Talavera de la Reina. Perteneciente a una familia de judíos conversos; la aparición de una serie de documentos, como el testamento de Rojas, han suscitado una serie de investigaciones que acabarán, ciertamente, por arrojar más luz sobre el autor de *La Celestina.*

Otro motivo de discusión lo ha constituido el género de la obra. Es indudable que la Celestina tiene una estructura dramática, pero por su longitud, así como por la utilización del tiempo, le ha sido negado por algunos críticos su carácter de obra teatral y ha sido considerada como novela dramática o novela dialogada. No obstante, hay que decir que, sin llegar a la unanimidad, hoy es considerada como obra teatral e incluso en los últimos años se han hecho de ella una serie de versiones para la escena, con notable éxito todas ellas.

Finalmente, nos referiremos a la interpretación de la obra, quizá la cuestión que más polémica ha suscitado, sin que sea posible llegar en este punto a ninguna solución; y esto, porque la obra es tan rica que admite una pluralidad de lecturas, dependientes del aspecto en que se haga más hincapié. Entre estos aspectos destacamos los siguientes: la fatalidad como motor de la acción en la obra, la ausencia de referencias a la divinidad, la utilización por Celestina de medios propios de la brujería para rendir la voluntad de Melibea y el hecho de que, aunque Calixto y Melibea pertenezcan a la misma clase social, sus relaciones se plantean al margen del matrimonio.

CUARTO AUCTO

Celestina.—Agora, que voy sola, quiero mirar bien lo que Sempronio ha temido deste mi camino. Porque aquellas cosas que bien no son pensadas, aunque algunas veces hayan buen fin, comúnmente crían desvariados efectos. Así, que la mucha especulación nunca carece de buen fruto. Que aunque yo he desimulado con él, podría ser que si me sintiesen en estos pasos de parte de Melibea, que no pagase con pena que menor fuese que la vida, o muy amenguada quedase, cuando matar no me quisiesen, manteándome o azotándome cruelmente. ¡Pues amargas cien monedas serían éstas! ¡Ay, cuitada de mí, en qué lazo me he metido! Que por me mostrar solícita y esforzada pongo mi persona al tablero. —Qué faré, cuitada, mezquina de mí, que ni el salir afuera es provechoso ni la perseverancia caresce de peligro? ¿Pues iré, o tornarme he? ¡Oh dudosa y dura perplejidad! No sé cuál escoja por más sano. En el osar, manifiesto peligro, en la cobardía, denostada pérdida. ¿Adónde irá el buey que no are? Cada camino descubre sus dañosos y hondos barrancos. Si con el hurto soy tomada, nunca de muerta o encorozada falto, a bien librar. Si no voy, ¿qué dirá Sempronio? Que todas éstas eran mis fuerzas, saber y esfuerzo, ardid y ofrecimiento, astucia y solicitud. Y su amo Calisto, ¿qué dirá?, ¿qué hará?, ¿qué pensará?, sino que hay mucho engaño en mis pisadas, y que yo he descubierto la celada, por haber más provecho desta otra parte, como sofística prevaricadora. O si no se le ofrece pensamiento tan odioso, dará voces como loco; diráme en mi cara denuestos rabiosos. Proporná mil inconvenientes, que mi deliberación presta le puso, diciendo: «Tú, puta vieja, ¿por qué acrescentaste mis pasiones con tus promesas? Alcahueta falsa, para todo el mundo tienes pies, para mí lengua; para todos obra, para mí palabras; para todos remedio, para mí pena; para todos esfuerzo, para mí te faltó; para todos luz, para mí tiniebla. Pues, vieja traidora, ¿por qué te me ofreciste? Que tu ofrescimiento me puso esperanza; la esperanza dilató mi muerte, sostuvo mi vivir, púsome título de hombre alegre. Pues no habiendo efecto, ni tú carecerás de pena ni yo de triste desesperación.» ¡Pues, triste yo! ¡Mal acá, mal acullá; pena en ambas partes! Cuando a los estremos falta el medio, arrimarse el hombre al más sano, que es discreción. Más quiero ofender a Pleberio que enojar a Calisto. Ir quiero; que mayor es la vergüenza de quedar por cobarde, que la pena, cumpliendo como osada lo que prometí. Pues jamás al esfuerzo desayuna la fortuna. Ya veo su puerta. En mayores afrentas me he visto. ¡Esfuerza, esfuerza, Celestina, no desmayes! Que nunca faltaron rogadores para mitigar las penas. Todos los agüeros se aderezan favorables, o yo no sé nada desta arte. Cuatro hombres que he topado, a los tres llaman Juanes y los dos son cornudos. La primera palabra que oí por la calle fue de achaque de amores. Nunca he tropezado como otras veces; las piedras parece que se apartan y me hacen lugar que pase. Ni me estorban las haldas ni siento cansancio en el andar. Todos me saludan. Ni perro me ha ladrado ni ave negra he visto, tordo ni cuervo ni otras naturas. Y lo mejor de todo es que veo a Lucrecia a la puerta de Melibea. Prima de Elicia, no me será contraria.

... ...

DOCENO AUCTO

... ...

Calisto.—Este bullicio más de una persona lo hace. Quiero hablar, sea quien fuere. ¡Ce, señora mía!

Lucrecia.—La voz de Calisto es ésta. Quiero llegar. ¿Quién habla? ¿Quién está fuera?

Calisto.—Aquel que viene a complir tu mandado.

Lucrecia.—¿Por qué no llegas, señora? Llega sin temor acá, que aquel caballero está aquí.

Melibea.—¡Loca, habla paso! Mira bien si es él.

Lucrecia.—Allégate, señora, que sí es. Que yo lo conozco en la voz.

Calisto.—Cierto soy burlado; no será Melibea la que me fabló. Bollicio oigo, ¡perdido soy! Pues viva o muera, que no he de ir de aquí.

Melibea.—Vete, Lucrecia, a acostar un poco. ¡Ce, señor! ¿Cómo es tu nombre? ¿Quién es el que te mandó ahí venir?

Calisto.—Es la que tiene merecimiento de mandar a todo el mundo, la que dignamente servir yo no merezco. No tema tu merced de se descobrir a este cativo de su gentileza; que el dulce sonido de tu habla, que jamás de mis oídos se cae, me certifica ser tú mi señora Melibea. Yo soy tu siervo Calisto.

Melibea.—La sobrada osadía de tus mensajes me ha forzado haberte de hablar, señor Calisto. Que habiendo habido de mí la pasada respuesta a tus razones, no sé qué piensas más sacar de mi amor de lo que entonces te mostré. Desvía estos vanos y locos pensamientos de ti, porque mi honra y persona estén, sin detrimento de mala sospecha, seguras. A esto fui aquí, venida, a dar concierto en tu despedida y mi reposo. No quieras poner mi fama en la balanza de las lenguas maldicientes.

Calisto.—A los corazones aparejados con apercibimiento recio contra las adversidades, ninguna puede venir que pase de claro en claro la fuerza de su muro. Pues el triste que, desarmado y sin proveer los engaños y celadas, se vino a meter por las puertas de tu seguridad, cualquiera cosa que en contrario vea es razón que me atormente y pase, rompiendo todos los almacenes en que la dulce nueva estaba aposentada. ¡Oh malaventurado Calisto! ¡Oh cuán burlado has sido de tus sirvientes! ¡Oh engañosa mujer Celestina! ¡Dejárasme acabar de morir y no tornaras a verficar mi esperanza, para que tuviese más que gastar el fuego que ya me aqueja! ¿Por qué falsaste la palabra desta mi señora? ¿Por qué has sido así con tu lengua causa a mi desesperación? ¿A qué me mandaste aquí venir, para que me fuese mostrado el disfavor, el entredicho, la desconfianza, el odio, por la misma boca desta que tiene las llaves de mi perdición y gloria? ¡Oh enemiga! ¿Y tú no me dijiste que ésta mi señora me era favorable? ¿No me dijiste que de su grado mandaba venir este su cativo al presente lugar, no para me desterrar nuevamente de su presencia, pero para alzar el destierro, ya por otro su mandamiento puesto ante de agora? ¿En quién hallaré yo fe? ¿Adónde hay verdad? ¿Quién caresce de engaño? ¿Adónde no moran falsarios? ¿Quién es claro enemigo? ¿Quién es verdadero amigo? ¿Dónde no se fabrican traiciones? ¿Quién osó darme tan cruda esperanza de perdición?

Melibea.—Cesen, señor mío, tus verdades querellas; que ni mi corazón basta para las sufrir, ni mis ojos para lo disimular. Tú lloras de tristeza, juzgándome cruel; yo lloro de placer, viéndote tan fiel. ¡Oh mi señor y mi bien todo! ¡Cuánto más alegre me fuera poder ver tu faz que oír tu voz! Pero, pues no se puede al presente más hacer, toma la firma y sello de las razones que te envié escriptas en la lengua de aquella solícita mensajera. Todo lo que te dijo confirmo, todo lo he por bueno. Limpia, señor, tus ojos. Ordena de mí a tu voluntad.

Calisto.—¡Oh señora mía, esperanza de mi gloria, descanso y alivio de mi pena, alegría de mi corazón! ¿Qué lengua será bastante para que te dar iguales gracias a la sobrada y incomparable merced que en este punto, de tanta congoja para mí, me has querido hacer, en querer que un tan flaco y indigno hombre pueda gozar de tu suavísimo amor? Del cual, aunque muy deseoso, siempre me juzgaba indigno, mirando tu grandeza, considerando tu estado, remirando tu perfección, contemplando tu gentileza, acatando mi poco merecer y tu alto merecimiento, tus estremadas gracias, tus loadas y manifiestas virtudes. Pues ¡oh alto Dios! ¿Cómo te podré ser ingrato, que tan milagrosamente has obrado comigo tus singulares maravillas? ¡Oh cuántos días, antes de agora pasados, me fue venido ese pensamiento a mi corazón, y por imposible lo rechazaba de mi memoria, hasta que ya los rayos ilustrantes de tu muy claro gesto dieron luz en mis ojos, encendieron mi corazón, despertaron mi lengua, estendieron mi merecer, acortaron mi cobradía, destorcieron mi encogimiento, doblaron mis fuerzas, desadormecieron mis pies y manos, finalmente me dieron tal osadía que me han traído con su mucho poder a este sublimado estado en que agora me veo, oyendo de grado tu suave voz! La cual, si ante de agora no conociese, y no sintiese tus saludables olores, no podría creer que careciesen de engaño tus palabras. Pero como soy cierto de tu limpieza de sangre y hechos, me estoy remirando si soy yo Calisto, a quien tanto bien se hace.

Melibea.—Señor Calisto, tu mucho merescer, tus estremadas gracias, tu alto nascimiento han obrado que, después que de ti hobe entera noticia, ningún momento de mi corzón te partieses. Y aunque muchos días he pugnado por lo disimular, no he podido tanto que, en tornándome aquella mujer tu dulce nombre a la memoria, no descubriese mi deseo y viniese a este lugar y tiempo, donde te suplico ordenes y dispongan de mi persona según querrás. Las puertas impiden nuestro gozo, las cuales yo maldigo, y sus fuertes cerrojos y mis flacas fuerzas, que ni tú estarías quejoso ni yo descontenta.

Calisto.—¿Cómo, señora mía, y mandas que consienta a un palo empedir nuestro gozo? Nunca yo pensé que demás de tu voluntad pudiera cosa estorbar. ¡Oh molestas y enojosas puertas! Ruego a Dios que tal fuego os abrase como a mí da guerra; que con la tercia parte seríades en un punto quemadas. Pues, por Dios, señora mía, permite que llame a mis criados para que las quiebren.

Pármeno.—(¿No oyes, no oyes, Sempronio? A buscarnos quiere venir para que nos den mal año. No me agrada cosa esta venida; en mal punto creo que se empezaron estos amores. Yo no espero más aquí.

Sempronio.—Calla, calla, escucha, que ella no consiente que vamos allá.)

Melibea.—¿Quieres, amor mío, perderme a mí y dañar mi fama? No sueltes las riendas a la voluntad. La esperanza es cierta, el tiempo breve, cuanto tú ordenares. Y pues tú sientes tu pena sencilla y yo la de entrambos; tú solo dolor, yo el tuyo y el mío, conténtate con venir mañana a esta hora por las paredes de mi huerto. Que si agora quebrases las crueles puertas, aunque al presente no fuésemos sentidos, amanecería en casa de mi padre terrible sospecha de mi yerro. Y pues sabes que tanto mayor es el yerro cuanto mayor es el que yerra, en un punto será por la ciudad publicado.

Sempronio.—(¡En hora mala acá esta noche venimos! Aquí nos ha de amanecer, según del espacio que nuestro amo lo toma. Que, aunque más la dicha nos ayude, nos han en tanto tiempo de sentir de su casa o vecinos.

Pármeno.—Ya ha dos horas que te requiero que nos vamos, que no faltará un achaque.)

Calisto.— ¡Oh mi señora y mi bien todo! ¿Por qué llamas yerro aquello que por los sanctos de Dios me fue concedido? Rezando hoy ante el altar de la Madalena me vino con tu mensaje alegre aquella solícita mujer.

*

... ...

Pármeno.—¿Adónde iremos, Sempronio? ¿A la cama a dormir, o a la cocina a almorzar?

Sempronio.—Ve tú donde quisieres; que antes que venga el día quiero yo ir a Celestina a cobrar mi parte de la cadena, que es una puta vieja. No le quiero dar tiempo en que fabrique alguna ruindad con que nos escluya.

Pármeno.—Bien dices, olvidádolo había. Vamos entrambos, y si en eso se pone, espantémosla de manera que le pese. Que sobre dinero no hay amistad.

Sempronio.—¡Ce, ce! Calla, que duerme cabe esta ventanilla. Tha, tha, señora Celestina, ábrenos.

Celestina.—¿Quién llama?

Sempronio.—Abre, que son tus hijos.

Celestina.—No tengo yo hijos que anden a tal hora.

Sempronio.—Abrenos a Pármeno y a Sempronio, que nos venimos acá a almorzar contigo.

Celestina.— ¡Oh locos, traviesos! Entrad, entrad. ¿Cómo venís a tal hora, que ya amenesce? ¿Qué habéis hecho? ¿Qué os ha pasado? ¿Despidióse la esperanza de Calisto, o vive todavía con ella, o cómo queda?

Sempronio.—¿Cómo, madre? Si por nosotros no fuera, ya anduviera su alma buscando posada para siempre. Que si estimarse pudiese lo que de allí nos queda obligado, no sería su hacienda bastante a complir la deuda, si verdad es lo que dicen, que la vida y persona es más digna y de más valor que otra cosa ninguna.

Celestina.— ¡Jesú, que en tanta afrenta os habéis visto! Cuéntamelo, por Dios.

Sempronio.—Mira qué tanta que, ¡por mi vida!, la sangre me hierve en el cuerpo en tornarlo a pensar.

Celestina.—Reposa, por Dios, y dímelo.

Pármeno.—Cosa larga le pides, según venimos alterados y cansados del enojo que habemos habido. Harías mejor en aparejarnos a él y a mí de almorzar; quizá nos amansaría algo la alteración que traemos. Que cierto te digo, que no querría yo topar a hombre que paz quisiese. Mi gloria sería agora hallar en quien vengar la ira, pues no pude en los que nos la causaron, por su mucho huir.

Celestina.—¡Landre me mate si no me espanto en verte tan fiero! Creo que burlas. Dímelo agora, Sempronio, tú, por mi vida: ¿qué os ha pasado?

Sempronio.—Por Dios, sin seso vengo, desesperado; aunque para contigo por demás es no templar la ira y todo enojo, y mostrar otro semblante que con los hombres. Jamás me mostré poder mucho con los que poco pueden. Traigo, señora, todas las armas despedazadas, el broquel sin aro, la espada como sierra, el caxquete abollado en la capilla. Que no tengo con que salir paso con mi amo cuando menester me haya. Que quedó concertado de ir esta noche que viene a verse por el huerto. Pues ¿comprarlo de nuevo? No mandó un maravedí, aunque caiga muerto.

Celestina.—Pídelo, hijo, a tu amo, pues en su servicio se gastó y quebró. Pues sabes que es persona que luego lo complirá, que no es de los que dicen: «Vive comigo y busca quien te mantenga». El es tan franco, que te dará para esto y para más.

Sempronio.—¡Ah! Trae también Pármeno perdidas las suyas. A este cuento en armas se le irá su hacienda. ¿Cómo quieres que le sea tan importuno en pedirle más de lo que él de su propio grado hace, pues es harto? No digan por mí que dándome un palmo pido cuatro. Dionos las cien monedas, dionos después la cadena. A tres tales aguijones no terná cera en el oído. Caro le costaría este negocio. Contentémonos con lo razonable, no lo perdamos todo por querer más de la razón; que quien mucho abarca, poco suele apretar.

Celestina.—¡Gracioso es el asno! Por mi vejez, que si sobre comer fuera, que dijera que habíamos todos cargado demasiado. ¿Estás en tu seso, Sempronio? ¿Qué tiene que hacer tu galardón con mi salario, tu soldada con mis mercedes? ¿Soy yo obligada a soldar vuestras armas, a complir vuestras faltas? A osadas, que me maten si no te has asido a una palabrilla que te dije el otro día viniendo por la calle, que cuanto yo tenía era tuyo, y que, en cuanto pudiese con mis pocas fuerzas, jamás te faltaría; y que, si Dios me diese buena manderecha con tu amo, que no perderías nada. Pues ya sabes, Sempronio, que estos ofrecimientos, estas palabras de buen amor, no obligan. No ha de ser oro cuanto reluce; si no, más bajo valdría. Dime, ¿estó en tu corazón, Sempronio? Verás si, aunque soy vieja, si acierto lo que tú puedes pensar. Tengo, hijo, en buena fe, más pesar, que se me quiere salir esta alma de enojo. Di a esta loca de Elicia, como vine de tu casa, la cadenilla que traje, para que se holgase con ella, y no se puede acordar do la puso. Que en toda esta noche ella ni yo no habemos dormido sueño, de pesar. No por su valor de la cadena, que no era mucho, pero por su mal cobro della y de mi mala dicha. Entraron unos conoscidos y familiares míos en aquella sazón aquí; temo no la hayan llevado, diciendo: «Si te vi, burléme...», etc. Así que, fijos, agora quiero hablar con entrambos: si algo vuestro amo a mí me dio, debéis mirar que es mío; que de tu jubón de brocado no te pedí yo parte, ni la quiero. Sirvamos todos; que a todos dará según viere que lo merescen; que si me ha dado algo, dos veces he puesto por él mi vida al tablero. Más herramienta se me ha embotado en su servicio que a vosotros, más materiales he gastado; pues habéis de pensar, fijos, que todo me cuesta dinero, y aun mi saber, que no lo he alcanzado holgando. De lo cual fuera buen testigo su madre de Pármeno, Dios haya su ánima. Esto trabajé yo; a vosotros se os debe esotro. Esto tengo yo por oficio y trabajo; vosotros, por recreación y deleite. Pues así, no habéis vosotros de haber igual galardón de folgar que yo de penar. Pero aun con todo lo que he dicho, no os despidáis, si mi cadena parece, de sendos pares de calzas de grana, que es el hábito que mejor en los mancebos paresce. Y si no, recebid la voluntad, que yo callaré con mi pérdida. Y todo esto, de buen amor, porque folgastes que hobiese yo antes el provecho destos pasos que otra. Y si no os contentáredes, de vuestro daño faréis.

SEMPRONIO.—No es ésta la primera vez que yo he dicho cuánto en los viejos reina este vicio de cobdicia. Cuando pobre, franca; cuando rica, avarienta. Así, que adquiriendo crece la cobdicia, y la pobreza codiciando, y ninguna cosa hace pobre al avariento sino la riqueza. ¡Oh Dios, y cómo crece la necesidad con la abundancia! ¡Quién la oyó a esta vieja decir que me llevase yo todo el provecho, si quisiese, deste negocio, pensando que sería poco! Agora que lo vee crecido, no quiere dar nada, por complir el refrán de los niños, que dicen: «De lo poco, poco; de lo mucho, nada.»

PÁRMENO.—Déte lo que prometió, o tomémoselo todo. Harto te decía yo quién era esta vieja, si tú me creyeras.

CELESTINA.—Si mucho enojo traéis con vosotros, o con vuestro amo, o armas, no lo quebréis en mí. Que bien sé dónde nace esto, bien sé y barrunto de qué pie coxqueáis. No, cierto, de la necesidad que tenéis de lo que me pedís, ni aun por la mucha cobdicia que lo tenéis, sino pensando que os he de tener toda vuestra vida atados y cativos con Elicia y Areusa, sin quereros buscar otras. Movéisme estas amenazas de dinero, ponéisme estos temores de la partición. Pues callad, que quien éstas os supo acarrear os dará otras diez, agora que hay más conocimiento y más razón y más merecido de vuestra parte. Y si sé complir lo que se promete en este caso, dígalo Pármeno. Dilo, dilo, no hayas empacho de contar cómo nos pasó cuando a la otra dolía la madre.

SEMPRONIO.—Yo dígole que se vaya y abájase las bragas; no ando por lo que piensas. No entremetas burlas a nuestra demanda, que con ese galgo no tomarás, si yo puedo, más liebres. Déjate comigo de razones. A perro viejo no cuz, cuz. Danos las dos partes por cuenta de cuanto de Calisto has recebido, no quieras que se descubra quién tú eres. A los otros, a los otros, con esos halagos, vieja.

CELESTINA.—¿Quién so yo, Sempronio? ¿Quitásteme de la putería? Calla tu lengua, no amengües mis canas. Que soy una vieja cual Dios me hizo, no peor que todas. Vivo de mi oficio, como cada cual oficial del suyo, muy limpiamente. A quien no me quiere no lo busco. De mi casa me vienen a sacar, en mi casa me ruegan. Si bien o mal vivo, Dios es el testigo de mi corazón. Y no pienses con tu ira maltratarme, que justicia hay para todos y a todos es igual; tan bien yo oída, aunque mujer, como vosotros muy peinados. Déjame en mi casa con mi fortuna. Y tú, Pármeno, no pienses que soy tu cativa, por saber mis secretos y mi vida pasada, y los casos que nos acaescieron a mí y a la desdichada de tu madre. Aun así me trataba ella cuando Dios quería.

PÁRMENO.—No me hinchas las narices con esas memorias; si no, enviarte he con nuevas a ella, donde mejor te puedas quejar.

CELESTINA.—¡Elicia, Elicia! Levántate desa cama, daca mi manto presto, que, por los sanctos de Dios, para aquella justicia me vaya bramando como una loca. ¿Qué es esto? ¿Qué quieren decir tales amenazas en mi casa? ¿Con una oveja mansa tenéis vosotros manos y braveza? ¿Con una gallina atada? ¿Con una vieja de sesenta años? ¡Allá, allá, con los hombres como vosotros, contra los que ciñen espada mostrar vuestras iras, no contra mi flaca rueca! Señal es de gran cobardía acometer a los menores y a los que poco pueden. Las sucias moscas nunca pican sino a los bueyes magros y flacos, los gozques labradores a los pobres peregrinos aquejan con mayor ímpetu. Si aquella que allí está en aquella cama me hobiese a mí creído, jamás quedaría esta casa de noche sin varón, ni dormiríamos a lumbre de pajas; pero por aguardarte, por serte fiel, padescemos esta soledad. Y como nos veis mujeres, habláis y pedís demasías. Lo cual, si hombre sintiésedes en la posada, no haríades. Que, como dicen: el duro adversario entibia las iras y sañas.

SEMPRONIO.—¡Oh vieja avarienta, muerta de sed por dinero! ¿No serás contenta con la tercia parte de lo ganado?

CELESTINA.—¿Qué tercia parte? Vete con Dios de mi casa tú. Y esotro no dé voces, no allegue la vecindad. No me hagáis salir de seso, no queráis que salgan a plaza las cosas de Calisto y vuestras.

SEMPRONIO.—Da voces o gritos, que tú complirás lo que prometiste, o complirás hoy tus días.

ELICIA.—Mete, por Dío, el espada. Tenlo, Pármeno, tenlo, no la mate ese desvariado.

CELESTINA.—¡Justicia, justicia, señores vecinos! ¡Justicia, que me matan en mi casa estos rufianes!

SEMPRONIO.—¿Rufianes, o qué? Espera, doña hechicera, que yo te haré ir al infierno con cartas.

CELESTINA.—¡Ay, que me ha muerto! ¡Ay, ay! ¡Confesión, confesión!

PÁRMENO.—Dale, dale, acábala, pues comenzaste, que nos sentirán. ¡Muera, muera! De los enemigos, los menos.

CELESTINA.—¡Confesión!

ELICIA.—¡Oh crueles enemigos! ¡En mal poder os veáis! ¡Y para quién tovistes manos! ¡Muerta es mi madre y mi bien todo!

SEMPRONIO.—Huye, huye, Pármeno, que carga mucha gente. ¡Guarte, guarte, que viene el alguacil!

PÁRMENO.—¡Ay, pecador de mí!, que no hay por do nos vamos, que está tomada la puerta.

SEMPRONIO.—Saltemos destas ventanas. No muramos en poder de justicia.

PÁRMENO.—Salta, que yo tras ti voy.

DECIMO NONO AUCTO

... ...

CALISTO.—Vencido me tiene el dulzor de tu suave canto; no puedo más sufrir tu penado esperar. ¡Oh mi señora y mi bien todo! ¿Cuál mujer podía haber nacida que desprivase tu gran merecimiento? ¡Oh salteada melodía! ¡Oh gozoso rato! ¡Oh corazón mío! ¿Y cómo no podiste más tiempo sufrir sin interrumper tu gozo y complir el deseo de entrambos?

MELIBEA.—¡Oh sabrosa traición! ¡Oh dulce sobresalto! ¿Es mi señor y mi alma? ¿Es él? No lo puedo creer. ¿Dónde estabas, luciente sol? ¿Dónde me tenías tu claridad escondida? ¿Había rato que escuchabas? ¿Por qué me dejabas echar palabras sin seso al aire, con mi ronca voz de cisne? Todo se goza este huerto con tu venida. Mira la luna, cuán clara se nos muestra; mira las nubes, cómo huyen; oye la corriente agua desta fontecica, cuanto más suave murmurio y rucio lleva por entre las fresas hierbas. Escucha los altos cipreses, cómo se dan paz unos ramos con otros, por intercesión de un templadico viento que los menea. Mira sus quietas sombras cuán escuras están, y aparejadas para encobrir nuestro deleite. Lucrecia, ¿qué sientes, amiga? ¿Tórnaste loca de placer? Déjamelo, no me lo despedaces, no le trabajes sus miembros con tus pesados brazos. Déjame gozar de lo que es mío, no me ocupes mi placer.

CALISTO.—Pues, señora y gloria mía, si mi vida quieres, no cese tu suave canto. No sea de peor condición mi presencia, con que te alegras, que mi ausencia, que te fatiga.

MELIBEA.—¿Qué quieres que cante, amor mío? ¿Cómo cantaré, que tu deseo era el que regía mi son y hacía sonar mi canto? Pues conseguida tu venida, desapareció el deseo, destemplóse el tono de mi voz. Y pues tú, señor, eres el dechado de cortesía y buena crianza, ¿Cómo mandas a mi lengua hablar y no a tus manos que estén quedas? ¿Por qué no olvidas éstas mañas? Mándalas estar sosegadas y dejar su enojoso uso y conversación incomportable. Cata, angel mío, que así como me es agradable tu vista sosegada, me es enojoso tu riguroso trato. Tus honestas burlas me dan placer, tus deshonestas manos me fatigan cuando pasan de la razón. Deja estar mis ropas en su lugar, y si quieres ver si es el hábito de encima de seda o de paño, ¿Para qué me tocas en la camisa? Pues cierto es de lienzo. Horgemos y burlemos de otros mil modos que yo te mostraré, no me destroces ni maltrates como sueles. ¿Qué provecho te trae dañar mis vestiduras?

CALISTO.—Señora, el que quiere tomar el ave quita primero las plumas.

LUCRECIA.—(Mala landre me mate si más los escucho. ¿Vida es ésta? ¡Que me esté yo deshaciendo de dentera, y ella esquivándose porque la rueguen! Ya apaciguado es el ruido: no hobieron menester despartidores. Pero también me lo haría yo, si estos necios de tus criados me fablasen entre día; pero esperan que los tengo yo de ir a buscar.)

MELIBEA.—¿Señor mío, quieres que mande Lucrecia traer alguna colación?

CALISTO.—No hay otra colación para mí sino tener tu cuerpo y belleza en mi poder. Comer y beber, dondequiera se da por dinero, en cada tiempo se puede haber y cualquiera lo puede alcanzar; pero lo no vendible, lo que en toda tierra no hay igual que en este huerto, ¿cómo mandas que se me pase ningún momento que no goce?

LUCRECIA.—(Ya me duele a mí la cabeza de escuchar, y no a ellos de fablar, ni los brazos de retozar, ni las bocas de besar. ¡Andar! Ya callan; a tres me parece que va la vencida.)

CALISTO.—Jamás querría, señora, que amanesciese, según la gloria y descanso que mi sentido rescibe de la noble conversación de tus delicados miembros.

MELIBEA.—Señor, yo soy la que gozo, yo la que gano; tú señor, el que me faces con tu visitación incomparable merced.

*

SOSIA.—¿Así, bellacos rufianes veníades a asombrar a los que no os temen? Pues yo os juro que si esperardes, que yo os ficiera ir como merecíades.

*

CALISTO.—Señora, Sosia es aquel que da voces. Déjame ir a verlo, no lo maten; que no está sino un pajecico con él. Dame presto mi capa, que cstá debajo de ti.

MELIBEA.—¡Oh triste de mi ventura! No vayas allá sin tus corazas; tórnate a armar.

CALISTO.—Señora, lo que no hace espada y capa y corazón, no lo hacen corazas y capacete y cobardía.

*

SOSIA.—¿Aún tornáis? Esperad; quizá venís por lana.
CALISTO.—Déjame, por Dios, señora, que puesta esá el escala.
MELIBEA.—¡Oh desdichada yo! ¡Y cómo vas, tan recio y con tanta priesa y desarmado, a meterte entre quien no conoces! Lucrecia, ven presto acá, que es ido

*

Calisto a un ruido. Echémosle sus corazas por la pared, que se quedan acá.
SOSIA.—Tente, Señor, no bajes. Idos son; que no era sino Traso el cojo y otros bellacos, que pasaban voceando. Que ya se torna Sosia. Tente, señor, con las manos al escala.
CALISTO.—¡Oh, válame Sancta María! ¡Muerto soy! ¡Confesión!
TRISTÁN.—Llégate presto, Sosia, que el triste de nuestro amo es caído del escala, y no habla ni se bulle.
SOSIA.—¡Señor, señor! ¡A esotra puerta...! ¡Tan muerto es como mi abuelo! ¡Oh gran desventura!

*

... ...

VEINTENO AUCTO

... ...

MELIBEA.—Lucrecia, amiga mía, muy alto es esto. Ya me pesa por dejar la compañía de mi padre. Baja a él y dile que se pare al pie desta torre, que le quiero decir una palabra que se me olvidó que fablase a mi madre.
LUCRECIA.—Yo voy, señora.
MELIBEA.—De todos soy dejada. Bien se ha aderezado la manera de mi morir. Algún alivio siento en ver que tan presto seremos juntos yo y aquel mi querido y amado Calisto. Quiero cerrar la puerta, porque ninguno suba a me estorbar mi muerte. No me impidan la partida, no me atajen el camino por el cual, en breve tiempo, podré visitar en este día el que me visitó la pasada noche. Todo se ha hecho a mi voluntad. Buen tiempo terné para contar a Pleberio mi señor la causa de mi ya acortado fin. Gran sinrazón fago a sus canas, gran ofensa a su vejez; gran fatiga le acarreo con mi falta, en gran soledad le dejo. Y caso que por mi morir a mis queridos padres sus días se deminuyesen, ¿Quién duda que no haya habido otros más crueles contra su padres? Bursia, rey de Bitinia, sin ninguna razón, no aquejándole pena como a mí, mató a su propio padre; Tolomeo, rey de Egipto, a su padre y madre y hermanos y mujer, por gozar de una manceba; Orestes, a su madre Clitenestra. El cruel emperador Nero, a su madre Agripina, por sólo su placer fizo matar. Estos son dignos de culpa estos son verdaderos parricidas, que no yo, que si do pena con mi muerte, purgo la culpa que de su dolor me pueden poner. Otros muchos crueles hobo que mataron fijos y hermanos, debajo de cuyos yerros el mío no parecerá grande. Filipo, rey de Macedonia; Herodes, rey de Judea; Constantino, emperador de Roma; Laodice, reina de Capadocia; y Medea, la nigromantesa. Todos estos mataron hijos queridos y amados sin ninguna razón, que

dando sus personas a salvo. Finalmente, me ocurre aquella gran crueldad de Frates, rey de los partos, que porque no quedase sucesor después dél, mató a Orode, su viejo padre, y a su único fijo y treinta hermanos suyos. Estos fueron delictos dignos de culpable pena, que guardando sus personas de peligro, mataban sus mayores y descendientes y hermanos. Verdad es que, aunque todo esto así sea, no había de remedarles en lo que mal hicieron, pero no es más en mi mano. Tú, Señor, que de mi habla eres testigo, vees mi poco poder, vees cuán cativa tengo mi libertad, cuán presos mis sentidos de tan poderoso amor del muerto caballero, que priva al que tengo con los vivos padres.

PLEBERIO.—Hija mía, Melibea, ¿qué haces sola? ¿Qué es tu voluntad decirme? ¿Quieres que suba allá?

MELIBEA.—Padre mío, no pugnes ni trabajes por venir adonde yo estó, que estorbarás la presente habla que te quiero hacer. Lastimado serás brevemente con la muerte de tu única hija. Mi fin es llegado, llegado es mi descanso y tu pasión, llegado es mi alivio y tu pena, llegada es mi acompañada hora y tu tiempo de soledad. No habrás, honrado padre, menester instrumentos para aplacar mi dolor, sino campanas para sepultar mi cuerpo. Si me escuchas sin lágrimas, oirás la causa desesperada de mi forzada y alegre partida. No la interrumpas con lloros ni palabras; si no, quedarás más quejoso en no saber por qué me mato, que doloroso por verme muerta. Ninguna cosa me preguntes ni respondas más de lo que de mi grado decirte quisiere. Porque cuando el corazón está embargado de pasión, están cerrados los oídos al consejo, y en tal tiempo las fructuosas palabras, en lugar de amansar, acrescientan la saña. Oye, padre viejo, mis últimas palabras, y, si como yo espero, las rescibes, no culparás mi yerro. Bien vees y oyes este triste doloroso sentimiento que toda la ciudad hace. Bien oyes este clamor de campanas, este alarido de gentes, este aullido de canes, este estrépito de armas. De todo esto fui yo causa. Yo cobrí de luto y jergas en este día cuasi la mayor parte de la ciudadana caballería, yo dejé muchos sirvientes descubiertos de señor yo quité muchas raciones y limosnas a pobres y envergonzantes, yo fui ocasión que los muertos tuviesen compañía del más acabado hombre que en gracias nació, yo quité a los vivos el dechado de gentileza, de invenciones galanas, de atavíos y bordaduras, de habla, de andar, de cortesía, de virtud. Yo fui causa que la tierra goce sin tiempo el más noble cuerpo y más fresca juventud que al mundo era en nuestra edad criada. Y porque estarás espantado con el son de mis no acostumbrados delitos, te quiero más aclarar el fecho. Muchos días son pasados, padre mío, que penaba por mi amor un caballero que se llamaba Calisto, el cual tú bien conociste. Conociste asimesmo a sus padres y claro linaje; sus virtudes y bondad a todos eran manifiestas. Era tanta su pena de amor y tan poco el lugar para hablarme, que descubrió su pasión a una astuta y sagaz mujer que llamaban Celestina. La cual, de su parte venida a mí, sacó mi secreto amor de mi pecho. Descobrí a ella lo que a mi querida madre encobría. Tovo manera como ganó mi querer, ordenó cómo su deseo y el mío hobiesen efecto. Si él mucho me amaba, no vivía engañado. Concertó el triste concierto de la dulce y desdichada execución de su voluntad. Vencida de su amor, dile entrada en tu casa. Quebrantó con escalas las paredes de tu huerto, quebrantó mi propósito. Perdí mi virginidad, del cual deleitoso yerro de amor gozamos cuasi un mes. Y como esta pasada noche viniese, según era acostumbrado, a la vuelta de su venida, como de la fortuna mudable estuviese dispuesto y ordenado según su desordenada costumbre; como las paredes eran altas, la noche escura, la escala delgada, los sirvientes que traía no diestros en aquel género de servicio, y él bajaba presuroso a ver un

51

ruido que con sus criados sonaba en la calle, con el gran ímpetu que llevaba no vido bien los pasos, puso el pie en vacío y cayó. Y de la triste caída sus más escondidos sesos quedaron repartidos por las piedras y paredes. Cortaron las hadas sus hilos, cortáronle sin confesión su vida, cortaron mi esperanza, cortaron mi gloria, cortaron mi compañía. Pues ¡qué crueldad sería, padre mío, muriendo él despeñado, que viviese yo penada! Su muerte convida a la mía, convídame y fuerza que sea presto sin dilación; muéstrame que ha de ser despeñada, por seguille en todo. No digan por mí: «A muertos y a idos...» Y así, contentarle he en la muerte, pues no tuve tiempo en la vida. ¡Oh mi amor y señor Calisto! Espérame, ya voy. Detente, si me esperas; no me incuses la tardanza que hago dando esta última cuenta a mi viejo padre, pues le debo mucho más. ¡Oh padre mío muy amado! Ruégote, si amor en esta pasada y penosa vida me has tenido, que sean juntas nuestras sepulturas, juntas nos hagan nuestras obsequias. Algunas consolatorias palabras te diría antes de mi agradable fin, colegidas y sacadas de aquellos antiguos libros, que por más aclarar mi ingenio me mandabas leer; sino que ya la dañada memoria, con la gran turbación me las ha perdido, y aun porque veo tus lágrimas mal sofridas descender por tu arrugada faz. Salúdame a mi cara y amada madre, sepa de ti largamente la triste razón por que muero. ¡Gran placer llevo de no la ver presente! Toma, padre viejo, los dones de tu vejez, que en largos días largas se sufren tristezas. Rescibe las arras de tu senetud antigua, rescibe allá tu amada hija. Gran dolor llevo de mí, mayor de ti, muy mayor de mi vieja madre. Dios quede contigo y con ella. A El ofrezco mi ánima, Pon tú en cobro este cuerpo que allá baja.

«EL ROMANCERO»

Los romances comienzan a imprimirse a principios del siglo XVI en pliegos sueltos y poco después a reunirse en Cancioneros, pero desde dos siglos antes se habían venido transmitiendo de forma oral. Los primeros romances impresos son composiciones de tipo episódico-lírico en versos asonantados de dieciséis sílabas, divididos en dos hemistiquios de ocho sílabas. En seguida se imprimen en versos octosílabos con rima asonante en los pares.

En torno a los romances, una de las cuestiones más debatidas ha sido la de los orígenes. Para Menéndez Pidal, la mayoría de los romances habría derivado de los cantares de gesta por fragmentación, a medida que los juglares seleccionaban los pasajes más interesantes para su recitación. Otros romances, siempre según Menéndez Pidal, no habrían surgido por fragmentación, sino que se habrían inspirado en un cantar de gesta o en una crónica histórica. Algunos críticos piensan, sin embargo, que se trata de dos formas métricas distintas e independientes.

En cuanto a la clasificación de los romances, la primera distinción que puede establecerse es entre *viejos*, romances anónimos transmitidos de forma oral hasta su redacción impresa, y *nuevos o artísticos*, compuestos por autores cultos a partir del siglo XVI.

Los primeros romances viejos, los llamados *tradicionales*, se agrupan en ciclos, según su asunto; así, tenemos ciclos del rey don Rodrigo y de la pérdida de España, de los siete infantes de Lara, del conde Fernán González, del Cid, etc. A partir de mediados del siglo XV, los juglares componen unos romances, los llamados *juglarescos*, más elaborados que los *tradicionales*. Dentro de estos romances juglarescos se suelen distinguir varios tipos, así: los *fronterizos*, sobre las luchas entre moros y cristianos, los *moriscos*, en que el suceso aparece visto desde el punto de vista árabe, los *noticiosos*, que tratan de sucesos recientes de especial interés, y, finalmente, los *novelescos y líricos*, en los que predomina el elemento sentimental.

Los romances se caracterizan por su sencillez, tanto en la forma como en la estructura. Es frecuente en ellos el uso del presente histórico, mediante el cual se sitúa el acontecimiento ante el oyente o lector. Es preciso resaltar también la presencia en muchos romances de un recurso, el fragmentarismo, consistente en que al llegar la narración a un determinado punto, generalmente de máximo interés, se interrumpe, eludiéndose el desenlace. La supresión del desenlace, así como la falta de determinados datos en el romance, obliga al lector a suplir con imaginación lo que no está en el poema y presta a éste un halo misterioso, poéticamente muy interesante.

ROMANCE DEL REY DON RODRIGO
COMO PERDIO A ESPAÑA

Las huestes de don Rodrigo
desmayaban y huian
cuando en la octava batalla
sus enemigos vencian.
Rodrigo deja tus tiendas
y del real se salia:
solo va el desventurado,
que no lleva compañía.
El caballo de cansado
ya mudar no se podia:
camina por donde quiere,
que no le estorba la via.
El rey va tan desmayado,
que sentido no tenia:
muerto va de sed y hambre,
que de velle era mancilla;
iba tan tinto de sangre,
que una brasa parecia.
Las armas lleva abolladas,
que eran de gran pedreria;
la espada lleva hecha sierra
de los golpes que tenía;
el almete abollado
en la cabeza se le hundia;
la cara lleva hinchada
del trabajo que sufria.
Subióse encima de un cerro
el más alto que veia:
dende allí mira a su gente
cómo iba de vencida.
De allí mira sus banderas,
y estandartes que tenia,
cómo están todos pisados
que la tierra los cubría.
Mira por los capitanes
que ninguno parescia;
mira el campo tinto en sangre,
la cual arroyos corria.
El triste de ver aquesto
gran mancilla en sí tenia:
llorando de los sus ojos
de esta manera decía:
—Ayer era rey de España,
hoy no lo soy de una villa;
ayer villas y castillos,
hoy ninguno poseía;
ayer tenía criados,
hoy ninguno me servia,
hoy no tengo una almena
que pueda decir que es mia.
¡Desdichada fue la hora,
desdichado fue aquel dia
en que nací y heredé
la tan grande señoria,
pues lo habia de perder
todo junto y en un dia!
¡Oh muerte! ¿por qué no vienes
y llevas esta alma mia
de aqueste cuerpo mezquino,
pues te se agradeceria?

ABENAMAR, ABENAMAR

¡Abenámar, Abenámar,
moro de la morería,
el dia que tú naciste
grandes señales habia!
Estaba la mar en calma,
la luna estaba crecida;
moro que en tal signo nace,
no debe decir mentira,

Alli respondiera el moro,
bien oireis lo que decía:
—Yo te la diré, señor,
aunque me cueste la vida,
porque soy hijo de un moro
y una cristiana cautiva;
siendo yo niño y muchacho
mi madre me lo decia:
que mentira no dijese,
que era grande villania:
por tanto pregunta, rey,
que la verdad te diria,
—Yo te agradezco, Abenámar,
aquesta tu cortesía.
¿Qué castillos son aquéllos?
¡Altos son y relucian!
—El Alhambra era, señor,
y la otra la mezquita;
los otros los Alixares,
labrados a maravilla.
El moro que los labraba
cien doblas ganaba al dia,
y el dia que no los labra
otras tantas se perdia.
El otro es Generalife,
huerta que par no tenia;
el otro Torres Bermejas,
castillo de gran valía.
Allí habló el rey don Juan,
bien oireis lo que decia:
—Si tú quiesieses, Granada,
contigo me casaría;
daréte en arras y dote
a Córdoba y a Sevilla.
—Casada, soy, rey don Juan,
casada soy, que no viuda;
el moro que a mí me tiene,
muy grande bien me queria.

EL PRISIONERO

Que por mayo era, por mayo,
cuando los grandes calores,
cuando los enamorados
van servir a sus amores,
sino yo, triste mezquino,
que yago en estas prisiones,
que ni sé cuándo es de día,
ni menos cuándo es de noche
sino por una avecilla
que me cantaba al albor:
matómela un ballestero;
¡déle Dios mal galardón!

ROMANCE DE ROSA FRESCA

Rosa fresca, rosa fresca,
tan garrida y con amor,
cuando vos tuve en mis brazos,
no vos supe servir, no;
y agora que os serviría
no vos puedo haber, no.
—Vuestra fué la culpa, amigo,
vuestra fué, que mia no;
enviástemes una carta
con un vuestro servidor,
y en lugar de recaudar
él dijera otra razón:
que érades casado, amigo,
allá en tierras de Leon;
que teneis mujer hermosa
y hijos como una flor.
—Quien os lo dijo, señora,
no vos dijo verdad, no;
que yo nunca entré en Castilla
ni allá en tierras de Leon,
sino cuando era pequeño,
que no sabia de amor.

ROMANCE DE FONTEFRIDA

Fonte-frida, fonte-frida,
fonte-frida y con amor
do todas las avecicas
van tomar consolacion
sino es la tortolica
que está viuda y con dolor.
Por allí fuera a pasar
el traidor de ruiseñor
las palabras que le dice
llenas son de traicion:
—Si tú quisieses, señora,
yo sería tu servidor.
Véte de ahí, enemigo,
malo, falso, engañador,
que ni poso en ramo verde,
ni en prado que tenga flor;
que si el agua hallo clara,
turbia la bebia yo;
que no quiero haber marido,
porque hijos no haya no:
no quiero placer con ellos,
ni menos consolación.
Déjame, triste enemigo,
malo, falso, mal traidor,
que no quiero ser tu amiga
ni casar contigo, no.

ROMANCE QUE DICE:
YO ME ERA MORA MORAIMA

Yo me era mora Moraima,
morilla de un bel catar:
cristiano vino a mi puerta,
cuitada, por me engañar.
Hablóme en algarabía
como aquel que la bien sabe:
—Abrasme las puertas, mora,
si Alá te guarde de mal.
—¿Cómo te abriré, mezquina,
que no sé quién te serás?
—Yo soy el moro Mazote,
hermano de la tu madre,
que un cristiano dejo muerto;
tras mí venia el alcalde.
Si no me abres tú, mi vida,
aquí me verás matar.
Cuando esto oí, cuitada,
comencéme a levantar,
vistiérame una almejía
no hallando mi brial,
fuérame para la puerta
y abríla de par en par.

LA ERMITA DE SAN SIMON

En Sevilla está una ermita
cual dicen de San Simon,
adonde todas las damas
iban a hacer oración.
Allá va la mi señora,
sobre todas la mejor,
saya lleva sobre saya,
mantillo de un tornasol,
en la boca muy linda
lleva un poco de dulzor,
en la su cara muy blanca
lleva un poco de color,
y en los ojuelos garzos
lleva un poco de alcohol,
a la entrada de la ermita
relumbrando como el sol.
El abad que dice la misa
no la puede decir, non,
monacillos que le ayudan
no aciertan responder, non,
por decir: amen, amen,
decian: amor, amor.

ROMANCE DEL CONDE ARNALDOS

¡Quién hubiese tal ventura
sobre las aguas de mar,
como hubo el conde Arnaldos
la mañana de San Juan!
Con un falcon en la mano
la caza iba cazar,
vió venir una galera
que a tierra quiere llegar.
Las velas traia de seda,
la jarcia de un cendal,
marinero que la manda
diciendo viene un cantar
que la mar facia en calma,
los vientos hace amainar,
los peces que andan 'nel hondo
arriba los hace andar,
las aves que andan volando
en el mástil las face posar.
Allí fabló el conde Arnaldos,
bien oiréis lo que dirá:
—Por Dios te ruego, marinero,
dígasme ora ese cantar.
Respondióle el marinero,
tal respuesta le fué a dar:
—Yo no digo esta canción
sino a quien conmigo va.

ROMANCE DE DOÑA ALDA

En Paris está doña Alda
la esposa de don Roldan,
trescientas damas con ella
para la acompañar:
todas visten un vestido,
todas calzan un calzar,
todas comen a una mesa,
todas comian de un pan,
sino era doña Alda,
que era la mayoral.
Las ciento hilaban oro,
las ciento tejen cendal,
las ciento tañen instrumentos
para doña Alda holgar.
Al son de los instrumentos
doña Alda adormido se ha:
ensoñando habia un sueño,
un sueño de gran pesar.
Recordó despavorida
y con un pavor muy grande,
los gritos daba tan grandes,
que se oian en la ciudad.
Allí hablaron sus doncellas,
bien oiréis lo que dirán:
—¿Qué es aquesto, mi señora?
¿quién es el que os hizo mal?
—Un sueño soñé, doncellas,
que me ha dado gran pesar;
que me veía en un monte
en un desierto lugar:
de so los montes muy altos
un azor vide volar,
tras dél viene una aguililla
que lo ahinca muy mal.
El azor con grande cuita
metióse so mi brial;
el aguililla con grande ira
de allí lo iba a sacar;
con las uñas lo despluma,
con el pico lo deshace.
Allí habló su camarera,
bien oiréis lo que dirá:
—Aquese sueño, señora,
bien os lo entiendo soltar:
el azor es vuestro esposo,
que viene de allen la mar;
el águila sedes vos,
con la cual ha de casar,
y aquel monte es la iglesia
donde os han de velar.
—Si así es, mi camarera,
bien te lo entiendo pagar.
Otro dia de mañana
cartas de fuera le traen;
tintas venian de dentro,
de fuera escritas con sangre,
que su Roldan era muerto
en la caza de Roncesvalles.

SIGLO DE ORO

GARCILASO DE LA VEGA

Nació en Toledo, se cree que en 1501, de familia noble. Se educó en la corte y desde muy joven luchó en los ejércitos del emperador; herido en la batalla de Olías, contra los comuneros, participó en la expedición a la isla de Rodas (1522) y en la campaña de Navarra contra los franceses (1523). En 1525 se casó con Elena de Zúñiga, pero todo parece indicar que el matrimonio no fue afortunado y poco después se enamora de una dama portuguesa, Isabel de Freyre, que no correspondió al poeta. Por contravenir unas órdenes del Emperador, Garcilaso es desterrado a una isla del Danubio, hasta que por la intercesión del Duque de Alba es liberado y pasa a Nápoles. En esta corte toma contacto con escritores y artistas, y este hecho tendrá una especial significación en su obra. Herido en una expedición a Túnez en 1534. En el asalto a la fortaleza de Muy, cerca de Frejus, en Provenza, es herido gravemente y muere a poco en Niza.

Garcilaso representa en el más alto grado ese ideal de hombre renacentista propugnado por Castiglione: soldado esforzado al servicio de su emperador y hombre de una gran cultura, abierto a todas las inquietudes espirituales de su tiempo.

Su obra fue publicada por la viuda de su gran amigo Boscán, unos años después de la muerte de nuestro poeta, y su éxito fue tal que muy pronto mereció un honor hasta entonces sólo dispensado a los clásicos grecolatinos: ediciones comentadas de su poesía realizadas por El Brocense y Fernando de Herrera.

La obra de Garcilaso se compone, fuera de unas cuantas composiciones breves a la manera tradicional, de tres Eglogas, dos Elegías, una Epístola, cinco Canciones y treinta y ocho Sonetos.

Con Garcilaso entran en la poesía española —y por primera vez alcanzan la perfección en castellano— las formas métricas procedentes de la poesía italiana: sonetos, odas, liras, etc., composiciones que tienen como base el endecasílabo italiano frente al tradicional verso octosílabo de la poesía castellana.

El tema central de su poesía lo constituye la experiencia amorosa, experiencia expresada con la melancolía de un amor imposible. No se trata aquí de una abstracción al estilo platónico del Renacimiento, sino de una viva pasión por una' mujer de carne y hueso. Ahora bien, la emoción está siempre contenida dentro de un canon clásico de elegante sobriedad.

Garcilaso será desde su aparición y, prácticamente sin interrupción, hasta nuestros días el clásico por antonomasia de nuestra literatura, y su importancia no radica tanto en la revolución que supone la perfecta aclimatación de las formas métricas italianas como en servir de punto de referencia obligado a toda la poesía española posterior.

SONETO X

¡Oh dulces prendas por mi mal halladas,
dulces y alegres cuando Dios quería,
juntas estáis en la memoria mía
y con ella en mi muerte conjuradas!
  ¿Quién me dijera, cuando los pasadas
horas qu'en tanto bien por vos me vía,
que me habiades de ser en algún día
con tan grave dolor representadas?
  Pues en una hora junto me llevastes
todo el bien que por términos me distes,
lleváme junto el mal que me dejastes;
  si no, sospecharé que me pusistes
en tantos bienes porque deseastes
verme morir entre memorias tristes.

SONETO XI

  Hermosas ninfas, que en el rio metidas,
contentas habitáis en las moradas
de relucientes piedras fabricadas
y en columnas de vidrio sostenidas,
  agora estéis labrando embebecidas
o tejiendo las telas delicadas,
agora unas con otras apartadas
contándoos los amores y las vidas:
  dejad un rato la labor, alzando
vuestras rubias cabezas a mirarme,
y no os detendréis mucho según ando,
  que o no podréis de lástima escucharme,
o convertido en agua aquí llorando,
podréis allá despacio consolarme.

SONETO XXIII

En tanto que de rosa y d'azucena
se muestra la color en vuestro gesto,
y que vuestro mirar ardiente, honesto,
con clara luz la tempestad serena;
   y en tanto que'l cabello, que'n la vena
del oro s'escogió, con vuelo presto
por el hermoso cuello blanco, enhiesto,
el viento mueve, esparce y desordena:
   coged de vuestra alegre primavera
el dulce fruto antes que'l tiempo airado
cubra de nieve la hermosa cumbre.
   Marchitará la rosa el tiempo helado,
todo lo mudará la edad ligera
por no hacer mudanza en su costumbre.

EGLOGA I

AL VIRREY DE NÁPOLES

Personas: SALICIO, NEMOROSO

1.

El dulce lamentar de dos pastores,
Salicio juntamente y Nemoroso,
he de cantar, sus quejas imitando;
cuyas ovejas al cantar sabroso
estaban muy atentas, los amores,
de pacer olvidadas, escuchando.
   Tú, que ganaste obrando
un nombre en todo el mundo
y un grado sin segundo,
agora estés atento sólo y dado
al ínclito gobierno del estado
albano, agora vuelto a la otra parte,
   resplandeciente, armado,
representando en tierra al fiero Marte;
... ...

5.

Sal. ¡Oh más dura que mármol a mis quejas
y al encendido fuego en que me quemo
más helada que nieve, Galatea!
Estoy muriendo, y aun la vida temo;
témola con razón, pues tú me dejas,
que no hay sin ti el vivir para qué sea.
      Vergüenza he que me vea
      ninguno en tal estado,
      de ti desamparado,
y de mí mismo yo me corro agora.
¿D'un alma te desdeñas ser señora
donde siempre moraste, no pudiendo
      della salir un hora?
Salid sin duelo, lágrimas, corriendo.
… … … … … … … … … … … … … …

8.

Por ti el silencio de la selva umbrosa,
por ti la esquividad y apartamiento
del solitario monte m'agradaba;
por ti la verde hierba, el fresco viento,
el blanco lirio y colorada rosa
y dulce primavera deseaba.
      ¡Ay, cuánto m'engañaba!
      ¡Ay, cuán diferente era
      y cuán d'otra manera
lo que en tu falso pecho se escondía!
Bien claro con su voz me lo decía
la siniestra corneja, repitiendo
      la desventura mía.
Salid sin duelo, lágrimas, corriendo.

9.

¡Cuántas veces, durmiendo en la floresta,
reputándolo yo por desvarío,
vi mi mal entre sueños, desdichado!
Soñaba que en el tiempo del estío
llevaba, por pasar allí la siesta,
a abrevar en el Tajo mi ganado;
      y después de llegado,
      sin saber de cuál arte,
      por desusada parte
y por nuevo camino el agua s'iba;
ardiendo yo con la calor estiva,
el curso enajenado iba siguiendo
      del agua fugitiva.
Salid sin duelo, lágrimas, corriendo.
… … … … … … … … … … … … … …

15.

Con mi llorar las piedras enternecen
su natural dureza y la quebrantan;
los árboles parece que s'inclinan;
las aves que m'escuchan, cuando cantan,
con diferente voz se condolecen
y mi morir cantando m'adevinan;
    las fieras que reclinan
    su cuerpo fatigado
    dejan el sosegado
sueño por escuchar mi llanto triste:
tú sola contra mí t'endureciste,
los ojos aun siquiera no volviendo
    a los que tú hiciste.
Salid sin duelo, lágrimas, corriendo.

16.

Mas ya que a socorrer aquí no vienes,
no dejes el lugar que tanto amaste,
que bien podrás venir de mí segura.
Yo dejaré el lugar do me dejaste;
ven si por solo esto te detienes.
Ves aquí un prado lleno de verdura,
    ves aquí un' espesura,
    ves aquí un agua clara,
    en otro tiempo cara,
a quien de ti con lágrimas me quejo;
quizá aquí hallarás, pues yo m'alejo,
al que todo mi bien quitar me puede,
    que pues el bien le dejo,
no es mucho que'l lugar también le quede.

17.

Aquí dio fin a su cantar Salicio,
y sospirando en el postrero acento,
soltó de llanto una profunda vena;
queriendo el monte al grave sentimiento
d'aquel dolor en algo ser propicio,
con la pesada voz retumba y suena;
    la blanca Filomena,
    casi como dolida
    y a compasión movida,
dulcemente responde al son lloroso.
Lo que cantó tras esto Nemoroso,
decildo vos, Piérides, que tanto
    no puedo yo ni oso,
que siento enflaquecer mi débil canto.

18.

Nem. Corrientes aguas puras, cristalinas,
árboles que os estáis mirando en ellas,
verde prado de fresca sombra lleno,
aves que aquí sembráis vuestras querellas,
hiedra que por los árboles caminas,
torciendo el paso por su verde seno:
      yo me vi tan ajeno
      del grave mal que siento
      que de puro contento
con vuestra soledad me recreaba,
donde con dulce sueño reposaba,
o con el pensamiento discurría
      por donde no hallaba
sino memorias llenas d'alegría;
... ...

21.

¿Quién me dijera, Elisa, vida mía,
cuando en aqueste valle al fresco viento
andábamos cogiendo tiernas flores,
que habia de ver, con largo apartamiento,
venir el triste y solitario día
que diese amargo fin a mis amores?
      El cielo en mis dolores
      cargó la mano tanto
      que a sempiterno llanto
y a triste soledad me ha condenado;
y lo que siento más es verme atado
a la pesada vida y enojosa,
      solo, desamparado,
ciego, sin lumbre en cárcel tenebrosa.

22.

Después que nos dejaste, nunca pace
en hartura el ganado ya, ni acude
el campo al labrador con mano llena;
no hay bien que'n mal no se convierta y mude.
La mala hierba al trigo ahoga, y nace
en su lugar la infelice avena;
      la tierra, que de buena
      gana nos producía
      flores con que solía
quitar en solo vellas mil enojos,
produce agora en cambio estos abrojos,
ya de rigor d'espinas intratable.
      Yo hago con mis ojos
crecer, lloviendo, el fruto miserable.
... ...

24.

Cual suele el ruiseñor con triste canto
quejarse, entre las hojas escondido,
del duro labrador que cautamente
le despojó su caro y dulce nido
de los tiernos hijuelos entretanto
que del amado ramo estaba ausente,
    y aquel dolor que siente,
    con diferencia tanta,
    por la dulce garganta
despide, y a su canto el aire suena,
y la callada noche no refrena
su lamentable oficio y sus querellas,
    trayendo de su pena
el cielo por testigo y las estrellas:

25.

desta manera suelto ya la rienda
a mi dolor y ansí me quejo en vano
de la dureza de la muerte airada;
ella en mi corazón metió la mano
y d'allí me llevó mi dulce prenda,
que aquél era su nido y su morada.
    ¡Ay, muerte arrebatada,
    por ti m'estoy quejando
    al cielo y enojando
con importuno llanto al mundo todo!
El desigual dolor no sufre modo;
no me podrán quitar el dolorido
    sentir si ya del todo
primero no me quitan el sentido.

26.

Tengo una parte aquí de tus cabellos,
Elisa, envueltos en un blanco paño,
que nunca de mi seno se m'apartan;
descójolos, y de un dolor tamaño
enternecer me siento que sobre ellos
nunca mis ojos de llorar se hartan.
    Sin que d'allí se partan,
    con sospiros callientes,
    más que la llama ardientes,
los enjugo del llanto, y de consuno
casi los paso y cuento uno a uno;
juntándolos, con un cordón los ato.
    Tras esto el importuno
dolor me deja descansar un rato.

... ...

29.

Divina Elisa, pues agora el cielo
con inmortales pies pisas y mides,
y su mudanza ves, estando queda,
¿por qué de mí te olvidas y no pides
que se apresure el tiempo en que este velo
rompa del cuerpo y verme libre pueda,
  y en la tercera rueda,
  contigo mano a mano,
  busquemos otro llano,
busquemos otros montes y otros ríos,
otros valles floridos y sombríos
donde descanse y siempre pueda verte
  ante los ojos míos,
sin miedo y sobresalto de perderte?

30.

Nunca pusieran fin al triste lloro
los pastores, ni fueran acabadas
las canciones que solo el monte oía,
si mirando las nubes coloradas,
al tramontar del sol bordadas d'oro,
no vieran que era ya pasado el día;
  la sombra se veía
  venir corriendo apriesa
  ya por la falda espesa
del altísimo monte, y recordando
ambos como de sueño, y acabando
el fugitivo sol, de luz escaso,
  su ganado llevando,
se fueron recogiendo paso a paso.

FRAY LUIS DE LEON

Nació en Belmonte (Cuenca) en 1527. A los catorce años marchó a estudiar a Salamanca, y a su Universidad está indisolublemente ligada la figura de Fray Luis, si bien, y por cortos períodos, estudió en las Universidades de Toledo y Alcalá de Henares. A los 32 años ocupó su primera cátedra universitaria, antes, en 1544, había ingresado en la orden de San Agustín. Estamos en plena Contrarreforma y, en torno a la Universidad de Salamanca, se enfrentan encontrados puntos de vista en problemas teológicos y se desarrolla la rivalidad entre las órdenes religiosas que se encona con diferencias personales. En medio de este ambiente, el temperamento polémico y apasionado de Fray Luis, así como su éxito en la cátedra, provocan el recelo de algunos de sus colegas y una larga serie de enfrentamientos que culminan con un proceso inquisitorial en 1572.

A Fray Luis se le acusaba de defender el texto hebreo del Antiguo Testamento frente a las versiones latinas de la Vulgata y, sobre todo, de haber traducido al castellano *El cantar de los Cantares*, pese a la prohición del Concilio de Trento de traducir los textos sagrados al idioma vulgar. Además, sus enemigos encontraron antecedentes judíos en su ascendencia materna y lo utilizaron contra él en el proceso. Como consecuencia de todo esto pasó cinco años en la cárcel de Valladolid, hasta que, revisado el proceso, fue declarado inocente y reintegrado a la cátedra.

Murió en 1591 en Madrigal de las Altas Torres (Avila), a donde había ido para asistir a un capítulo de su orden, capítulo que lo había elegido provincial de Castilla.

Aparte de sus obras en latín, fundamentalmente comentarios a la Escritura y tratados teológicos, nuestro autor escribió en castellano cuatro obras en prosa: *Traducción literal y declaración del Cantar de los Cantares, La Perfecta Casada, Exposición del libro de Job* y *De los Nombres de Cristo*. De ellas se ha destacado tradicionalmente la perfección estilística de su prosa.

Su producción en verso es muy reducida, sólo 26 poesías originales que no se publicaron en vida del autor, aunque sí corrieron profusamente en copias manuscritas. La primera edición fue realizada por Quevedo en 1631.

Los temas dominantes en su poesía son los siguientes: *a)* anhelo de escape de las luchas y amarguras del mundo, en comunión con la naturaleza. En medio de las luchas en que el poeta vive normalmente, canta la paz y armonía espiritual de que disfruta en sus cortos retiros en La Flecha; *b)* reflexión sobre el orden y la armonía del universo, según la teoría platónica, y que son para el poeta reflejo de la perfección divina; *c)* deseo de escapar de la prisión que supone la vida corporal, hacia un mundo de perfección divina, deseo que en Fray Luis no está movido tanto por un impulso místico como por un impulso intelectual, la aspiración a ver reveladas las últimas verdades del Universo.

Utiliza en sus composiciones poéticas la lira, heredada de Garcilaso, y las notas más destacadas en su poesía son la claridad y precisión.

VIDA RETIRADA

¡Qué descansada vida
la del que huye el mundanal ruïdo,
y sigue la escondida
senda, por donde han ido
los pocos sabios que en el mundo han sido!
   Que no le enturbia el pecho
de los soberbios grandes el estado,
ni del dorado techo
se admira, fabricado
del sabio moro, en jaspes sustentado.
   No cura si la fama
canta con voz su nombre pregonera;
ni cura si encarama
la lengua lisonjera
lo que condena la verdad sincera.
   ¿Qué presta a mi contento,
si soy del vano dedo señalado,
si en busca de este viento
ando desalentado
con ansias vivas, con mortal cuidado?
   ¡Oh campo! ¡Oh monte! ¡Oh río!
   ¡Oh secreto seguro, deleitoso!
Roto casi el navío,
a vuestro almo reposo
huyo de aqueste mar tempestuoso.
   Un no rompido sueño,
un día puro, alegre, libre quiero;
no quiero ver el ceño
vanamente severo
del que la sangre sube o el dinero.
   Despiértenme las aves
con su cantar süave, no aprendido;
no los cuidados graves
de que es siempre seguido
quien al ajeno arbitrio está atenido.
   Vivir quiero conmigo,
gozar quiero del bien que debo al cielo,
a solas, sin testigo,
libre de amor, de celo,
de odio, de esperanzas, de recelo.

Del monte en la ladera
por mi mano plantado tengo un huerto,
que con la primavera,
de bella flor cubierto,
ya muestra en esperanza el fruto cierto.
　　　Y como codiciosa
de ver y acrecentar su hermosura,
desde la cumbre airosa
una fontana pura
hasta llegar corriendo se apresura.
　　　Y luego, sosegada,
el paso entre los árboles torciendo,
el suelo, de pasada,
de verdura vistiendo,
y con diversas flores va esparciendo.
　　　El aire el huerto orea,
y ofrece mil olores al sentido,
los árboles menea
con un manso ruïdo,
que del oro y del cetro pone olvido.
　　　Ténganse su tesoro
los que de un flaco leño se confían;
no es mío ver el lloro
de los que desconfían,
cuando el cierzo y el ábrego porfían.
　　　La combatida antena
cruje, y en ciega noche el claro día
se torna; al cielo suena
confusa vocería,
y la mar enriquecen a porfía.
　　　A mí una pobrecilla
mesa, de amable paz bien abastada,
me baste; y la vajilla,
de fino oro labrada,
sea de quien la mar no teme airada.
　　　Y mientras miserable-
mente se están los otros abrasando
con sed insacïable
del no durable mando,
tendido yo a la sombra esté cantando.
　　　A la sombra tendido,
de yedra y lauro eterno coronado,
puesto el atento oído
al son dulce, acordado,
del plecto sabiamente meneado.

A FRANCISCO SALINAS

    El aire se serena
y viste de hermosura y luz no usada,
Salinas, cuando suena
la música extremada,
por vuestra sabia mano gobernada.
    A cuyo son divino
el alma, que en olvido está sumida,
torna a cobrar el tino
y memoria perdida,
de su origen primera esclarecida.
    Y como se conoce,
en suerte y pensamientos se mejora;
el oro desconoce
que el vulgo vil adora,
la belleza caduca, engañadora.
    Traspasa el aire todo
hasta llegar a la más alta esfera,
y oye allí otro modo
de no perecedera
música, que es de todas la primera.
    Ve cómo el gran maestro,
a aquesta inmensa cítara aplicado,
con movimiento diestro
produce el son sagrado
con que este eterno templo es sustentado.
    Y como está compuesta
de números concordes, luego envía
consonante respuesta;
y entrambas a porfía
mezclan una dulcísima armonía.
    Aquí el alma navega
por un mar de dulzura, y, finalmente,
en él ansí se anega,
que ningún accidente
extraño y peregrino oye o siente.
    ¡Oh, desmayo dichoso!
¡Oh, muerte que das vida! ¡Oh, dulce olvido!
¡Durase en tu reposo
sin ser restituido
jamás a aqueste bajo y vil sentido!
    A aqueste bien os llamo,
gloria del apolíneo sacro coro,
amigos a quien amo
sobre todo tesoro;
que todo lo demás es triste lloro.
    ¡Oh!, suene de contino,
Salinas, vuestro son en mis oídos,
por quien al bien divino

despiertan los sentidos,
quedando a lo demás amortecidos.
   ¡Y tú, Betis divino,
de sangre ajena y tuya amancillado,
darás al mar vecino,
cuánto yelmo quebrado,
cuánto cuerpo de nobles destrozado!
   »El furibundo Marte
cinco luces las haces desordena,
igual a cada parte;
la sexta, ¡ay!, te condena,
¡oh, cara patria!, a bárbara cadena.

A FELIPE RUIZ

   ¿Cuándo será que pueda,
libre de esta prisión, volar al cielo,
Felipe, y en la rueda
que huye más del suelo,
contemplar la verdad pura, sin velo?
   Allí, a mi vida junto,
en luz resplandeciente convertido,
veré, distinto y junto,
lo que es y lo que ha sido,
y su principio proprio y ascondido.
   Entonces veré cómo
el divino poder echó el cimiento
tan a nivel y plomo,
do estable, eterno asiento
posee el pesadísimo elemento.
   Veré las inmortales
columnas do la tierra está fundada,
las lindes y señales
con que a la mar airada
la Providencia tiene aprisionada;
   por qué tiembla la tierra,
por qué las hondas mares se embravecen;
dó sale a mover guerra
el Cierzo, y por qué crecen
las aguas del Océano y descrecen;
   de dó manan las fuentes;
quien ceba y quién bastece de los ríos
las perpetuas corrientes;
de los helados fríos
veré las causas, y de los estíos;
   las soberanas aguas
del aire en la región quién las sostiene;
de los rayos las fraguas;

dó los tesoros tiene
de nieve Dios, y el trueno de dó viene.
 ¿No ves, cuando acontece
turbarse el aire todo en el verano?
El día se ennegrece,
sopla el gallego insano,
y sube hasta el cielo el polvo vano;
 y entre las nubes mueve
su carro Dios, ligero y reluciente;
horrible son conmueve,
relumbra fuego ardiente,
treme la tierra, humíllase la gente;
 la lluvia baña el techo,
envían largos ríos los collados;
su trabajo deshecho,
los campos anegados
miran los labradores espantados.
 Y de allí levantado
veré los movimientos celestiales,
ansí el arrebatado
como los naturales,
las causas de los hados, las señales.
 Quién rige las estrellas
veré, y quién las enciende con hermosas
y eficaces centellas;
por qué están las dos Osas,
de bañarse en el mar siempre medrosas.
 Veré este fuego eterno,
fuente de vida y luz, dó se mantiene;
y por qué en el invierno
tan presuroso viene,
por qué en las noches largas se detiene.
 Veré sin movimiento
en la más alta esfera las moradas
del gozo y del contento,
de oro y luz labradas,
de espíritus dichosos habitadas.
 Conocería dónde
sesteas, dulce Esposo; y desatada
desta prisión, adonde
padece, a tu manada
junta, no ya andará perdida, errada.

SANTA TERESA DE JESUS

Nació en Avila en 1515 y a los veinte años ingresó como novicia en el convento de Carmelitas de la Encarnación, de esta ciudad. Sus intentos de reforma de la orden le ocasionaron una serie de graves enfrentamientos con los autoridades civiles y eclesiásticas, hasta el punto de ser procesada por la Inquisición y sufrir confinamiento en Toledo. Finalmente, se resolvió formar con los conventos reformados una provincia aparte.
 Mujer de carácter abierto y comunicativo, dotada de una gran inteligencia y una extrema sensibilidad, realizó una gran cantidad de fundaciones para lo que hubo de emprender innumerables viajes, en condiciones harto difíciles las más de las veces. Precisamente, cuando regresaba de la fundación del convento de Burgos, falleció en Alba de Tormes en 1582.
 La obra de la Santa suele dividirse en dos grupos: autobiográficas y de ascética y mística. Al primer grupo pertenecen el *Libro de su Vida,* el *Libro de las Fundaciones* y el *Libro de las Relaciones y Cartas.* Mientras que *El Camino de Perfección* y el *Castillo Interior o Las Moradas* se incluyen entre las obras de ascética y mística.
 En ambos casos Santa Teresa no está movida por consideraciones estéticas o intelectuales, sino que escribe por un deber hacia los demás a los que quiere comunicar unas experiencias. Para ello, utiliza un lenguaje espontáneo y natural, incluso con descuidos gramaticales e incorrecciones de todo tipo. Pero precisamente la naturalidad es el valor más positivo de su obra en la que frecuentemente utiliza un lenguaje conversacional, dotado de una gran expresividad.
 Por otra parte, la obra de Santa Teresa incluye uno de los primeros análisis introspectivos que encontramos en la Literatura Española.

LIBRO DE LA VIDA

CAPITULO 1

EN QUE TRATA COMO COMENZO EL SEÑOR A DESPERTAR ESTA ALMA EN SU NIÑEZ A COSAS VIRTUOSAS, Y LA AYUDA QUE ES PARA ESTO SERLO LOS PADRES

1. El tener padres virtuosos y temerosos de Dios me bastara, si yo no fuera tan ruin con lo que el Señor me favorecía para ser buena. Era mi padre aficionado a leer buenos libros, y ansí los tenía de romance para que leyesen sus hijos éstos. Con el cuidado que mi madre tenía de hacernos rezar y ponernos en ser devotos de nuestra Señora y de algunos santos, comenzó a despertarme, de edad —a mi parecer— de seis u siete años.

2. Ayudávame no ver en mis padres favor sino para la virtud; tenían muchas.

Era mi padre hombre de mucha caridad con los pobres y piadad con los enfermos, y aun con los criados; tanta, que jamás se pudo acabar con él tuviese esclavos, porque los había gran piadad. Y estando una vez en casa una —de un su hermano— la regalava como a sus hijos; decía que, de que no era libre, no lo podía sufrir de piadad. Era de gran verdad. Jamás nadie le vio jurar ni mormurar. Muy honesto en gran manera.

3. Mi madre también tenía muchas virtudes, y pasó la vida con grandes enfermedades. Grandísima honestidad; con ser de harta hermosura, jamás se entendió que diese ocasión a que ella hacía caso de ella; porque con morir de treinta y tres años, ya su traje era como de persona de mucha edad. Muy apacible y de harto entendimiento. Fueron grandes los travajos que pasaron el tiempo que vivió. Murió muy cristianamente.

4. Eramos tres hermanas y nueve hermanos. Todos parecieron a sus padres —por la bondad de Dios— en ser virtuosos, si no fui yo, aunque era la más querida de mi padre; y antes que comenzase a ofender a Dios, parece tenía alguna razón; porque yo he lástima cuando me acuerdo las buenas inclinaciones que el Señor me había dado, y cuán mal me supe aprovechar de ellas.

5. Pues mis hermanos ninguna cosa me desayudavan a servir a Dios. Tenía uno casi de mi edad; juntávamonos entrambos a leer vidas de santos (que era el que yo más quería, aunque a todos tenía gran amor y ellos a mí). Como vía los martirios que por Dios las santas pasavan, parecíame compravan muy barato el ir a gozar de Dios, y deseava yo mucho morir ansí (no por amor que yo entendiese tenerle, sino por gozar tan en breve de los grandes bienes que leía haver en el cielo); y juntávame con este mi hermano a tratar qué medio havría para esto: concertávamos irnos a tierra de moros, pidiendo por amor de Dios, para que allá nos descabezasen; y paréceme que nos dava el Señor ánimo en tan tierna edad, si viéramos algún medio, sino que el tener padres nos

parecía el mayor embarazo. Espantávanos mucho el decir que pena y gloria era para siempre, en lo que leíamos. Acaecíamos estar muchos ratos tratando de esto y gustávamos de decir muchas veces: ¡para siempre, siempre, siempre! En pronunciar esto mucho rato era el Señor servido me quedase en esta niñez imprimido el camino de la verdad.

6. De que vi que era imposible ir adonde me matasen por Dios, ordenávamos ser ermitaños; y en una huerta que havía en casa procurávamos, como podíamos, hacer ermitas, puniendo unas pedrecillas, que luego se nos caían. Y ansí no hallávamos remedio en nada para nuestro deseo; que ahora me pone devoción ver cómo me dava Dios tan presto lo que yo perdí por mi culpa. Hacía limosna como podía, y podía poco. Procurava soledad para rezar mis devociones, que eran hartas, en especial el Rosario, de que mi madre era muy devota, y ansí nos hacía serlo. Gustava mucho, cuando jugava con otras niñas, hacer monesterios; como que éramos monjas; y yo me parece deseava serlo, aunque no tanto como las cosas que he dicho.

7. Acuérdome que cuando murió mi madre, quedé yo de edad de doce años, poco menos. Como yo comencé a entender lo que havía perdido, afligida fuime a una imagen de nuestra Señora y supliquéla fuese mi madre, con muchas lágrimas. Paréceme que, aunque se hizo con simpleza, que me ha valido; porque conocidamente he hallado a esta Virgen soberana en cuanto me he encomendado a Ella y, en fin, me ha tornado a sí. Fatígame ahora ver y pensar en qué estuvo el no haver yo estado entera en los buenos deseos que comencé.

8. ¡Oh, Señor mío!: pues parece tenéis determinado que me salve, plega a Vuestra Majestad sea ansí; y de hacerme tantas mercedes como me havéis hecho, ¿no tuviérades por bien —no por mi ganancia, sino por vuestro acatamiento— que no se ensuciara tanto posada adonde tan contino haviades de morar? Fatígame, Señor, aun decir esto; porque sé que fue mía toda la culpa, porque no me parece os quedó a Vos nada por hacer para que desde esta edad no fuera toda vuestra. Cuando voy a quejarme de mis padres, tampoco puedo; porque no vía en ellos sino todo bien y cuidado de mi bien.

9. Pues pasando de esta edad, que comencé a entender las gracias de naturaleza que el Señor me havía dado —que sigún decían eran muchas—, cuando por ellas le havía de dar gracias, de todas me comencé a ayudar para ofenderle, como ahora diré.

CAPITULO 2

TRATA COMO FUE PERDIENDO ESTAS VIRTUDES, Y LO QUE IMPORTA EN LA NIÑEZ TRATAR CON PERSONAS VIRTUOSAS

1. Paréceme que comenzó a hacerme mucho daño lo que ahora diré. Considero algunas veces cuán mal lo hacen los padres que no procuran que vean sus hijos siempre cosas de virtud de todas maneras; porque, con serlo tanto mi madre como he dicho, de lo bueno no tomé tanto —en llegando a uso de razón— ni casi nada, y lo malo me dañó mucho. Era aficionada a libros de cavallerías, y no tan mal tomava este pasatiempo como yo le tomé para mí, porque no perdía su lavor, sino desenvolvíemonos para leer en ellos. Y por ventura lo hacía para no pensar en grandes travajos que tenía, y ocupar sus hijos que no anduviesen en otras cosas perdidos. De esto le pesava tanto a mi

padre que se havía de tener aviso a que no lo viese. Yo comencé a quedarme en costumbre de leerlos; y aquella pequeña falta que en ella vi, me comenzó a enfriar los deseos y comenzar a faltar en lo demás. Y parecíame no era malo, con gastar muchas horas de el día y de la noche en tan vano ejercicio, aunque ascondida de mi padre. Era tan estremo lo que en esto me enbevía que, si no tenía libro nuevo, no me parece tenía contento.

2. Comencé a traer galas y a desear contentar en parecer bien, con mucho cuidado de manos y cavello, y olores y todas las vanidades que en esto podía tener, que eran hartas, por ser muy curiosa. No tenía mala intención, porque no quisiera yo que nadie ofendiera a Dios por mí. Duróme mucha curiosidad de limpieza demasiada, y cosas que me parecía a mí no eran ningún pecado, muchos años. Ahora veo cuán malo devía ser.

3. Tenía primos hermanos algunos, que en casa de mi padre no tenían otros cabida para entrar, que era muy recatado (y pluguiera a Dios que lo fuera de éstos también, porque ahora veo el peligro que es tratar en la edad que se han de comenzar a criar virtudes con personas que no conocen la vanidad de el mundo, sino que antes despiertan para meterse en él); eran casi de mi edad, poco mayores que yo; andávamos siempre juntos; teníanme gran amor, y en todas las cosas que les dava contento los sustentava plática, y oía sucesos de sus aficiones y niñerías nonada buenas; y lo que peor fue, mostrarse el alma a lo que fue causa de todo su mal.

Si yo huviera de aconsejar, dijera a los padres que en esta edad tuviesen gran cuenta con las personas que tratan sus hijos; porque aquí está mucho mal, que se va vuestro natural antes a lo peor que a lo mijor. Ansí me acaeció a mí; que tenía una hermana de mucha más edad que yo, de cuya honestidad y bondad —que tenía mucha— de ésta no tomava nada, y tomé todo el daño de una parienta que tratava mucho en casa. Era de tan livianos tratos que mi madre la havía mucho procurado desviar que tratase en casa (parece adevinava el mal que por ella me havía de venir), y era tanta la ocasión que havía para entrar, que no havía podido.

4. A esta que digo, me aficioné a tratar; con ella era mi conversación y pláticas, porque me ayudava a todas las cosas de pasatiempo que yo quería, y aun me ponía en ellas y dava parte de sus conversaciones y vanidades. Hasta que traté con ella, que fue de edad de catorce años, y creo que más (para tener amistad conmigo —digo— y darme parte de sus cosas), no me parece havía dejado a Dios por culpa mortal ni perdido el temor de Dios, aunque le tenía mayor de la honra; éste tuvo fuerza para no la perder del todo, ni me parece por ninguna cosa del mundo en esto me podía mudar, ni havía amor de persona de él que a esto me hiciese rendir. ¡Ansí tuviera fortaleza en no ir contra la honra de Dios como me la dava mi natural para no perder en lo que me parecía a mí está la honra del mundo! Y no mirava que la perdía por otras muchas vías. En querer ésta vanamente tenía estremo; los medios que eran menester para guardarla no ponía ninguno; sólo para no perderme del todo tenía gran miramiento.

Mi padre y hermana sentían mucho esta amistad; reprendíanmela muchas veces. Como no podían quitar la ocasión de entrar ella en casa, no les aprovechavan sus diligencias, porque mi sagacidad para cualquier cosa mala era mucha.

5. Espántame alguna veces el daño que hace una mala compañía, y si no huviera pasado por ello, no lo pudiera creer; en especial en tiempo de mocedad deve ser mayor el mal que hace. Querría escarmentasen en mí los padres para

mirar mucho en esto. Y es ansí, que de tal manera me mudó está conversación, que de natural y alma virtuoso, no me dejó casi ninguna, y me parece me imprimía sus condiciones ella y otra que tenía la mesma manera de pasatiempos.

Por aquí entiendo el gran provecho que hace la buena compañía; y tengo por cierto que, si tratara en aquella edad con personas virtuosas, que estuviera entera en la virtud; porque si en esta edad tuviera quien me enseñara a temer a Dios, fuera tomando fuerzas el alma para no caer. Después, quitado este temor del todo, quedóme sólo el de la honra, que en todo lo que hacía me traía atormentada; con pensar que no se havía de saber, me atrevía a muchas cosas bien contra ella y contra Dios.

6. Al principio dañáronme las cosas dichas —a lo que me parece—, y no devía ser suya la culpa, sino mía; porque después mi malicia para el mal bastava, junto con tener criadas, que para todo mal hallava en ellas buen aparejo; que si alguna fuera en aconsejarme bien, por ventura me aprovechara; mas el interese las cegava, como a mí la afeción. Y pues nunca era inclinada a mucho mal —porque cosas deshonestas naturalmente las aborrecía—, sino a pasatiempos de buena conversación; mas puesta en la ocasión, estava en la mano el peligro, y ponía en él a mi padre y hermanos. De los cuales me libró Dios de manera que se parece bien procurava contra mi voluntad que del todo no me perdiese, aunque no pudo ser tan secreto que no huviese harta quiebra de mi honra y sospecha en mi padre. Porque no me parece havía tres meses que andava en estas vanidades, cuando me llevaron a un monesterio que havía en este lugar, adonde se criavan personas semejantes, aunque no tan ruines en costumbre como yo; y esto con tan gran disimulación que sola yo y algún deudo lo supo, porque aguardaron a coyuntura que no parecía novedad: porque haverse mi hermana casado, y quedar sola sin madre, no era bien.

7. Era tan demasiado el amor que mi padre me tenía y la mucha disimulación mía, que no havía creer tanto mal de mí, y ansí no quedó en desgracia conmigo. Como fue breve el tiempo, aunque se entendiese algo, no devía ser dicho con certinidad; porque, como yo temía tanto la honra, todas mis diligencias eran en que fuese secreto, y no mirava que no podía serlo a quien todo lo ve.

¡Oh, Dios mío, qué daño hace en el mundo tener esto en poco y pensar que ha de haver cosa secreta que sea contra Vos! Tengo por cierto que se escusarían grandes males si entendiésemos que no está el negocio en guardarnos de los hombres, sino en no nos guardar de descontentaros a Vos.

8. Los primeros ocho días sentí mucho, y más la sospecha que tuve se havía entendido la vanidad mía, que no de estar allí; porque ya yo andava cansada, y no dejava de tener gran temor de Dios cuando le ofendía, y procurava confesarme con brevedad.

Traía un desasosiego que en ocho días —y aun creo menos— estava muy más contenta que en casa de mi padre. Todas lo estavan conmigo; porque en esto me dava el Señor gracia, en dar contento adondequiera que estuviese, y ansí era muy querida. Y puesto que yo estava entonces ya enemiguísima de ser monja, holgávame de ver tan buenas monjas, que lo eran mucho las de aquella casa, y de gran honestidad y relisión y recatamiento.

9. Aun con todo esto no me dejava el demonio de tentar, y buscar los de fuera cómo me desasosegar con recaudos. Como no havía lugar, presto se acabó, y comenzó mi alma a tornarse a acostumbrar en el bien de mi primera

edad, y vi la gran merced que hace Dios a quien pone en compañía de buenos. Paréceme andava Su Majestad mirando y remirando por dónde me podía tornar a Sí. ¡Bendito seáis Vos, Señor, que tanto me havéis sufrido! Amén.

Una cosa tenía que parece me podía ser alguna disculpa —si no tuviera tantas culpas—, y es que era el trato con quien por vía de casamiento me parecía podía acabar en bien, y informada de con quien me confesava y de otras personas, en muchas cosas, me decían no iva contra Dios.

10. Dormía una monja con las que estávamos seglares, que por medio suyo parece quiso el Señor comenzar a darme luz, como ahora diré.

CAPITULO 3

EN QUE TRATA COMO FUE PARTE LA BUENA COMPAÑIA PARA TORNAR A DESPERTAR SUS DESEOS, Y POR QUE MANERA COMENZO EL SEÑOR A DARLA ALGUNA LUZ DEL ENGAÑO QUE HAVIA TRAIDO

1. Pues comenzando a gustar de la buena y santa conversación de esta monja, holgávame de oírla cuán bien hablava de Dios, porque era muy discreta y santa; esto, a mi parecer, en ningún tiempo dejé de holgarme de oírlo. Comenzóme a contar cómo ella havía venido a ser monja por sólo leer lo que dice el Evangelio: «Muchos son los llamados y pocos los escogidos.» Decíame el premio que dava el Señor a los que todo lo dejan por El.

Comenzóme esta buena compañía a desterrar las costumbres que havía hecho la mala, y a tornar a poner en mi pensamiento deseos de las cosas eternas, y a quitar algo la gran enemistad que tenía con ser monja, que se me havía puesto grandísima. Y si vía alguna tener lágrimas cuando rezava, u otras virtudes, havíala mucha envidia; porque era tan recio mi corazón en este caso que, si leyera toda la Pasión, no llarara un lágrima; esto me causava pena.

2. Estuve año y medio en este monesterio harto mijorada. Comencé a rezar muchas oraciones vocales y a procurar con todas me encomendasen a Dios que me diese el estado en que le havía de servir; mas todavía deseava no fuese monja, que éste no fuese Dios servido de dármele, aunque también temía el casarme.

A cabo de este tiempo que estuve aquí, ya tenía más amistad de ser monja, aunque no en aquella casa, por las cosas más virtuosas que después entendí tenían, que me parecían estremos demasiados; y havía algunas de las más mozas que me ayudavan en esto, que si todas fueran de un parecer, mucho me aprovechara. También tenía yo una grande amiga en otro monesterio, y esto me era parte para no ser monja, si lo huviese de ser, sino adonde ella estava; mirava más el gusto de mi sensualidad y vanidad que lo bien que me estava a mi alma.

Estos buenos pensamientos de ser monja me venían algunas veces, y luego se quitavan, y no podía persuadirme a serlo.

3. En este tiempo, aunque yo no andava descuidada de mi remedio, andava más ganoso el Señor de disponerme para el estado que me estava mijor: diome una gran enfermedad, que huve de tornar en casa de mi padre.

En estando buena, lleváronme en casa de mi hermana —que residía en una aldea— para verla, que era estremo el amor que me tenía, y, a su querer, no saliera yo de con ella; y su marido también me amava mucho, al menos mostrávame todo regalo, que aun esto devo más al Señor, que en todas partes siempre le he tenido, y todo se lo servía como la que soy.

4. Estava en el camino un hermano de mi padre, muy avisado y de grandes virtudes, viudo, a quien también andava el Señor dispuniendo para Sí, que en su mayor edad dejó todo lo que tenía y fue fraile, y acabó de suerte que creo goza de Dios. Quiso me estuviese con él unos días. Su ejercicio era buenos libros de romance, y su hablar era —lo más ordinario— de Dios y de la vanidad del mundo. Hacíame le leyese, y aunque no era amiga de ellos, mostrava que sí; porque en esto de dar contento a otros he tenido estremo, aunque a mí me hiciese pesar; tanto que en otras fuera virtud, y en mí ha sido gran falta, porque iva muchas veces muy sin discreción.

¡Oh, válame Dios, por qué términos me andava Su Majestad dispuniendo para el estado en que se quiso servir de mí, que, sin quererlo yo, me forzó a que me hiciese fuerza! Sea bendito por siempre, amén.

5. Aunque fueron los días que estuve pocos, con la fuerza que hacían en mi corazón las palabras de Dios, ansí leídas como oídas, y la buena compañía, vine a ir entendiendo la verdad de cuando niña, de que no era todo nada, y la vanidad del mundo, y cómo acabava en breve, y a temer, si me huviera muerto, cómo me iva a el infierno. Y aunque no acabava mi voluntad de inclinarse a ser monja, vi era mijor y más siguro estado; y ansí poco a poco me determiné a forzarme para tomarle.

6. En esta batalla estuve tres meses forzándose a mí mesma con esta razón: que los travajos y pena de ser monja no podía ser mayor que la del purgatorio, y que yo havía bien merecido el infierno, que no era mucho estar lo que viviese como en purgatorio, y que después me iría derecha a el cielo, que éste era mi deseo.

Y en este movimiento de tomar estado más me parece me movía un temor servil que amor. Poníame el demonio que no podría sufrir los travajos de la relisión, por ser tan regalada. A esto me defendía con los travajos que pasó Cristo, porque no era mucho yo pasase algunos por El; que El me ayudaría a llevarlos —devía pensar—, que esto postrero no me acuerdo. Pasé hartas tentaciones estos días.

7. Havíanme dado, con unas calenturas, unos grandes desmayos, que siempre tenía bien poca salud. Diome la vida haver quedado ya amiga de buenos libros. Leía en las Epístolas de san Jerónimo, que me animavan de suerte que me determiné a decirlo a mi padre, que casi era como a tomar el hábito; porque era tan honrosa, que me parece no tornara atrás por ninguna manera, haviéndolo dicho una vez. Era tanto lo que me quería, que en ninguna manera lo pude acabar con él, ni bastaron ruegos de personas que procuré le hablasen; lo que más se pudo acabar con él, fue que después de sus días haría lo que quisiese. Yo ya me temía a mí y a mi flaqueza no tornase atrás, y ansí no me pareció me convenía esto, y procurélo por otra vía, como ahora diré.

81

SAN JUAN DE LA CRUZ

Juan de Yepes y Alvarez nació en Fontiveros (Avila) en 1542, perteneciente a una familia humilde. Realizó sus primeros estudios con los jesuitas y en 1563 ingresó en la orden del Carmelo. Más tarde cursa estudios en la Universidad de Salamanca; en 1568 se produce el encuentro con Santa Teresa, decisivo en la vida del santo, y participa en la reforma de la orden carmelitana. Funda el primer convento de carmelitas descalzos en Duruelo, pero en 1577 los Calzados lo detienen y encarcelan en un convento de Toledo del que logra fugarse a los ocho meses. Funda varios conventos (Madrid, Caravaca, etc.) y ocupa puestos importantes en la orden: definidor general (1581), prior de Granada y vicario provincial de Andalucía (1585). En 1591 se retira a La Peñuela (Jaén) y ese mismo año muere en Ubeda, a consecuencia de unas calenturas.

La obra poética de San Juan es extremadamente breve: una serie de composiciones menores, 5 canciones, 10 romances y 2 «glosas a lo divino; y sus tres composiciones más importantes: *Noche oscura del alma, Cántico espiritual* y *Llama de amor vivo;* se componen éstas de ocho, cuarenta y cuatro estrofas respectivamente; las dos primeras composiciones en liras y la tercera en estrofas de seis versos.

Las tres composiciones constituyen un tratado poético de la ascensión mística del a.ma hacia Dios. La *Noche* supone la huida del alma, en medio de la noche, de la prisión de los sentidos y la unión con Dios, el *Cántico* es el camino hacia Dios, siguiendo las tres vías de la mística y la *Llama* es el goce supremo de la unión con la divinidad. San Juan escribió además unos comentarios en prosa para glosar sus composiciones en verso, de menor interés desde el punto de vista literario.

Para sus composiciones, el poeta se sirve de un lenguaje poético de la mayor sencillez, aunque esta forma llana encierra un denso contenido simbólico y conceptual. Como apunta otro gran poeta español, Jorge Guillén, en esta poesía «todo es símbolo, todo es lo que es y algo más». Para aproximarse al inefable sentimiento del amor divino el poeta se sirve de imágenes eróticas, seguramente las más bellas de toda la poesía amorosa en castellano, por lo que esta poesía admite al menos dos lecturas, según que el referente simbólico lo situemos en el nivel humano, único presente en el texto, o bien que utilizando elementos extratextuales —por ejemplo, los que el poeta propone en los comentarios en prosa— interpretemos la relación amado-amada=divinidad-alma.

De cualquier forma, se trata de una poesía dotada de una misteriosa sugestión y de un gran poder evocador.

SUBIDA DEL MONTE CARMELO

Canciones en que canta el alma la dichosa ventura que tuvo en pasar por la oscura noche de la fe, en desnudez y purgación suya, a la unión del Amado.

NOCHE OSCURA DEL ALMA

En una noche oscura
con ansias en amores inflamada,
¡oh dichosa ventura!,
salí sin ser notada,
estando ya mi casa sosegada.
    A escuras y segura,
por la secreta escala, disfrazada,
¡oh dichosa ventura!,
a escuras y en celada,
estando ya mi casa sosegada.
    En la noche dichosa,
en secreto, que nadie me veía,
ni yo miraba cosa,
sin otra luz ni guía,
sino la que en el corazón ardía.
    Aquésta me guiaba
más cierto que la luz del mediodía,
a donde me esperaba
quien yo bien me sabía,
en parte donde nadie parecía.
    ¡Oh noche que guiaste,
oh noche, amable más que el alborada,
oh noche que juntaste
amado con amada,
amada en el amado transformada!
    En mi pecho florido,
que entero para él solo se guardaba,
allí quedó dormido,
y yo le regalaba,
y el ventalle de cedros aire daba.
    El aire del almena,
cuando yo sus cabellos esparcía,
con su mano serena
en mi cuello hería,
y todos mis sentidos suspendía.

Quedéme, y olvidéme,
el rostro recliné sobre el Amado,
cesó todo y dejéme,
dejando mi cuidado
entre las azucenas olvidado.

CANTICO ESPIRITUAL. CANCIONES ENTRE EL ALMA Y EL ESPOSO

Esposa

¿Adónde te escondiste,
Amado, y me dejaste con gemido?
Como el ciervo huíste,
habiéndome herido,
salí tras ti clamando, y ya eras ido.
Pastores los que fuerdes
allá por las majadas al otero:
si por ventura vierdes
aquel que yo más quiero,
decidle que adolezco, peno y muero.
Buscando mis amores,
iré por esos montes y riberas;
ni cogeré las flores,
ni temeré las fieras
y pasaré los fuertes y fronteras.

Pregunta a las criaturas

¡Oh bosques y espesuras,
plantadas por la mano del Amado,
oh prado de verduras,
de flores esmaltado,
decid si por vosotros ha pasado!

Respuesta de las criaturas

Mil gracias derramando,
pasó por estos sotos con presura,
y, yéndolos mirando
con sola su figura,
vestidos los dejó de su hermosura.

Esposa

¡Ay, quién podrá sanarme!
Acaba de entregarte ya de vero,
no quieras enviarme
de hoy más ya mensajero,
que no saben decirme lo que quiero.

      Y todos cuantos vagan,
de ti me van mil gracias refiriendo,
      y todos más me llagan,
      y déjame muriendo
un no sé qué que quedan balbuciendo.
      Mas ¿cómo perseveras,
¡oh vida!, no viviendo donde vives,
      y haciendo por que mueras
      las flechas que recibes
de lo que del Amado en ti concibes?
      ¿Por qué, pues has llegado
a aqueste corazón, no le sanaste?
      Y, pues me lo has robado,
      ¿por qué así lo dejaste
y no tomas el robo que robaste?
      Apaga mis enojos,
pues que ninguno basta a deshacellos,
      y véante mis ojos,
      pues eres lumbre de ellos,
y sólo para ti quiero tenellos.
      Descubre tu presencia
y máteme tu vista y hermosura;
      mira que la dolencia
      de amor, que no se cura
sino con la presencia y la figura.
      ¡Oh cristalina fuente,
si en esos tus semblantes plateados
      formases de repente
      los ojos deseados
que tengo en mis entrañas dibujados!
      Apártalos, Amado,
que voy de vuelo.

Esposo

            Vuélvete, paloma,
      que el ciervo vulnerado
      por el otero asoma
al aire de tu vuelo, y fresco toma.

Esposa

      Mi Amado, las montañas,
los valles solitarios nemorosos,
      las ínsulas extrañas,
      los ríos sonorosos,
el silbo de los aires amorosos.
      La noche sosegada,
en par de los levantes de la aurora,
      la música callada,
      la soledad sonora,
la cena que recrea y enamora.

    Nuestro lecho florido,
de cuevas de leones enlazado,
    en púrpura teñido,
    de paz edificado,
de mil escudos de oro coronado.
    A zaga de tu huella,
las jóvenes discurren el camino
    al toque de centella,
    al adobado vino,
emisiones de bálsamo divino.
    En la interior bodega
de mi Amado bebí, y cuando salía
    por toda aquesta vega,
    ya cosa no sabía,
y el ganado perdí que antes seguía.
    Allí me dió su pecho,
allí me enseñó ciencia muy sabrosa,
    y yo le di de hecho
    a mí, sin dejar cosa,
allí le prometí de ser su esposa.
    Mi alma se ha empleado
y todo mi caudal en su servicio;
    ya no guardo ganado
    ni tengo ya otro oficio,
que ya sólo en amar es mi ejercicio.
    Pues ya si en el ejido,
de hoy más no fuere vista ni hallada,
    diréis que me he perdido,
    que andando enamorada,
me hice perdidiza y fuí ganada.
    De flores y esmeraldas,
en las frescas mañanas escogidas,
    haremos las guirnaldas,
    en tu amor florecidas,
y en un cabello mío entretejidas.
    En solo aquel cabello,
que en mi cuello volar consideraste,
    mirástele en mi cuello,
    y en él preso quedaste,
y en uno de mis ojos te llegaste.
    Cuando tú me mirabas
su gracia en mí tus ojos imprimían:
    por eso me adamabas
    y en eso merecían
los míos adorar lo que en ti vían.
    No quieras despreciarme,
que si color moreno en mí hallaste,
    ya bien puedes mirarme,
    después que me miraste,
que gracia y hermosura en mí dejaste.
    Cogednos las raposas,

que está ya florecida nuestra viña,
    en tanto que de rosas
    hacemos una piña,
y no parezca nadie en la montiña.
    Deténte, cierzo muerto,
ven, austro, que recuerdas los amores,
    aspira por mi huerto,
    y corran sus olores,
y pacerá el Amado entre las flores.

Esposo

    Entrádose ha la Esposa
en el ameno huerto deseado,
    y a su sabor reposa,
    el cuello reclinado
sobre los dulces brazos del Amado.
    Debajo del manzano,
allí conmigo fuiste desposada,
    allí te di la mano,
    y fuiste reparada
donde tu madre fuera violada.
    A las aves ligeras,
leones, ciervos, gamos saltadores,
    montes, valles, riberas,
    aguas, nieves, ardores
y miedos de las noches veladores;
    por las amenas liras
y canto de serenas os conjuro
    que cesen vuestras iras,
    y no toquéis el muro,
porque la Esposa duerma más seguro

Esposa

    ¡Oh ninfas de Judea,
en tanto que en las flores y rosales
    el ámbar perfumea,
    morá en los arrabales
y no queráis tocar nuestros umbrales!
    Escóndete, Carillo,
y mira con tu haz a las montañas,
    y no quieras decillo,
    mas mira las compañas
de los que van por ínsulas extrañas.

Esposo

    La blanca palomica
el arca con el ramo se ha tornado,
    y ya la tortolica
    al socio deseado

en las riberas verdes ha hallado.
En soledad vivía,
y en soledad ha puesto ya su nido,
y en soledad la guía
a solas su querido,
también en soledad de amor herido.

Esposa

Gocémonos, Amado,
y vámonos a ver en tu hermosura
al monte o al collado
do mana el agua pura,
entremos más adentro en la espesura.
Y luego a las subidas
cavernas de la piedra nos iremos,
que están bien escondidas,
y allí nos entraremos
y el mosto de granadas gustaremos.
Allí me mostrarías
aquello que mi alma pretendía,
y luego me darías
allí tú, vida mía,
aquello que me diste el otro día.
El aspirar del aire,
el canto de la dulce filomena,
el soto y su donaire,
en la noche serena,
con llama que consume y no da pena.
Que nadie lo miraba,
Aminadab tampoco parecía,
y el cerco sosegaba,
y la caballería
a vista de las aguas descendía.

«TRAS DE UN AMOROSO LANCE...»

Tras de un amoroso lance,
y no de esperanza falto,
volé tan alto, tan alto,
que le di a la caza alcance.
  Para que yo alcance diese
a aqueste lance divino,
tanto volar me convino,
que de vista me perdiese,
y con todo, en este trance,
en el vuelo quedé falto,
mas el amor fué tan alto,
que le di a la caza alcance.

  Cuando más alto subía,
deslumbróseme la vista,
y la más fuerte conquista
en oscura se hacía,
más por ser de amor el lance,
di un ciego y oscuro salto,
y fuí tan alto, tan alto,
que le di a la caza alcance.
  Cuanto más alto llegaba
de este lance tan subido,
tanto más bajo y rendido
y abatido me hallaba.

Dije: «No habrá quien lo alcance»,
y abatíme tanto, tanto,
que fuí tan alto, tan alto,
que le di a la caza alcance.

   Por una extraña manera,
mil vuelos pasé de un vuelo,
porque esperanza del cielo
tanto alcanza cuanto espera,
esperé sólo este lance,
y en esperar no fuí falto,
pues fuí tan alto, tan alto,
que le di a la caza alcance.

«LAZARILLO DE TORMES»

La primera novela picaresca de la Literatura Española, *De la Vida de Lazarillo de Tormes y de sus fortunas y adversidades,* apareció en 1554 en tres ediciones simultáneas, Burgos, Alcalá y Amberes, sin que se haya podido determinar si alguna de ellas es la primera edición o están basadas las tres en alguna edición anterior. La obra apareció anónima y, aunque ha sido atribuida a distintos autores, en ningún caso con razones suficientemente convincentes como para dar por solucionado el problema.

Tampoco ha podido aclararse la fecha de redacción de la obra, pues si bien se nos dice que la acabó el año que el Emperador fue a Toledo y celebró Cortes en la ciudad, esto ocurrió en dos ocasiones, en 1525 y en 1538-39, y no hay en la obra ningún dato que nos pueda aclarar de cuál de las dos ocasiones se trata.

La novela está narrada por Lázaro, en primera persona, en forma de carta dirigida a un «Vuestra merced» («Pues sepa vuestra merced, ante todas cosas, que a mí llaman Lázaro de Tormes...»). El tiempo desde el que Lázaro cuenta los hechos es el correspondiente al último capítulo de la obra, en que está de pregonero en Toledo y casado con la barragana de un Arcipreste. Desde este presente, nos va narrando distintos episodios de su vida, así, en el primer tratado nos cuenta su nacimiento, primeros años y estancia con el ciego y en los tratados siguientes Lázaro sirve sucesivamente al cura de Maqueda, a un escudero, a un fraile de la Merced, a un buldero y a un capellán hasta que en el séptimo y último tratado, después de una breve estancia sirviendo a un alguacil, se sitúa en el presente desde el que narra.

El único nexo entre los tratados lo constituye el personaje de Lázaro. Además, la extensión de los tratados es muy desigual, bastante largos los tres primeros, un poco más corto el del buldero y muy breves los restantes. Este hecho ha dado lugar a una serie de especulaciones, que van desde considerar inacabada la obra hasta achacar la distinta extensión de los capítulos a necesidades internas de la misma, según esto los primeros capítulos son los más largos porque corresponden a las experiencias que más influyeron en la formación del protagonista.

La novela plantea además una serie de cuestiones que aquí sólo podemos enumerar, tales como: las fuentes, el lenguaje empleado, la relación de tema del pícaro con las circunstancias sociales de la época, el posible erasmismo de la novela y la influencia que la estructura de esta obra haya podido tener en la novela posterior.

LA VIDA DE LAZARILLO DE TORMES Y SUS FORTUNAS Y ADVERSIDADES

TRATADO PRIMERO

Cuenta Lázaro su vida y cuyo hijo fue

Pues sepa vuestra merced, ante todas cosas, que a mí llaman Lázaro de Tormes, hijo de Tomé González y de Antona Pérez, naturales de Tejares, aldea de Salamanca. Mi nacimiento fue dentro del río Tormes, por la cual causa tomé el sobrenombre y fue desta manera. Mi padre, que Dios perdone, tenía cargo de proveer una molienda de una aceña que está ribera de aquel río, en la cual fue molinero más de quince años. Y estando mi madre una noche en la aceña, preñada de mí, tomóle el parto y parióme allí. De manera que con verdad me puedo decir nacido en el río.

Pues, siendo yo niño de ocho años, achacaron a mi padre ciertas sangrías mal hechas en los costales de los que allí a moler venían, por lo cual fue preso, y confesó y no negó y padeció persecución por justicia. Espero en Dios que está en la gloria, pues el Evangelio los llama bienaventurados. En este tiempo se hizo cierta armada contra moros, entre los cuales fue mi padre, que a la sazón estaba desterrado por el desastre ya dicho, con cargo a acemilero de un caballero que allá fue. Y con su señor, como leal criado, feneció su vida.

Mi viuda madre, como sin marido y sin abrigo se viese, determinó arrimarse a los buenos por ser uno dellos, y vínose a vivir a la ciudad, y alquiló una casilla, y metióse a guisar de comer a ciertos estudiantes, y lavaba la ropa a ciertos mozos de caballos del comendador de la Magdalena, de manera que fue frecuentando las caballerizas.

Ella y un hombre moreno, de aquellos que las bestias curaban, vinieron en conocimiento. Este algunas veces se venía a nuestra casa y se iba a la mañana. Otras veces, de día llegaba a la puerta, en achaque de comprar huevos, y entrábase en casa. Yo, al principio de su entrada, pesábame con él y habíale miedo, viendo el color y mal gesto que tenía; mas de que vi que con su venida mejoraba el comer, fuíle queriendo bien, porque siempre traía pan, pedazos de carne, y en el invierto leños, a que nos calentábamos.

De manera que, continuando la posada y conversación, mi madre vino a darme un negrito muy bonito, el cual yo brincaba y ayudaba a calentar.

Y acuérdome que, estando el negro de mi padrastro trebejando con el mozuelo, como el niño veía a mi madre y a mí blancos y a él no, huía dél con miedo, para mi madre, y, señalando con el dedo, decía: «¡Madre, coco!»

Respondió él riendo: «¡Hideputa!»

Yo, aunque bien muchacho, noté aquella palabra de mi hermanico, y dije entre mí: «¡Cuántos debe de haber en el mundo que huyen de otros porque no se ven a sí mismos!»

Quiso nuestra fortuna que la conversación del Zaide, que así se llamaba, llegó a oídos del mayordomo, y hecha pesquisa, hallóse que la mitad por medio de la cebada que para las bestias le daban hurtaba, y salvados, leña, almohazas, mandiles y las mantas y sábanas de los caballos hacía perdidas, y cuando otra cosa no tenía, las bestias desherraba, y con todo esto acudía a mi madre para criar a mi hermanico. No nos maravillemos de un clérigo ni fraile porque el uno hurta de los pobres y el otro de casa para sus devotas y para ayuda de otro tanto, cuando a un pobre esclavo el amor le animaba a esto.

Y probósele cuanto digo y aun más. Porque a mí, con amenazas, me preguntaban, y como niño, respondía y descubría cuanto sabía, con miedo: hasta ciertas herraduras que por mandado de mi madre a un herrero vendí.

Al triste de mi padrastro azotaron y pringaron y a mi madre pusieron pena por justicia, sobre el acostumbrado centenario que en casa del sobredicho comendador no entrase ni al lastimado Zaide en la suya acogiese.

Por no echar la soga tras el caldero, la triste se esforzó y cumplió la sentencia. Y por evitar peligro y quitarse de malas lenguas se fue a servir a los que al presente vivían en el mesón de la Solana. Y allí, padeciendo mil importunidades, se acabó de criar mi hermanico, hasta que supo andar, y a mí hasta ser buen mozuelo, que iba a los huéspedes por vino y candelas y por lo demás que me mandaban.

En este tiempo vino a posar al mesón un ciego, el cual, pareciéndole que yo sería para adestrarle, me pidió a mi madre, y ella me encomendó a él, diciéndole cómo era hijo de un buen hombre, el cual, por ensalzar la fe, había muerto en la de los Gelves, y que ella confiaba en Dios no saldría peor hombre que mi padre y que le rogaba me tratase bien y mirase por mí, pues era huérfano.

El respondió que así lo haría y que me recibía, no por mozo, sino por hijo. Y así, le comencé a servir y adestrar a mi nuevo y viejo amo.

Como estuvimos en Salamanca algunos días, pareciéndole a mi amo que no era la ganancia a su contento, determinó irse de allí, y cuando nos hubimos de partir yo fui a ver a mi madre, y, ambos llorando, me dio su bendición y dijo:

—Hijo: ya sé que no te veré más. Procura de ser bueno, y Dios te guíe. Criado te he y con buen amo te he puesto: válete por ti.

Y así, me fui para mi amo, que esperándome estaba.

Salimos de Salamanca, y llegando a la puente, está a la entrada de ella un animal de piedra, que casi tiene forma de toro, y el ciego mandóme que llegase cerca del animal, y allí puesto, me dijo:

—Lázaro: llega el oído a este toro y oirás gran ruido dentro dél.

Yo simplemente llegué, creyendo ser así. Y como sintió que tenía la cabeza par de la piedra, afirmó recio la mano y dióme una gran calabazada en el diablo del toro, que más de tres días me duró el dolor de la cornada, y díjome:

—Necio, aprende, que el mozo del ciego un punto ha de saber más que el diablo.

Y rió mucho la burla.

Parecióme que en aquel instante desperté de la simpleza en que, como niño dormido, estaba. Dije entre mí:

«Verdad dice éste, que me cumple avivar el ojo y avisar, pues solo soy, y pensar cómo me sepa valer.»

Comenzamos nuestro camino, y en muy pocos días me mostró jerigonza. Y como me viese de buen ingenio, holgábase mucho y decía:

—Yo oro ni plata no te lo puedo dar; mas avisos para vivir muchos te mostraré.

Y fue así: que, después de Dios, éste me dio la vida, y siendo ciego me alumbró y adestró en la carrera de vivir.

Huelgo de contar a vuestra merced estas niñerías, para mostrar cuánta virtud sea saber los hombres subir siendo bajos, y dejarse bajar siendo altos cuánto vicio.

... ...

Y luego contaba cuántas veces me había descalabrado y harpado la cara y con vino luego sanaba.

—Yo te digo —dijo— que si hombre en el mundo ha de ser bienaventurado con vino, que serás tú.

Y reían mucho, los que me lavaban, con esto, aunque yo renegaba. Mas el pronóstico del ciego no salió mentiroso, y después acá muchas veces me acuerdo de aquel hombre, que sin duda debía tener espíritu de profecía, y me pesa de los sinsabores que le hice, aunque bien se lo pagué, considerando lo que aquel día me dijo salirme tan verdadero como adelante vuestra merced oirá.

Visto esto y las malas burlas que el ciego burlaba de mí, determiné de todo en todo dejarle, y como lo traía pensado y lo tenía en voluntad, con este postrer juego que me hizo afirmélo más. Y fue así que luego otro día salimos por la villa a pedir limosna y había llovido mucho la noche antes. Y porque el día también andaba rezando debajo de unos portales que en aquel pueblo había, donde no nos mojamos; mas como la noche se venía y el llover no cesaba, díjome el ciego:

—Lázaro: esta agua es muy porfiada, y cuanto la noche más cierra, más recia. Acojámonos a la posada con tiempo.

Para ir allá habíamos de pasar un arroyo, que con la mucha agua iba grande.

Yo le dije:

—Tío: el arroyo va muy ancho; mas si queréis, yo veo por dónde atravesemos más aína sin nos mojar, porque se estrecha allí mucho, y saltando pasaremos a pie enjuto.

Parecióle buen consejo y dijo:

—Discreto eres; por esto te quiero bien. Llévame a ese lugar donde el arroyo se ensangosta, que agora es invierno y sabe mal el agua, y más llevar los pies mojados.

Yo que vi el aparejo a mi deseo, saquéle debajo de los portales y llevélo derecho de un pilar o poste de piedra que en la plaza estaba, sobre el cual y sobre otros cargaban saledizos de aquellas casas, y díjole:

—Tío: éste es el paso más angosto que en el arroyo hay.

Como llovía recio y el triste se mojaba, y con la prisa que llevábamos de salir del agua, que encima se nos caía, y, lo más principal, porque Dios le cegó aquella hora el entendimiento (fue por darme de él venganza), creyóse de mí y dijo:

—Ponme bien derecho y salta tú el arroyo.

Yo le puse bien derecho enfrente del pilar, y doy un salto y póngome detrás del poste, como quien espera tope de toro, y díjele:

—¡Sus! Saltad todo lo que podáis, por que deis deste cabo del agua.

Aun apenas lo había acabado de decir cuando se abalanza el pobre ciego como cabrón y de toda su fuerza arremete, tomando un paso atrás de la corrida para hacer mayor salto, y da con la cabeza en el poste, que sonó tan recio como si diera con una gran calabaza, y cayó luego para atrás medio muerto y hendida la cabeza.

—¿Cómo, y oliste la longaniza y no el poste? ¡Olé! ¡Olé! —le dije yo.

Y dejéle en poder de mucha gente que lo habían ido a socorrer, y tomé la puerta de la villa en los pies de un trote, y antes que la noche viniese di conmigo en Torrijos. No supe más lo que Dios dél hizo, ni curé de lo saber.

TRATADO TERCERO

De cómo Lázaro se asentó con un escudero, y de lo que le acaeció con él

Desta manera me fue forzado sacar fuerzas de flaqueza, y poco a poco, con ayuda de las buenas gentes, di conmigo en esta insigne ciudad de Toledo, adonde, con la merced de Dios, desde a quince días se me cerró la herida. Y mientras estaba malo siempre me daban alguna limosna; mas después que estuve sano, todos me decían:

—Tú, bellaco y gallofero eres. Busca, busca un buen amo a quien sirvas.

—¿Y adónde se hallaré ése —decía yo entre mí—, si Dios ahora de nuevo, como crió el mundo, no lo criase?

Andando así discurriendo de puerta en puerta, con harto poco remedio, porque ya la caridad se subió al cielo, topóme Dios con un escudero que iba por la calle, con razonable vestido, bien peinado, su paso y compás en orden. Miróme y yo a él, y díjome:

—Muchacho: ¿buscas amo?

Y yo le dije:

—Sí, señor.

—Pues vénte tras mí —me respondió—, que Dios te ha hecho merced en topar conmigo. Alguna buena oración rezaste hoy.

Y seguíle, dando gracias a Dios por lo que le oí, y también que me parecía, según su hábito y continente, ser el que yo había menester.

Era de mañana cuando este mi tercero amo topé. Y llevóme tras sí gran parte de la ciudad. Pasábamos por las plazas donde se vendía pan y otras provisiones. Yo pensaba, y aun deseaba, que allí me quería cargar de lo que se vendía, porque ésta era propia hora cuando se suele proveer de lo necesario; mas muy a tendido paso pasaba por estas cosas.

Por ventura no lo ve aquí a su contento —decía yo— y querrá que lo compremos en otro cabo.

Desta manera anduvimos hasta que dio las once. Entonces se entró en la iglesia mayor, y yo tras él, muy devotamente le vi oír misa y los otros oficios divinos, hasta que todo fue acabado y la gente ida. Entonces salimos de la iglesia.

A buen paso tendido comenzamos a ir por una calle abajo. Yo iba el más alegre del mundo en ver que no nos habíamos ocupado en buscar de comer. Bien consideré que debía ser hombre mi nuevo amo que se proveía en junto y que ya la comida estaría a punto y tal como yo la deseaba y aun la había menester.

En este tiempo dio el reloj la una después de mediodía, y llegamos a una casa, ante la cual mi amo se paró, y yo con él, y, derribando el cabo de la capa sobre el lado izquierdo, sacó una llave de la manga y abrió su puerta y entramos en casa. La cual tenía la entrada obscura y lóbrega de tal manera, que parecía que ponía temor a los que en ella entraban, aunque dentro de ella estaba un patio pequeño y razonables cámaras.

Desque fuimos entrados, quita de sobre sí su capa y, preguntando si tenía las manos limpias, la sacudimos y doblamos y, muy limpiamente, soplando un poyo que allí estaba, la puso en él. Y hecho esto, sentóse cabo de ella, preguntándome muy por extenso de dónde era y cómo había venido a aquella ciudad.

Y yo le di más larga cuenta que quisiera, porque me parecía más conveniente hora de mandar poner la mesa y escudillar la olla que de lo que me pedía. Con todo eso, yo le satisfice de mi persona lo mejor que mentir supe, diciendo mis bienes y callando lo demás, porque me parecía no ser para en cámara. Esto hecho, estuvo así un poco, y yo luego vi mala señal, por ser ya casi las dos y no verle más aliento de comer que a un muerto.

Después desto, consideraba aquel tener cerrada la puerta con llave ni sentir arriba ni abajo pasos de viva persona por la casa. Todo lo que yo había visto eran paredes, sin ver en ella silleta, ni tajo, ni banco, ni mesa, ni aun tal arcaz como el de marras. Finalmente, ella parecía casa encantada. Estando así, díjome:

—Tú, mozo, ¿has comido?

—No, señor —dije yo—, que aún no eran dadas las ocho cuando con vuestra merced encontré.

—Pues, aunque de mañana, yo había almorzado, y cuando así como algo, hágote saber que hasta la noche me estoy así. Por eso, pásate como pudieres, que después cenaremos.

Vuestra merced crea, cuando esto le oí, que estuve en poco de caer de mi estado, no tanto de hambre como por conocer de todo en todo la fortuna serme adversa. Allí se me representaron de nuevo mis fatigas y torné a llorar mis trabajos. Allí se me vino a la memoria la consideración que hacía cuando me pensaba ir del clérigo, diciendo que, aunque aquél era desventurado y mísero, por fortuna toparía con otro peor. Finalmente, allí lloré mi trabajosa vida pasada y mi cercana muerte venidera.

... ...

MIGUEL DE CERVANTES

Miguel de Cervantes Saavedra nació en Alcalá de Henares en 1547. De la infancia del autor apenas tenemos noticias, salvo que vivió en varias ciudades (Valladolid, Córdoba, Sevilla, Madrid, etc.). Sí sabemos, en cambio, que Cervantes estudió en Madrid con el célebre humanista Juan López de Hoyos. A los veintidós años pasa a Italia en el séquito de un cardenal y estando en Italia se alista como soldado, lo que le va a permitir asistir a «la más memorable y alta ocasión que vieron los pasados siglos, ni esperan ver los venideros». Es bien conocido el comportamiento heroico durante la ballata y cómo en la misma cae herido. Al regresar a España, cuatro años después de Lepanto, es apresado por los turcos y en Argel permanecerá cinco años en cautiverio, pese a los repetidos intentos de fuga. Una vez rescatado, se instala en Madrid, pero ni los distintos empleos que sucesivamente ocupa ni la publicación de sus primeras obras le dan una mínima seguridad económica. Tras su matrimonio con doña Catalina de Salazar, vecina de Esquivias, vive unos años en Sevilla como comisario para proveer a la Armada Invencible; años ciertamente difíciles en los que tiene que viajar constantemente por la región y en los que distintas circunstancias lo llevan varias veces a prisión. Después de una corta estancia en Valladolid, se instala definitivamente en Madrid en 1606, y aquí van a transcurrir los últimos años de su vida. Pese a que las estrecheces económicas continúan, ahora va a tener la tranquilidad suficiente para escribir, hasta el punto de que éstos serán sus años más fructíferos.

Dentro de la obra de Cervantes destaca desde luego su producción novelesca, pero también cultivó la poesía y el teatro. Su producción poética está constituida por una serie de composiciones repartidas por toda su obra y por los cancioneros de la época, dentro de las dos grandes corrientes del momento: poesía de corte tradicional e italianizante.

Del teatro de Cervantes conservamos diez obras largas, entre las que cabe destacar *La Numancia*, y ocho entremeses, obras éstas en las que nuestro autor alcanzó una gran maestría.

Finalmente, nos referiremos a la producción novelística, faceta ésta, como queda dicho, la más importante de Cervantes. Su primera novela publicada es *La Galatea* (1585), novela pastoril de la que sólo vio la luz la primera parte. Una segunda prometida en repetidas ocasiones por el autor nunca llegó a publicarse.

Su segunda publicación novelística la constituyen las *Novelas Ejemplares* (1613), colección de doce novelas cortas, en las que encontramos dos tipos principales: novelas románticas de aventuras amorosas y cuadros de costumbres acompañados de una suave sátira de las flaquezas humanas. Entre las novelas ejemplares cabe destacar los siguientes títulos: *Rinconete y Cortadillo*, *La Gitanilla* y *El Licenciado Vidriera*.

En 1605 ve la luz la primera parte del Quijote, con el título de *El Ingenioso Hidalgo Don Quijote de la Mancha,* la segunda parte aparecería en 1615. El entramado de la obra lo forman, como es bien sabido, las aventuras y desventuras del caballero andante Don Quijote de la Mancha y de su escudero, Sancho Panza, y en medio una serie de narraciones cortas, novela pastoril, sentimental, psicológica, de aventuras, etc. La obra constituye la «primera representación novelesca de la naturaleza humana en toda la compleja integridad de sus grandezas e ilusiones, sus pequeñeces y fracasos con un vasto cuadro de las circunstancias sociales en que se desenvuelven unas vidas particulares» (Del Río).

Poco después de muerto Cervantes, aparecería *Los trabajos de Persiles y Segismunda* (1617), novela bizantina en que se nos cuentan los «trabajos», viajes y peripecias múltiples, por países exóticos, de dos amantes que logran al fin reunirse y gozar de un amor perfecto. El hilo principal de la historia se enreda con una gran cantidad de episodios ocurridos a una serie de personajes a los que los protagonistas encuentran en algún momento de su largo peregrinar. La espléndida prosa en que está escrita la novela, así como el derroche de imaginación y maestría narrativa que el autor puso en sus páginas, deberían haber proporcionado mejor suerte a esta obra, tan elogiada como poco leída.

EL INGENIOSO HIDALGO DON QUIJOTE DE LA MANCHA

CAPITULO I

Que trata de la condición y ejercicio del famoso hidalgo don Quijote de la Mancha

En un lugar de la Mancha, de cuyo nombre no quiero acordarme, no ha mucho tiempo que vivía un hidalgo de los de lanza en astillero, adarga antigua, rocín flaco y galgo corredor. Una olla de algo más vaca que carnero, salpicón las más noches, duelos y quebrantos los sábados, lantejas los viernes, algún palomino de añadidura los domingos, consumían las tres partes de su hacienda. El resto della concluían sayo de velarte, calzas de velludo para las fiestas, con sus pantuflos de lo mesmo, y los días de entresemana se honraba con su vellorí de lo más fino. Tenía en su casa una ama que pasaba de los cuarenta, y una sobrina que no llegaba a los veinte, y un mozo de campo y plaza, que así ensillaba el rocín como tomaba la podadera. Frisaba la edad de nuestro hidalgo con los cincuenta años; era de complexión recia, seco de carnes, enjuto de rostro, gran madrugador y amigo de la caza. Quieren decir que tenía el sobrenombre de Quijada, o Quesada, que en esto hay alguna diferencia en los autores que deste caso escriben; aunque por conjeturas verosímiles se deja entender que se llamaba Quijana. Pero esto importa poco a vuestro cuento: basta que en la narración dél no se salga un punto de la verdad.

Es, pues, de saber que este sobredicho hidalgo, los ratos que estaba ocioso (que eran los más del año), se daba a leer libros de caballerías con tanta afición y gusto, que olvidó casi de todo punto el ejercicio de la caza, y aun la administración de su hacienda; y llegó a tanto su curiosidad y desatino en esto, que vendió muchas hanegas de tierra de sembradura para comprar libros de caballerías en que leer, y así, llevó a su casa todos cuantos pudo haber dellos; y de todos, ningunos le parecían tan bien como los que compuso el famoso Feliciano de Silva; porque la claridad de su prosa y aquellas entricadas razones suyas le parecían de perlas, y más cuando llegaba a leer aquellos requiebros y cartas de desafíos, donde en muchas partes hallaba escrito: «La razón de la sinrazón que a mi razón se hace, de tal manera mi razón enflaquece, que con razón me quejo de la vuestra fermosura.» Y también cuando leía: «... los altos cielos que de vuestra divinidad divinamente con las estrellas os fortifican, y os hacen merecedora del merecimiento que merece la vuestra grandeza».

Con estas razones perdía el pobre caballero el juicio, y desvelábase por entenderlas y desentrañarles el sentido, que no se lo sacara ni las entendiera el mesmo Aristóteles, si resucitara para sólo ello. No estaba muy bien con las heridas que D. Belianís daba y recebía, porque se imaginaba que, por grandes maestros que le hubiesen curado, no dejaría de tener el rostro y todo el cuerpo lleno de cicatrices y señales. Pero, con todo, alababa en su autor aquel acabar su libro con la promesa de aquella inacabable aventura, y muchas veces le vino deseo de tomar la pluma y dalle fin al pie de la letra, como allí se promete; y sin duda alguna lo hiciera, y aun saliera con ello, si otros mayores y continuos pensamientos no se lo estorbaran. Tuvo muchas veces competencia con el cura de su lugar (que era hombre docto, graduado en Sigüenza), sobre cuál había sido mejor caballero: Palmerín de Ingalaterra, o Amadís de Gaula; mas maese Nicolás, barbero del mismo pueblo, decía que ninguno llegaba al Caballero del Febo, y que si alguno se le podía comparar era D. Galaor, hermano de Amadís de Gaula, porque tenía muy acomodada condición para todo; que no era caballero melindroso, ni tan llorón como su hermano, y que en lo de la valentía no le iba en zaga.

En resolución, él se enfrascó tanto en su lectura, que se le pasaban las noches leyendo de claro en claro, y los días de turbio en turbio; y así, del poco dormir y del mucho leer se le secó el celebro de manera, que vino a perder el juicio. Llenósele la fantasía de todo aquello que leía en los libros, así de encantamentos como de pendencias, batallas, desafíos, heridas, requiebros, amores, tormentas y desparates imposibles; y asentósele de tal modo en la imaginación que era verdad toda aquella máquina de aquellas soñadas invenciones que leía, que para él no había otra historia más cierta en el mundo. Decía él que el Cid Ruy Díaz había sido muy buen caballero; pero que no tenía que ver con el Caballero de la Ardiente Espada, que de solo un revés había partido por medio dos fieros y descomunales gigantes. Mejor estaba con Bernardo del Carpio, porque en Roncesvalles había muerto a Roldán el encantado, valiéndose de la industria de Hércules, cuando ahogó a Anteo, el hijo de la Tierra, entre los brazos. Decía mucho bien del gigante Morgante, porque, con ser de aquella generación gigantea, que todos son soberbios y descomedidos, él solo era afable y bien criado. Pero, sobre todos, estaba bien con Reinaldos de Montalbán, y más cuando le veía salir de su castillo y robar cuantos topaba, y cuando en allende robó aquel ídolo de Mahoma que era todo de oro, según dice su historia. Diera él por dar una mano de coces al traidor de Galalón, al ama que tenía, y aun a su sobrina de añadidura.

En efeto, rematado ya su juicio, vino a dar en el más extraño pensamiento que jamás dio loco en el mundo, y fue que le pareció convenible y necesario, así para el aumento de su honra como para el servicio de su república, hacerse caballero andante, y irse por todo el mundo con sus armas y caballo a buscar las aventuras y a ejercitarse en todo aquello que él había leído que los caballeros andantes se ejercitaban, deshaciendo todo género de agravio, y poniéndose en ocasiones y peligros donde, acabándolos, cobrase eterno nombre y fama. Imaginábase el pobre ya coronado por el valor de su brazo, por lo menos, del imperio de Trapisonda; y así, con estos tan agradables pensamientos, llevado del extraño gusto que en ellos sentía, se dio priesa a poner en efeto lo que deseaba. Y lo primero que hizo fue limpiar unas armas que habían sido de sus bisabuelos, que, tomadas de orín y llenas de moho, luengos siglos había que estaban puestas y olvidadas en un rincón. Limpiólas y aderezólas lo mejor que pudo; pero vio que tenían una gran falta, y era que no tenían celada de encaje, sino morrión simple; mas a esto suplió su industria, porque de cartones hizo un modo de media celada, que, encajada con el morrión, hacía una apariencia de celada entera. Es verdad que para probar si era fuerte y podía estar al riesgo de una cuchillada, sacó su espada y le dio dos golpes, y con el primero y en un punto deshizo lo que había hecho en una semana; y no dejó de parecerle mal la facilidad con que la había hecho pedazos, y, por asegurarse deste peligro, la tornó a hacer de nuevo, poniéndole unas barras de hierro por de dentro, de tal manera, que él quedó satisfecho de su fortaleza y, sin querer hacer nueva experiencia della, la diputó y tuvo por celada finísima de encaje.

Fue luego a ver su rocín, y aunque tenía más cuartos que un real y más tachas que el caballo de Gonela, que *tantum pellis et ossa fuit*, le pareció que ni el Bucéfalo de Alejandro ni Babieca el del Cid con él se igualaban. Cuatro días se le pasaron en imaginar qué nombre le pondría; porque (según se decía él a sí mismo) no era razón que caballo de caballero tan famoso, y tan bueno él por sí, estuviese sin nombre conocido; y ansí, procuraba acomodársele de manera, que declarase quién había sido antes que fuese de caballero andante, y lo que era entonces; pues estaba muy puesto en razón que, mudando su señor estado, mudase él también el nombre, y le cobrase famoso y de estruendo, como convenía a la nueva orden y al nuevo ejercicio que ya profesaba; y así, después de muchos nombres que formó, borró y quitó, añadió, deshizo y tornó a hacer en su memoria e imaginación, al fin le vino a llamar *Rocinante*, nombre, a su parecer, alto, sonoro y significativo de lo que había sido cuando fue rocín, antes de lo que ahora era, que era antes y primero de todos los rocines del mundo.

Puesto nombre, y tan a su gusto, a su caballo, quiso ponérsele a sí mismo, y en este pensamiento duró otros ocho días, y al cabo se vino a llamar *don Quijote;* de donde, como queda dicho, tomaron ocasión los autores desta tan verdadera historia que, sin duda, se debía de llamar Quijada, y no Quesada, como otros quisieron decir. Pero, acordándose que el valeroso Amadís, no sólo se había contentado con llamarse Amadís a secas, sino que añadió el nombre de su reino y patria, por hacerla famosa, y se llamó Amadís de Gaula, así quiso, como buen caballero, añadir al suyo el nombre de la suya y llamarse *don Quijote de la Mancha,* con que a su parecer, declaraba muy al vivo su linaje y patria, y la honraba con tomar el sobrenombre della.

Limpias, pues, sus armas, hecho del morrión celada, puesto nombre a su rocín y confirmándose a sí mismo, se dio a entender que no le faltaba otra cosa sino buscar una dama de quien enamorarse: porque el caballero andante sin amores era árbol sin hojas y sin fruto y cuerpo sin alma. Decíase él: «Si yo, por malos de mis pecados, o por mi buena suerte, me encuentro por ahí con algún gigante, como de ordinario les acontece a los caballeros andantes, y le derribo de un encuentro, o le parto por mitad del cuerpo, o, finalmente, le venzo y le rindo, ¿no será bien tener a quien enviarle presentado, y que entre y se hinque de rodillas ante mi dulce señora, y diga con voz humilde y rendida: "Yo, señora, soy el gigante Caraculiambro, señor de la ínsula Malindrania, a quien venció en singular batalla el jamás como se debe alabado caballero don Quijote de la Mancha, el cual me mandó que me presentase ante la vuestra merced, para que la vuestra grandeza disponga de mí a su talante"?» ¡Oh, cómo se holgó nuestro buen caballero cuando hubo hecho este discurso, y más cuando halló a quien dar nombre de su dama! Y fue, a lo que se cree, que en un lugar cerca del suyo había una moza labradora de muy buen parecer, de quien él un tiempo anduvo enamorado, aunque, según se entiende, ella jamás lo supo ni se dio cata dello. Llamábase Aldonza Lorenzo, y a ésta le pareció ser bien darle título de señora de sus pensamientos; y, buscándole nombre que no desdijese mucho del suyo y que tirase y se encaminase al de princesa y gran señora, vino a llamarla *Dulcinea del Toboso,* porque era natural del Toboso; nombre, a su parecer, músico y peregrino y significativo, como todos los demás que a él y a sus cosas había puesto.

101

CAPITULO VIII

Del buen suceso que el valeroso don Quijote tuvo en la espantable y jamás imaginada aventura de los molinos de viento, con otros sucesos dignos de felice recordación

En esto, descubrieron treinta o cuarenta molinos de viento que hay en aquel campo, y así como don Quijote los vio, dijo a su escudero:

—La ventura va guiando nuestras cosas mejor de lo que acertáramos a desear; porque ves allí, amigo Sancho Panza, dónde se descubren treinta, o pocos más, desaforados gigantes, con quien pienso hacer batalla y quitarles a todos las vidas, con cuyos despojos comenzaremos a enriquecer, que ésta es buena guerra, y es gran servicio de Dios quitar tan mala simiente de sobre la faz de la tierra.

—¿Qué gigantes? —dijo Sancho Panza.

—Aquellos que allí ves —respondió su amo— de los brazos largos, que los suelen tener algunos de casi dos leguas.

—Mire vuestra merced —respondió Sancho— que aquellos que allí se parecen no son gigantes, sino molinos de viento, y lo que en ellos parecen brazos son las aspas, que, volteadas del viento, hacen andar la piedra del molino.

—Bien parece —respondió don Quijote— que no estás cursado en esto de las aventuras: ellos son gigantes; y si tienes miedo, quítate de ahí, y ponte en oración en el espacio que yo voy a entrar con ellos en fiera y desigual batalla.

Y diciendo esto, dio de espuelas a su caballo Rocinante, sin atender a las voces que su escudero Sancho le daba, advirtiéndole que, sin duda alguna, eran molinos de viento, y no gigantes, aquellos que iba a acometer. Pero él iba tan puesto en que eran gigantes, que ni oía las voces de su escudero Sancho, ni echaba de ver, aunque estaba ya bien cerca, lo que eran; antes iba diciendo en voces altas:

—Non fuyades, cobardes y viles criaturas; que un solo caballero es el que os acomete.

Levantóse en esto un poco de viento, y las grandes aspas comenzaron a moverse, lo cual visto por don Quijote, dijo:

—Pues aunque mováis más brazos que los del gigante Briareo, me lo habéis de pagar.

Y diciendo esto, y encomendándose de todo corazón a su señora Dulcinea, pidiéndole que en tal trance le socorriese, bien cubierto de su rodela, con la lanza en el ristre, arremetió a todo el galope de Rocinante y embistió con el primero molino que estaba delante; y dándole una lanzada en el aspa, la volvió el viento con tanta furia, que hizo la lanza pedazos, llevándose tras sí al caballo y al caballero, que fue rodando muy maltrecho por el campo. Acudió Sancho Panza a socorrerle, a todo el correr de su asno, y cuando llegó halló que no se podía menear; tal fue el golpe que dio con él Rocinante.

—¡Válame Dios! —dijo Sancho—. ¿No le dije yo a vuestra merced que mirase bien lo que hacía, que no eran sino molinos de viento, y no lo podía ignorar sino quien llevase otros tales en la cabeza?

—Calla, amigo Sancho —respondió don Quijote—; que las cosas de la guerra, más que otras, están sujetas a continua mudanza; cuanto más, que yo pienso, y es así verdad, que aquel sabio Frestón que me robó el aposento y los libros ha vuelto estos gigantes en molinos, por quitarme la gloria de su vencimiento: tal es la enemistad que me tiene; mas al cabo al cabo, han de poder poco sus malas artes contra la bondad de mi espada.

—Dios lo haga como puede —respondió Sancho Panza.

Y, ayudándole a levantar, tornó a subir sobre Rocinante, que medio despaldado estaba. Y, hablando en la pasada aventura, siguieron el camino del Puerto Lápice, porque allí decía don Quijote que no era posible dejar de hallarse muchas y diversas aventuras, por ser lugar muy pasajero, sino que iba muy pesaroso, por haberle faltado la lanza; y diciéndoselo a su escudero, le dijo:

—Yo me acuerdo haber leído que un caballero español llamado Diego Pérez de Vargas, habiéndosele en una batalla roto la espada, desgajó de una encina un pesado ramo o tronco, y con él hizo tales cosas aquel día, y machacó tantos moros, que le quedó por sobrenombre Machuca, y así él como sus descendientes se llamaron desde aquel día en adelante Vargas y Machuca. Hete dicho esto porque de la primera encina o roble que se me depare pienso desgajar otro tronco, tal y tan bueno como aquel que me imagino; y pienso hacer con él tales hazañas, que tú te tengas por bien afortunado de haber merecido venir a vellas, y a ser testigo de cosas que apenas podrán ser creídas.

—A la mano de Dios —dijo Sancho—; yo lo creo todo así como vuestra merced lo dice; pero enderécese un poco; que parece que va de medio lado, y debe de ser del molimiento de la caída.

—Así es la verdad —respondió don Quijote—; y si no me quejo del dolor, es porque no es dado a los caballeros andantes quejarse de herida alguna, aunque se les salgan las tripas por ella.

—Si eso es así, no tengo yo que replicar —respondió Sancho—; pero sabe Dios si yo me holgara que vuestra merced se quejara cuando alguna cosa le doliera. De mí sé decir que me he de quejar del más pequeño dolor que tenga, si ya no se entiende también con los escuderos de los caballeros andantes eso del no quejarse.

No se dejó de reír don Quijote de la simplicidad de su escudero; y así, le declaró que podía muy bien quejarse como y cuando quisiese, sin gana o con ella; que hasta entonces no había leído cosa en contrario en la orden de caballería. Díjole Sancho que mirase que era hora de comer. Respondióle su amo que por entonces no le hacía menester, que comiese él cuando se le antojase. Con esta licencia, se acomodó Sancho lo mejor que pudo sobre su jumento, y sacando de las alforjas lo que en ellas había puesto, iba caminando y comiendo detrás de su amo muy de su espacio, y de cuando en cuando empinaba la bota, con tanto gusto, que le pudiera envidiar el más regalado bodegonero de Málaga. Y en tanto que él iba de aquella manera menudeando tragos, no se le acordaba de ninguna promesa que su amo le hubiese hecho, ni tenía por ningún trabajo, sino por mucho descanso, andar buscando las aventuras, por peligrosas que fuesen.

... ...

CAPITULO XVI

De lo que le sucedió al ingenioso hidalgo en la venta que él imaginaba ser castillo

El ventero, que vio a don Quijote atravesado en el asno, preguntó a Sancho que qué mal traía. Sancho le respondió que no era nada, sino que había dado una caída de una peña abajo, y que venía algo brumadas las costillas. Tenía el ventero por mujer a una, no de la condición que suelen tener las de semejante trato, porque naturalmente era caritativa y se dolía de las calamidades de sus prójimos; y así, acudió luego a curar a don Quijote, y hizo que una hija suya doncella, muchacha y de muy buen parecer, la ayudase a curar a su huésped. Servía en la venta asimesmo una moza asturiana, ancha de cara, llana de cogote, de nariz roma, del un ojo tuerta y del otro no muy sana. Verdad es que la gallardía del cuerpo suplía las demás faltas: no tenía siete palmos de los pies a la cabeza, y las espaldas, que algún tanto le cargaban, la hacían mirar al suelo más de lo que ella quisiera. Esta gentil moza, pues, ayudó a la doncella, y las dos hicieron una muy mala cama a don Quijote, en un camaranchón que, en otros tiempos, daba manifiestos indicios que había servido de pajar muchos años; en el cual también alojaba un harriero, que tenía su cama hecha un poco más allá de la de nuestro don Quijote. Y aunque era de las enjalmas y mantas de sus machos, hacía mucha ventaja a la de don Quijote, que sólo contenía cuatro mal lisas tablas sobre dos no muy iguales bancos, y un colchón que en lo sutil parecía colcha, lleno de bodoques, que, a no mostrar que eran de lana por algunas roturas, al tiento, en la dureza, semejaban de guijarro, y dos sábanas hechas de cuero de adarga, y una frazada cuyos hilos, si se quisieran contar, no se perdiera uno solo de la cuenta.

En esta maldita cama se acostó don Quijote, y luego la ventera y su hija le emplastaron de arriba abajo, alumbrándoles Maritornes, que así se llamaba la asturiana; y como al bizmalle viese la ventera tan acardenalado a don Quijote, dijo que aquello más parecían golpes que caída.

—No fueron golpes —dijo Sancho—; sino que la peña tenía muchos picos y tropezones, y que cada uno había hecho su cardenal.

Y también le dijo:

—Haga vuestra merced, señora, de manera que queden algunas estopas, que no faltarán quien las haya menester; que también me duelen a mí un poco los lomos.

—Desa manera —respondió la ventera—, también debistes vos de caer.

—No caí —dijo Sancho Panza—; sino que del sobresalto que tomé de ver caer a mi amo, de tal manera me duele a mí el cuerpo, que me parece que me han dado mil palos.

—Bien podrá ser eso —dijo la doncella—; que a mí me ha acontecido muchas veces soñar que caía de una torre abajo, y que nunca acababa de llegar al suelo, y cuando despertaba del sueño, hallarme tan molida y quebrantada como si verdaderamente hubiera caído.

—Ahí está el toque, señora —respondió Sancho Panza—: que yo, sin soñar nada, sino estando más despierto que ahora estoy, me hallo con pocos menos cardenales que mi señor don Quijote.

—¿Cómo se llama este caballero? —preguntó la asturiana Maritornes.

—Don Quijote de la Mancha —respondió Sancho Panza—; y es caballero aventurero, y de los mejores y más fuertes que de luengos tiempos acá se han visto en el mundo.

—¿Qué es caballero aventurero? —replicó la moza.

—¿Tan nueva sois en el mundo, que no lo sabéis vos? —respondió Sancho Panza—. Pues sabed, hermana mía, que caballero aventurero es una cosa que en dos palabras se ve apaleado y emperador: hoy está la más desdichada criatura del mundo y la más menesterosa, y mañana tendrá dos o tres coronas de reinos que dar a su escudero.

—Pues ¿cómo vos, siéndolo deste tan buen señor —dijo la ventera—, no tenéis, a lo que parece, siquiera algún condado?

—Aún es temprano —respondió Sancho—, porque no ha sino un mes que andamos buscando las aventuras, y hasta ahora no hemos topado con ninguna que lo sea. Y tal vez hay que se busca una cosa y se halla otra. Verdad es que si mi señor don Quijote sana desta herida o caída y yo quedo contrecho della, no trocaría mis esperanzas con el mejor título de España.

Todas estas pláticas estaba escuchando muy atento don Quijote, y sentándose en el lecho como pudo, tomando de la mano a la ventera, le dijo:

—Creedme, fermosa señora, que os podéis llamar venturosa por haber alojado en este vuestro castillo a mi persona, que es tal, que si yo no la alabo, es por lo que suele decirse que la alabanza propia envilece; pero mi escudero os dirá quién soy. Sólo os digo que tendré eternamente escrito en mi memoria el servicio que me habedes fecho, para agradecéroslo mientras la vida me durare; y pluguiera a los altos cielos que el amor no me tuviera tan rendido y tan sujeto a sus leyes, y los ojos de aquella fermosa ingrata que digo entre mis dientes; que los desta fermosa doncella fueran señores de mi libertad.

Confusas estaban la ventera y su hija y la buena de Maritornes oyendo las razones del andante caballero, que así las entendían como si hablara en griego, aunque bien alcanzaron que todas se encaminaban a ofrecimiento y requiebros; y, como no usadas a semejante lenguaje, mirábanle y admirábanse, y parecíales otro hombre de los que se usaban; y, agradeciéndole con venteriles razones sus ofrecimientos, le dejaron, y la asturiana Maritornes curó a Sancho, que no menos lo había menester que su amo.

Había el harriero concertado con ella que aquella noche se refocilarían juntos, y ella le había dado su palabra de que, en estando sosegados los huéspedes y durmiendo sus amos, le iría a buscar y satisfacerle el gusto en cuanto le mandase. Y cuéntase desta buena moza que jamás dio semejantes palabras que no las cumpliese, aunque las diese en un monte y sin testigo alguno, porque presumía muy de hidalga, y no tenía por afrenta estar en aquel ejercicio de servir en la venta, porque decía ella que desgracias y malos sucesos la habían traído a aquel estado. El duro, estrecho, apocado y fementido lecho de don Quijote estaba primero en mitad de aquel estrellado establo, y luego, junto a él, hizo el suyo Sancho, que sólo contenía una estera de enea y una manta, que antes mostraba ser de anjeo tundido que de lana. Sucedía a estos dos lechos el del harriero, fabricado, como se ha dicho, de las enjalmas y de todo el adorno de los dos mejores mulos que traía, aunque eran doce, lucios, gordos y famosos, porque era uno de los ricos harrieros de Arévalo, según lo dice el autor desta historia, que deste harriero hace particular mención, porque le conocía muy bien, y aun quieren decir que era algo pariente suyo. Fuera de que Cide Hamete Benengeli fue historiador muy curioso y muy puntual en todas las cosas, y échase bien de ver, pues las que quedan referidas, con ser tan mínimas y tan rateras, no las quiso pasar en silencio; de donde podrán tomar ejemplo los historiadores graves, que nos cuentan las acciones tan corta y sucintamente, que apenas nos llegan a los labios, dejándose en el tintero, ya por descuido, por malicia o ignorancia, lo más sustancial de la obra. ¡Bien haya mil veces el autor de *Tablante del Ricamonte*, y aquel del otro libro donde se cuentan los hechos del Conde Tomillas, y con qué puntualidad lo describen todo! Digo, pues, que después de haber visitado el harriero a su recua y dádole el segundo pienso, se tendió en sus enjalmas y se dio a esperar a su puntualísima Maritornes. Ya estaba Sancho bizmado y acostado, y, aunque procuraba dormir, no lo consentía el dolor de sus costillas; y don Quijote, con el dolor de las suyas, tenía los ojos abiertos como liebre. Toda la venta estaba en silencio, y en toda ella no había otra luz que la que daba una lámpara, que colgada en medio del portal ardía.

Esta maravillosa quietud y los pensamientos que siempre nuestro caballero traía de los sucesos que a cada paso se cuentan en los libros autores de su desgracia, le trujo a la imaginación una de las extrañas locuras que buenamente imaginarse pueden; y fue que él se imaginó haber llegado a un famoso castillo (que, como se ha dicho, castillos eran a su parecer todas las ventas donde alojaba), y que la hija del ventero lo era del señor del castillo, la cual, vencida de su gentileza, se había enamorado dél y prometido que aquella noche, a furto de sus padres, vendría a yacer con él una buena pieza; y teniendo toda esta quimera, que él se había fabricado, por firme y valedera, se comenzó a acuitar y a pensar en el peligroso trance en que su honestidad se había de ver, y propuso en su corazón de no cometer alevosía a su señora Dulcinea del Toboso, aunque la mesma reina Ginebra con su dama Quintañona se le pusiesen delante.

Pensando, pues, en estos disparates, se llegó el tiempo y la hora (que para él fue menguada) de la venida de la asturiana, la cual, en camisa y descalza, cogidos los cabellos en una albanega de fustán, con tácitos y atentados pasos, entró en el aposento donde los tres alojaban, en busca del harriero; pero apenas llegó a la puerta, cuando don Quijote la sintió, y, sentándose en la cama, a pesar de sus bizmas y con dolor de sus costillas, tendió los brazos para recebir a su fermosa doncella. La asturiana, que, toda recogida y callando, iba con las manos delante buscando a su querido, topó con los brazos de don Quijote, el cual la asió fuertemente de una muñeca, y tirándola hacia sí, sin que ella osase hablar palabra, la hizo sentar sobre la cama. Tentóle luego la camisa, y, aunque ella era de harpillera, a él le pareció ser de finísimo y delgado cendal. Traía en las muñecas unas cuentas de vidrio; pero a él le dieron vislumbres de preciosas perlas orientales. Los cabellos, que en alguna manera tiraban a crines, él los marcó por hebras de lucidísimo oro de Arabia, cuyo resplandor al del mesmo sol escurecía. Y el aliento, que, sin duda alguna, olía a ensalada fiambre y trasnochada, a él le pareció que arrojaba de su boca un olor suave y aromático; y, finalmente, él la pintó en su imaginación de la misma traza y modo que lo había leído en sus libros de la otra princesa que vino a ver el mal ferido caballero, vencida de sus amores, con todos los adornos que aquí van puestos. Y era tanta la ceguedad del pobre hidalgo, que el tacto, ni el aliento, ni otras cosas que traía en sí la buena doncella, no le desengañaban, las cuales pudieran hacer vomitar a otro que no fuera harriero; antes le parecía que tenía entre sus brazos a la diosa de la hermosura. Y teniéndola bien asida, con voz amorosa y baja le comenzó a decir:

—Quisiera hallarme en términos, fermosa y alta señora, de poder pagar tamaña merced como la que con la vista de vuestra gran fermosura me habedes fecho; pero ha querido la fortuna, que no se cansa de perseguir a los buenos, ponerme en este lecho, donde yago tan molido y quebrantado, que, aunque de mi voluntad quisiera satisfacer a la vuestra, fuera imposible. Y más, que se añade a esta imposibilidad otra mayor, que es la prometida fe que tengo dada a la sin par Dulcinea del Toboso, única señora de mis más escondidos pensamientos; que si esto no hubiera de por medio, no fuera yo tan sandio caballero, que dejara pasar en blanco la venturosa ocasión en que vuestra gran bondad me ha puesto.

Maritornes estaba congojadísima y trasudando, de verse tan asida de don Quijote, y, sin entender ni estar atenta a las razones que le decía, procuraba, sin hablar palabra, desasirme. El bueno del harriero, a quien tenían despierto sus malos deseos, desde el punto que entró su coima por la puerta, la sintió, estuvo atentamente escuchando todo lo que don Quijote decía, y, celoso de que la asturiana le hubiese faltado a la palabra por otro, se fue llegando más al lecho de don Quijote, y estúvose quedo, hasta ver en qué paraban aquellas razones, que él no podía entender, pero como vio que la moza forcejaba por desasirse y don Quijote trabajaba por tenella, pareciéndole mal la burla, enarboló el brazo en alto y descargó tan terrible puñada sobre las estrechas quijadas del enamorado caballero, que le bañó toda la boca en sangre; y, no contento con esto, se le subió encima de las costillas, y con los pies más que de trote, se las paseó todas de cabo a rabo. El lecho, que era un poco endeble y de no firmes fundamentos, no pudiendo sufrir la añadidura del harriero, dio consigo en el suelo, a cuyo gran ruido despertó el ventero, y luego imaginó que debían ser pendencias de Maritornes, porque, habiéndola llamado a voces, no respondía. Con esta sospecha, se levantó y, encendiendo un candil, se fue hacia donde había sentido la pelaza. La moza, viendo que su amo venía, y que era de condición terrible, toda medrosica y alborotada, se acogió a la cama de Sancho Panza, que aún dormía, y allí se acurrucó y se hizo un ovillo. El ventero entró diciendo:

—¿Adónde estás, puta? A buen seguro que son tus cosas éstas.

En esto, despertó Sancho, y, sintiendo aquel bulto casi encima de sí, pensó que tenía la pesadilla y comenzó a dar puñadas a una y otra parte, y, entre otras, alcanzó con no sé cuántas a Maritornes, la cual, sentida del dolor, echando a rodar la honestidad, dio el retorno a Sancho con tantas, que, a su despecho, le quitó el sueño; el cual, viéndose tratar de aquella manera, y sin saber de quién, alzándose como pudo, se abrazó con Maritornes, y comenzaron entre los dos la más reñida y graciosa escaramuza del mundo. Viendo, pues, el harriero, a la lumbre del candil del ventero, cuál andaba su dama, dejando a don Quijote, acudió a dalle el socorro necesario. Lo mismo hizo el ventero, pero con intención diferente, porque fue castigar a la moza, creyendo, sin duda, que ella sola era la ocasión de toda aquella armonía. Y así como suele decirse: «el gato al rato, el rato a la cuerda, la cuerda al palo», daba el harriero a Sancho, Sancho a la moza, la moza a él, el ventero a la moza, y todos menudeaban con tanta priesa, que no se daban punto de reposo; y fue lo bueno que al ventero se le apagó el candil, y, como quedaron a escuras, dábanse tan sin compasión, todos a bulto, que a doquiera que ponían la mano no dejaban cosa sana.

Alojaba acaso aquella noche en la venta un cuadrillero de los que llaman de la Santa Hermandad vieja de Toledo, el cual, oyendo ansimesmo el extraño estruendo de la pelea, asió de su media vara y de la caja de lata de sus títulos, y entró a escuras en el aposento, diciendo:

—¡Ténganse a la justicia! ¡Ténganse a la Santa Hermandad!

Y el primero con quien topó fue con el apuñeado de don Quijote, que estaba en su derribado lecho, tendido boca arriba, sin sentido alguno; y, echándole a tiento mano a las barbas, no cesaba de decir: «¡Favor a la justicia!»; pero viendo que el que tenía asido no se bullía ni meneaba, se dio a entender que estaba muerto, y que los que allí dentro estaban eran sus matadores, y, con esta sospecha, reforzó la voz, diciendo:

—¡Ciérrese la puerta de la venta! ¡Miren no se vaya nadie, que han muerto aquí a un hombre!

Esta voz sobresaltó a todos, y cada cual dejó la pendencia en el grado que le tomó la voz. Retiróse el ventero a su aposento, el harriero a sus enjalmas, la moza a su rancho, solos los desventurados don Quijote y Sancho no se pudieron mover de donde estaban. Soltó en esto el cuadrillero la barba de don Quijote, y salió a buscar luz, para buscar y prender los delincuentes; mas no la halló, porque el ventero, de industria, había muerto la lámpara cuando se retiró a su estancia, y fuele forzoso acudir a la chimenea, donde con mucho trabajo y tiempo, encendió el cuadrillero otro candil.

CAPITULO VIII

Donde se cuenta lo que le sucedió a don Quijote yendo a ver su señora Dulcinea del Toboso

«¡Bendito sea el poderoso Alá! —dice Hamete Benengeli al comienzo deste octavo capítulo—. ¡Bendito sea Alá!» repite tres veces, y dice que da estas bendiciones por ver que tiene ya en campaña a don Quijote y a Sancho, y que los letores de su agradable historia pueden hacer cuenta que desde este punto comienzan las hazañas y donaires de don Quijote y de su escudero; persuádeles que se les olviden las pasadas caballerías del Ingenioso Hidalgo, y ponga los ojos en las que están por venir, que desde agora en el camino del Toboso comienzan, como las otras comenzaron en los campos de Montiel, y no es mucho lo que pide para tanto como él promete; y así prosigue, diciendo:

Solos quedaron don Quijote y Sancho, y apenas se hubo apartado Sansón, cuando comenzó a relinchar Rocinante y a sospirar el rucio, que de entrambos, caballero y escudero, fue tenido a buena señal y por felicísimo agüero; aunque, si se ha de contar la verdad, más fueron los sospiros y rebuznos del rucio que los relinchos de rocín, de donde coligió Sancho que su ventura había de sobrepujar y ponerse encima de la de su señor, fundándose no sé si en astrología judiciaria que él se sabía, puesto que la historia no lo declara; sólo le oyeron decir que cuando tropezaba o caía se holgara no haber salido de casa, porque del tropezar o caer no se sacaba otra cosa sino el zapato roto, o las costillas quebradas; y aunque tonto, no andaba en esto muy fuera de camino. Díjole don Quijote:

—Sancho amigo, la noche se nos va entrando a más andar, y con más escuridad de la que habíamos menester para alcanzar a ver con el día al Toboso, adonde tengo determinado de ir antes que en otra aventura me ponga, y allí tomaré la bendición y buena licencia de la sin par Dulcinea; con la cual licencia pienso y tengo por cierto de acabar y dar felice cima a toda peligrosa aventura, porque ninguna cosa desta vida hace más valientes a los caballeros andantes que verse favorecidos de sus damas.

—Yo así lo creo —respondió Sancho—; pero tengo por dificultoso que vuesa merced pueda hablarla, ni verse con ella, en parte, a lo menos, que pueda recebir su bendición, si ya no se la echa desde las bardas del corral, por donde yo la vi la vez primera, cuando le llevé la carta donde iban las nuevas de las sandeces y locuras que vuesa merced quedaba haciendo en el corazón de Sierra Morena.

—¿Bardas de corral se te antojaron aquéllas, Sancho —dijo don Quijote—, adonde o por donde viste aquellas jamás bastantemente alabada gentileza y hermosura? No debían de ser sino galerías, o corredores, o lonjas o como las llaman, de ricos y reales palacios.

—Todo pudo ser —respondió Sancho—; pero a mí bardas me parecieron, si no es que soy falto de memoria.

—Con todo eso, vamos allá, Sancho —replicó don Quijote—: que como yo la vea, eso se me da que sea por bardas que por ventanas, o por resquicios, o verjas de jardines; que cualquier rayo que del sol de su belleza llegue a mis ojos alumbrará mi entendimiento y fortalecerá mi corazón, de modo, que quede único y sin igual en la discreción y en la valentía.

—Pues es verdad, señor —respondió Sancho—, que cuando yo vi ese sol de la señora Dulcinea del Toboso, que no estaba tan claro, que pudiese echar de sí rayos algunos; y debió de ser que como su merced estaba ahechando aquel trigo que dije, el mucho polvo que sacaba se le puso como nube ante el rostro y se le escureció.

—¡Que todavía das, Sancho —dijo don Quijote—, en decir, en pensar, en creer y en porfiar que mi señora Dulcinea ahechaba trigo, siendo eso un menester y ejercicio que va desviado de todo lo que hacen y deben hacer las personas principales que están constituidas y guardadas para otros ejercicios y entretenimiento, que muestran a tiro de ballesta su principalidad...! Mal se te acuerdan a ti, oh Sancho! aquellos versos de nuestro poeta donde nos pinta las labores que hacían allá en sus moradas de cristal aquellas cuatro ninfas que del Tajo amado sacaron las cabezas, y se sentaron a labrar en el prado verde aquellas ricas telas que allí el ingenioso poeta nos describe, que todas eran de oro, sirgo y perlas contextas y tejidas. Y desta manera debía de ser el de mi señora cuando tú la viste; sino que la envidia que algún mal encantador debe de tener a mis cosas, todas las que me han de dar gusto trueca y vuelve en diferentes figuras que ellas tienen; y así, temo que, en aquella historia que dicen que anda impresa de mis hazañas, si por ventura ha sido su autor algún sabio mi enemigo, habrá puesto unas cosas por otras, mezclando con una verdad mil mentiras, divirtiéndose a contar otras acciones fuera de lo que requiere la continuación de una verdadera historia. ¡Oh, envidia, raíz de infinitos males, y carcoma de las virtudes! Todos los vicios, Sancho, traen un no sé qué de deleite consigo; pero el de la envidia no trae sino disgustos, rancores y rabias.

—Eso es lo que yo digo también —respondió Sancho—; y pienso que en esa leyenda o historia que nos dijo el bachiller Carrasco que de nosotros había visto debe de andar mi honra a coche acá, cinchado, y, como dicen, al estricote, aquí y allí, barriendo las calles. Pues a fe de bueno que no he dicho yo mal de ningún encantador, ni tengo tantos bienes, que pueda ser envidiado; bien es verdad que soy algo malicioso, y que tengo mis ciertos asomos de bellaco; pero todo lo cubre y tapa la gran capa de la simpleza mía, siempre natural y nunca artificiosa; y cuando otra cosa no estuviese sino el creer, como siempre creo, firme y verdaderamente en Dios y en todo aquello que tiene y cree la santa Iglesia Católica Romana, y el ser enemigo mortal, como lo soy, de los judíos, debían los historiadores tener misericordia de mí y tratarme bien en sus escritos. Pero digan lo que quisieren; que desnudo nací, desnudo me hallo: ni pierdo ni gano; aunque por verme puesto en libros y andar por ese mundo de mano en mano, no se me da un higo que digan de mí todo lo que quisieren.

—Eso me parece, Sancho —dijo don Quijote—, a lo que sucedió a un famoso poeta destos tiempos, el cual, habiendo hecho una maliciosa sátira contra todas las damas cortesanas, no puso ni nombró en ella a una dama que se podía dudar si lo era o no; la cual, viendo que no estaba en la lista de las demás, se quejó al poeta diciéndole que qué había visto en ella para no ponerla en el número de las otras, y que alargase la sátira y la pusiese en el ensanche;

si no, que mirase para lo que había nacido. Hízolo así el poeta, y púsola cual no digan dueñas, y ella quedó satisfecha, por verse con fama, aunque infame. También viene con esto lo que cuentan de aquel pastor que puso fuego y abrasó el templo famoso de Diana, contado por una de las siete maravillas del mundo, sólo porque quedase vivo su nombre en los siglos venideros; y aunque se mandó que nadie le nombrase, ni hiciese por palabra o por escrito mención de su nombre, porque no consiguiese el fin de su deseo, todavía se supo que se llamaba Eróstrato. También alude a esto lo que sucedió al grande emperador Carlos V con un caballero en Roma. Quiso ver el Emperador aquel famoso templo de la Rotunda, que en la antigüedad se llamó el templo de todos los dioses, y ahora, con mejor vocación, se llama de todos los santos, y es el edificio que más entero ha quedado de los que alzó la gentilidad en Roma, y es el que más conserva la fama de la grandiosidad y magnificencia de sus fundadores; él es de hechura de una media naranja, grandísimo en extremo, y está muy claro, sin entrarle otra luz que la que le concede una ventaja, o, por mejor decir, claraboya redonda que está en su cima, desde la cual mirando el Emperador el edificio, estaba con él y a su lado un caballero romano, declarándole los primores y sutilezas de aquella gran máquina y memorable arquitectura; y habiéndose quitado de la claraboya, dijo al Emperador: —«Mil veces, sacra Majestad, me vino deseo de abrazarme con vuestra Majestad, y arrojarme de aquella claraboya abajo, por dejar de mí fama eterna en el mundo.» —«Yo os agradezco —respondió el Emperador— el no haber puesto tan mal pensamiento en efeto, y de aquí adelante no os pondré yo en ocasión que volváis a hacer prueba de vuestra lealtad; y así, os mando que jamás me habléis, ni estéis donde yo estuviere.» Y tras estas palabras le hizo una gran merced. Quiero decir, Sancho, que el deseo de alcanzar fama es activo en gran manera. ¿Quién piensas tú que arrojó a Horacio del puente abajo, armado de todas armas, en la profundidad del Tibre? ¿Quién abrasó el brazo y la mano a Mucio? ¿Quién impelió a Curcio a lanzarse en la profunda sima ardiente que apareció en la mitad de Roma? ¿Quién, contra todos los agüeros que en contra se le habían mostrado, hizo pasar el Rubicón a César? Y, con ejemplos más modernos, ¿quién barrenó los navíos y dejó en seco y aislados los valerosos españoles guiados por el cortesísimo Cortés en el Nuevo Mundo? Todas estas y otras grandes y diferentes hazañas son, fueron y serán obras de la fama, que los mortales desean como premios y parte de la inmortalidad que sus famosos hechos merecen, puesto que los cristianos, católicos y andantes caballeros más habemos de atender a la gloria de los siglos venideros, que es eterna en las regiones etéreas y celestes, que a la vanidad de la fama que en este presente y acabable siglo se alcanza; la cual fama, por mucho que dure, en fin se ha de acabar con el mesmo mundo, que tiene su fin señalado: ¡oh Sancho! que nuestras obras no han de salir del límite que nos tiene puesto la religión cristiana, que profesamos. Hemos de matar en los gigantes a la soberbia; a la envidia, en la generosidad y buen pecho; a la ira, en el reposado continente y quietud del ánimo; a la gula y al sueño, en el poco comer que comemos y en el mucho velar que velamos; a la lujuria y lascivia, en la lealtad que guardamos a las que hemos hecho señoras de nuestros pensamientos; a la pereza, con andar por todas las partes del mundo, buscando las ocasiones que nos puedan hacer y hagan, sobre cristianos, famosos caballeros. Ves aquí, Sancho, los medios por donde se alcanzar los extremos de alabanzas que consigo trae la buena fama.

—Todo lo que vuesa merced hasta aquí me ha dicho —dijo Sancho— lo he entendido muy bien; pero, con todo eso, querría que vuesa merced me sorbiese una duda que agora en este punto me ha venido a la memoria.

—*Asolviese* quieres decir, Sancho —dijo don Quijote—. Di en buen hora; que yo responderé lo que supiere.

—Dígame, señor —prosiguió Sancho—: esos Julios o Agostos, y todos esos caballeros hazañosos que ha dicho, que ya son muertos, ¿dónde están agora?

—Los gentiles —respondió don Quijote— sin duda están en el infierno; los cristianos, si fueron buenos cristianos, o están en el purgatorio, o en el cielo.

—Está bien —dijo Sancho—; pero sepamos ahora: esas sepulturas donde están los cuerpos de esos señorazos, ¿tienen delante de sí lámpara de plata, o están adornadas las paredes de sus capillas de muletas, de mortajas, de cabelleras, de piernas y de ojos de cera? Y si desto no, ¿de qué están adornadas?

A lo que respondió don Quijote:

—Los sepulcros de los gentiles fueron por la mayor parte suntuosos templos: las cenizas del cuerpo de Julio César se pusieron sobre una pirámide de piedra de desmesurada grandeza, a quien hoy llaman en Roma la *Aguja de San Pedro;* al Emperador Adriano le sirvió de sepultura un castillo tan grande como una buena aldea, a quien llamaron *Moles Hadriani,* que agora es el castillo de Santángel en Roma; la reina Artemisa sepultó a su marido Mausoleo en un sepulcro que se tuvo por una de las siete maravillas del mundo; pero ninguna destas sepulturas ni otras muchas que tuvieron los gentiles se adornaron con mortajas, ni con otras ofrendas y señales que mostrasen ser santos los que en ellas estaban sepultados.

—A eso voy —replicó Sancho—. Y dígame agora: ¿cuál es más: resucitar a un muerto o matar a un gigante?

—La respuesta está en la mano —respondió don Quijote—: más es resucitar a un muerto.

—Cogido le tengo —dijo Sancho—. Luego la fama del que resucita muertos, da vista a los ciegos, endereza a los cojos y da salud a los enfermos, y delante de sus sepulturas arden lámparas, y están llenas sus capillas de gentes devotas que de rodillas adoran sus reliquias, mejor fama será, para este y para el otro siglo, que la que dejaron y dejaren cuantos emperadores gentiles y caballeros andantes ha habido en el mundo.

—También confieso esa verdad —respondió don Quijote.

—Pues esta fama, estas gracias, estas prerrogativas, como llaman a esto —respondió Sancho—, tienen los cuerpos y las reliquias de los santos: que, con aprobación y licencia de nuestra santa madre Iglesia, tienen lámparas, velas, mortajas, muletas, pinturas, cabelleras, ojos, piernas, con que aumentan la devoción y engrandecen su cristiana fama. Los cuerpos de los santos, o sus reliquias, llevan los reyes sobre sus hombros, besan los pedazos de sus huesos, adoran y enriquecen con ellos sus oratorios y sus más preciados altares.

—¿Qué quieres que infiera, Sancho, de todo lo que has dicho? —dijo don Quijote.

—Quiero decir —dijo Sancho— que nos demos a ser santos, y alcanzaremos más brevemente la buena fama que pretendemos; y advierta, señor, que o antes de ayer (que según ha poco, se puede decir desta manera) canonizaron o beatificaron dos frailecitos descalzos, cuyas cadenas de hierro con que ceñían y atormentaban sus cuerpos se tiene ahora a gran ventura el besarlas y tocarlas, y están en más veneración que está, según dije, la espada de Roldán en la armería del Rey nuestro señor, que Dios guarde. Así que, señor mío, más vale ser un humilde frailecito, de cualquier orden que sea, que valiente y andante caballero; más alcanzan con Dios dos docenas de disciplinas que dos mil lanzadas, ora las den a gigantes, ora a vestiglos, o a endriagos.

—Todo eso es así —respondió don Quijote—; pero no todos podemos ser frailes, y muchos son los caminos por donde lleva Dios a los suyos al cielo: religión es la caballería; caballeros santos hay en la gloria.

—Sí —respondió Sancho—; pero yo he oído decir que hay más frailes en el cielo que caballeros andantes.

—Eso es —respondió don Quijote— porque es mayor el número de los religiosos que el de los caballeros.

—Muchos —respondió don Quijote—; pero pocos los que merecen nombre de caballeros.

En estas y otras semejantes pláticas se les pasó aquella noche y el día siguiente, sin acontecerles cosa que de contar fuese, de que no poco le pesó a don Quijote. En fin, otro día, al anochecer, descubrieron la gran ciudad del Toboso, con cuya vista se le alegraron los espíritus a don Quijote, y se le entristecieron a Sancho, porque no sabía la casa de Dulcinea, ni en su vida la había visto, como no la había visto su señor; de modo que el uno por verla, y el otro por no haberla visto, estaban alborotados, y no imaginaba Sancho qué había de hacer cuando su dueño le enviase al Toboso. Finalmente, ordenó don Quijote entrar en la ciudad entrada la noche, y en tanto que la hora se llegaba, se quedaron entre unas encinas que cerca del Toboso estaban, y llegado el determinado punto, entraron en la ciudad, donde les sucedió cosas que a cosas llegan.

CAPITULO X

Donde se cuenta la industria que Sancho tuvo para encantar a la señora Dulcinea, y de otros sucesos tan ridículos como verdaderos

Llegando el autor desta grande historia a contar lo que en este capítulo cuenta, dice que quisiera pasarle en silencio, temeroso de que no había de ser creído; porque las locuras de don Quijote llegaron aquí al término y raya de las mayores que pueden imaginarse, y aun pasaron dos tiros de ballesta más allá de las mayores. Finalmente, aunque con este miedo y recelo, las escribió de la misma manera que él las hizo, sin añadir ni quitar a la historia un átomo de la verdad, sin dársele nada por las objeciones que podían ponerle de mentiroso; y tuvo razón, porque la verdad adelgaza y no quiebra, y siempre anda sobre la mentira, como el aceite sobre el agua. Y así, prosiguiendo su historia, dice: que así como don Quijote se emboscó en la floresta, encinar, o selva junto al gran Toboso, mandó a Sancho volver a la ciudad, y que no volviese a su presencia sin haber primero hablado de su parte a su señora, pidiéndola fuese servida de dejarse ver de su cautivo caballero, y se dignase de echarle su bendición, para que pudiese esperar por ella felicísimos sucesos de todos sus acometimientos y dificultosas empresas. Encargóse Sancho de hacerlo así como se le mandaba, y de traerle tan buena respuesta como le trujo la vez primera.

—Anda, hijo —replicó don Quijote—, y no te turbes cuando te vieres ante la luz del sol de hermosura que vas a buscar. ¡Dichoso tú sobre todos los escuderos del mundo! Ten memoria, y no se te pase della cómo te recibe: si muda las colores el tiempo que la estuvieres dando mi embajada; si se desasosiega y turba oyendo mi nombre; si no cabe en la almohada, si acaso la hallas sentada en el estrado rico de su autoridad; y si está en pie, mírala si se pone ahora sobre el uno, ahora sobre el otro pie; si te repite la respuesta que te diere dos o tres veces; si la muda de blanda en áspera, de aceda en amorosas; si levanta la mano al cabello para componerle, aunque no esté desordenado; finalmente, hijo, mira todas sus acciones y movimientos; porque si tú me los relatares como ellos fueron, sacaré yo lo que ella tiene escondido en lo secreto de su corazón acerca de lo que al fecho de mis amores toca; que has de saber, Sancho, si no lo sabes, que entre los amantes, las acciones y movimientos exteriores que muestran, cuando de sus amores se trata, son certísimos correos que traen las nuevas de lo que allá en lo interior del alma pasa. Ve, amigo, y guíete otra mejor ventura que la mía, y vuélvate otro mejor suceso del que yo quedo temiendo y esperando en esta amarga soledad en que me dejas.

—Yo iré y volveré presto —dijo Sancho—; y ensanche vuesa merced, señor mío, ese corazoncillo, que le debe de tener agora no mayor que una avellana, y considere que se suele decir que buen corazón quebranta mala ventura, y que donde no hay tocinos, no hay estacas; y también se dice: donde no piensan, salta la liebre. Dígolo porque si esta noche no hallamos los palacios o alcázares de mi señora, agora que es de día los pienso hallar, cuando menos lo piense; y hallados, déjenme a mí con ella.

—Por cierto, Sancho —dijo don Quijote—, que siempre traes tus refranes tan a pelo de lo que tratamos cuanto me dé Dios mejor ventura en lo que deseo.

Esto dicho, volvió Sancho las espaldas y vareó su rucio, y don Quijote se quedó a caballo descansando sobre los estribos y sobre el arrimo de su lanza, lleno de tristes y confusas imaginaciones, donde le dejaremos, yéndonos con Sancho Panza, que no menos confuso y pensativo se apartó de su señor que él quedaba; y tanto, que apenas hubo salido del bosque, cuando volviendo la cabeza, y viendo que don Quijote no parecía, se apeó del jumento, y sentándose al pie de un árbol comenzó a hablar consigo mesmo y a decirse:

—Sepamos agora, Sancho hermano, adónde va vuesa merced. ¿Va a buscar algún jumento que se le haya perdido? —No, por cierto. Pues ¿qué va a buscar? —Voy a buscar, como quien no dice nada, a una princesa, y en ella al sol de la hermosura y a todo el cielo junto. —Y ¿adónde pensáis hallar eso que decís, Sancho? —¿Adónde? En la gran ciudad del Toboso. —Y bien, y ¿de parte de quién la vais a buscar? —De parte del famoso caballero don Quijote de la Mancha, que desface los tuertos, y da de comer al que ha sed, y de beber al que ha hambre. —Todo eso está muy bien. Y ¿sabéis su casa, Sancho? —Mi amo dice que han de ser unos reales palacios, o unos soberbios alcázares. —Y ¿habéisla visto algún día por ventura? —Ni yo ni mi amo la habemos visto jamás. —Y ¿paréceos que fuera acertado y bien hecho que si los del Toboso supiesen que estáis vos aquí con intención de ir a sonsacarles sus princesas y a desasosegarles sus damas, viniesen y os moliesen las costillas a puros palos, y no os dejasen hueso sano? En verdad que tendrían mucha razón, cuando no considerasen que soy mandado y que

> Mensajero sois, amigo,
> Non merecéis culpa, non.

—No os fiéis en eso, Sancho; porque la gente manchega es tan colérica como honrada y no consiente cosquillas de nadie. Vive Dios que si os huele, que os mando mala ventura. —¡Oxte, puto! ¡Allá darás, rayo! ¡No, sino ándeme yo buscando tres pies al gato por el gusto ajeno! Y más, que así será buscar a

113

Dulcinea por el Toboso como a Marica por Rávena, o al Bachiller en Salamanca. ¡El diablo, el diablo me ha metido a mí en esto; que otro no!

Este soliloquio pasó consigo Sancho, y lo que sacó dél fue que volvió a decirse: —Ahora bien, todas las cosas tienen remedio, si no es la muerte, debajo de cuyo yugo hemos de pasar todos, mal que nos pese, al acabar de la vida. Este mi amo por mil señales he visto que es un loco de atar, y aun también yo no le quedo en zaga, pues soy más mentecato que él, pues le sigo y le sirvo, si es verdadero el refrán que dice: «Dime con quien andas, decirte he quién eres», y el otro de «No con quien naces, sino con quien paces». Siendo, pues, loco, como lo es, y de locura que las más veces toma unas cosas por otras, y juzga lo blanco por negro y lo negro por blanco, como se pareció cuando dijo que los molinos de viento eran gigantes, y las mulas de los religiosos dromedarios, y las manadas de carneros ejércitos de enemigos, y otras muchas cosas a este tono, no será muy difícil hacerle creer que una labradora, la primera que me topare por aquí, es la señora Dulcinea; y cuando él no lo crea, juraré yo; y si él jurare, tornaré yo a jurar; y si porfiare, porfiaré yo más, y de manera, que tengo de tener la mía siempre sobre el hito, venga lo que viniere. Quizá con esta porfía acabaré con él que no me envíe otra vez a semejantes mensajerías, viendo cuán mal recado le traigo dellas, o quizá pensará, como yo imagino, que algún mal encantador de estos que él dice que le quieren mal la habrá mudado la figura, por hacerle mal y daño.

Con esto que pensó Sancho Panza quedó sosegado su espíritu, y tuvo por bien acabado su negocio, deteniéndose allí hasta la tarde, por dar lugar a que don Quijote pensase que le había tenido para ir y volver del Toboso; y sucedióle todo tan bien, que cuando se levantó para subir en el rucio vio que del Toboso hacia donde él estaba venían tres labradoras sobre tres pollinos, o pollinas, que el autor no lo declara, aunque más se puede creer que eran borricas, por ser ordinaria caballería de las aldeanas, pero como no va mucho en esto, no hay para qué detenernos en averiguarlo. En resolución, así como Sancho vio a las labradoras, a paso tirado volvió a buscar a su señor don Quijote, y hallóle suspirando y diciendo mil amorosas lamentaciones. Como don Quijote le vio, le dijo:

—¿Qué hay, Sancho, amigo? ¿Podré señalar este día con piedra blanca, o con negra?

—Mejor será —respondió Sancho— que vuesa merced le señale con almagre, como rétulos de cátedras, porque le echen bien de ver los que le vieren.

—De ese modo —replicó don Quijote—, buenas nuevas traes.

—Tan buenas —respondió Sancho—, que no tiene más que hacer vuesa merced sino picar a Rocinante y salir a lo raso a ver a la señora Dulcinea del Tobosa, que con otras dos doncellas suyas viene a ver a vuesa merced.

—¡Santo Dios! ¿Qué es lo que dices, Sancho amigo? —dijo don Quijote—. Mira no me engañes, ni quieras con falsas alegrías alegrar mis verdaderas tristezas.

—¿Qué sacaría yo de engañar a vuesa merced —respondió Sancho—, y más estando tan cerca de descubrir mi verdad? Pique, señor, y venga, y verá venir a la Princesa nuestra ama vestida y adornada; en fin, como quien ella es. Sus doncellas y ellas todas son una ascua de oro, todas mazorcas de perlas, todas son diamantes, todas rubíes, todas telas de brocado de más de diez altos; los cabellos, sueltos por las espaldas, que son otros tantos rayos del sol que andan jugando con el viento; y, sobre todo, vienen a caballo sobre tres cananeas remendadas, que no hay más que ver.

—*Hacaneas* querrás decir, Sancho.

—Poca diferencia hay —respondió Sancho— de *cananeas* a *hacaneas;* pero vengan sobre lo que vinieren, ellas vienen las más galanas señoras que se puedan desear, especialmente la princesa Dulcinea mi señora, que pasma los sentidos.

—Vamos, Sancho hijo —respondió don Quijote—; y en albricias destas no esperadas como buenas nuevas, te mando el mejor despojo que ganare en la primera aventura que tuviere, y si esto no te contenta, te mando las crías que este año me dieren las tres yeguas mías, que tú sabes que quedan para parir en el prado concejil de nuestro pueblo.

—A las crías me atengo —respondió Sancho—; porque de ser buenos los despojos de la primera aventura no está muy cierto.

Ya en esto salieron de la selva y descubrieron cerca a las tres aldeanas. Tendió don Quijote los ojos por todo el camino del Toboso, y como no vio sino a las tres labradoras, turbóse todo, y preguntó a Sancho si las había dejado fuera de la ciudad.

—¿Cómo fuera de la ciudad? —respondió—. ¿Por ventura tiene vuesa merced los ojos en el colodrillo, que no vee que son éstas, las que aquí vienen, resplandecientes como el mismo sol a medio día?

—Yo no veo, Sancho —dijo don Quijote—, sino a tres labradoras sobre tres borricos.

—¡Agora me libre Dios del diablo! —respondió Sancho—. Y ¿es posible que tres hacaneas, o como se llaman, blancas como el ampo de la nieve, le parezcan a vuesa merced borricos? ¡Vive el Señor, que me pele estas barbas si tal fuese verdad!

—Pues yo te digo, Sancho amigo —dijo don Quijote—, que es tan verdad que son borricos, o borricas, como yo soy don Quijote y tú Sancho Panza; a lo menos, a mí tales me parecen.

—Calle, señor —dijo Sancho—; no diga la tal palabra, sino despabile esos ojos, y venga a hacer reverencia a la señora de sus pensamientos, que ya llega cerca.

Y diciendo esto, se adelantó a recibir a las tres aldeanas, y apeándose del rucio, tuvo del cabestro al jumento de una de las tres labradoras, y hincando ambas rodillas en el suelo, dijo:

—Reina y princesa y duquesa de la hermosura, vuestra altivez y grandeza sea servida de recebir en su gracia y buen talente al cautivo caballero vuestro, que allí está hecho piedra mármol, todo turbado y sin pulsos, de verse ante vuestra magnífica presencia. Yo soy Sancho Panza su escudero, y él es el asendereado caballero don Quijote de la Mancha, llamado por otro nombre el Caballero de la Triste Figura.

A esta sazón ya se había puesto don Quijote de hinojos junto a Sancho, y miraba con ojos desencajados y vista turbada a la que Sancho llamaba reina y señora; y como no descubría en ella sino una moza aldeana, y no de muy buen rostro, porque era carirredonda y chata, estaba suspenso y admirado, sin osar desplegar los labios. Las labradoras estaban asimismo atónitas, viendo aquellos dos hombres tan diferentes hincados de rodillas, que no dejaban pasar adelante a su compañera; pero rompiendo el silencio la detenida, toda desgraciada y mohína, dijo:

—Apártense nora en tal del camino, y déjennos pasar; que vamos de priesa.

A lo que respondió Sancho:

—¡Oh princesa y señora universal del Toboso! ¿Cómo vuestro magnánimo

115

corazón no se enternece viendo arrodillado ante vuestra sublimada presencia a la coluna y sustento de la andante caballería?

Oyendo lo cual otra de las dos, dijo:

—Mas ¡jo, que te estrego, burra de mi suegro! ¡Mirad con qué se vienen los señoricos ahora a hacer burla de las aldeanas, como si aquí no supiésemos echar pullas como ellos! Vayan su camino, e déjennos hacer el nueso, y serles ha sano.

—Levántate, Sancho —dijo a este punto don Quijote—; que ya veo que la Fortuna, de mi mal no harta, tiene tomados los caminos todos por donde pueda venir algún contento a esta ánima mezquina que tengo en las carnes. Y tú, ¡oh extremo del valor que puede desearse, término de la humana gentileza, único remedio deste afligido corazón que te adora!, ya que el maligno encantador me persigue, y ha puesto nubes y cataratas en mis ojos, y para sólo ellos y no para otro ha mudado y transformado tu sin igual hermosura y rostro en el de una labradora pobre, si ya también el mío no le ha cambiado en el de algún vestiglo, para hacerle aborrecible a tus ojos, no dejes de mirarme blanda y amorosamente, echando de ver en esta sumisión y arrodillamiento que a tu contrahecha hermosura hago la humildad con que mi alma te adora.

—¡Tomá que mi agüelo! —respondió la aldeana—. ¡Amiguita soy yo de oír resquebrajos! Apártense y déjennos ir, y agradecérselo hemos.

Apartóse Sancho y dejóla ir, contentísimo de haber salido bien de su enredo. Apenas se vio libre la aldeana que había hecho la figura de Dulcinea, cuando picando a su *cananea* con un aguijón que en un palo traía, dio a correr por el prado adelante. Y como la borrica sentía la punta del aguijón, que le fatigaba más de lo ordinario, comenzó a dar corcovos, de manera, que dio con la señora Dulcinea en tierra; lo cual visto por don Quijote, acudió a levantarla, y Sancho a componer y cinchar el albarda, que también vino a la barriga de la pollina. Acomodada, pues, la albarda, y quiriendo don Quijote levantar a su encantada señora en los brazos sobre la jumenta, la señora, levantándose del suelo, le quitó de aquel trabajo, porque haciéndose algún tanto atrás, tomó una corridica, y puestas ambas manos sobre las ancas de la pollina, dio con su cuerpo, más ligero que un halcón, sobre la albarda, y quedó a horcajadas, como si fuera hombre; y entonces dijo Sancho:

—¡Vive Roque, que es la señora nuestra ama más ligera que un acotán, y que puede enseñar a subir a la jineta al más diestro cordobés o mejicano! El arzón trasero de la silla pasó de un salto, y sin espuelas hace correr la hacanea como una cebra. Y no le van en zaga sus doncellas; que todas corren como el viento.

Y así era la verdad; porque en viéndose a caballo Dulcinea, todas picaron tras ella y dispararon a correr, sin volver la cabeza atrás por espacio de más de media legua. Siguiólas don Quijote con la vista, y cuando vio que no parecían, volviéndose a Sancho, le dijo:

—Sancho, ¿qué te parece cuán mal quisto soy de encantadores? Y mira hasta dónde se extiende su malicia y la ojeriza que me tienen, pues me han querido privar del contento que pudiera darme ver en su ser a mi señora. En efecto, yo nací para ejemplo de desdichados, y para ser blanco y terreno donde tomen la mira y asiesten las flechas de la mala fortuna. Y has también de advertir, Sancho, que no se contentaron estos traidores de haber vuelto y transformado a mi Dulcinea, sino que la transformaron y volvieron en una figura tan baja y tan fea como la de aquella aldeana, y juntamente le quitaron lo que es tan suyo de las principales señoras, que es el buen olor, por andar siempre entre ámbares y entre flores. Porque te hago saber, Sancho, que cuando llegué a subir a Dulcinea sobre su hacanea (según tú dices, que a mí me pareció borrica), me dio un olor de ajos crudos, que me encalabrinó y atosigó el alma.

—¡Oh canalla! —gritó a esta sazón Sancho—. ¡Oh encantadores aciagos y mal intencionados, y quién os viera a todos ensartados por las agallas, como sardinas en lerchal. Mucho sabéis, mucho podéis, y mucho mal hacéis. Bastaros debiera, bellacos, haber mudado las perlas de los ojos de mi señora en agallas alcornoqueñas, y sus cabellos de oro purísimo en cerdas de cola de buey bermejo, y, finalmente, todas sus faciones de buenas en malas, sin que le tocárades en el olor; que por él siquiera sacáramos lo que estaba encubierto debajo de aquella fea corteza; aunque, para decir verdad, nunca yo vi su fealdad, sino su hermosura, a la cual subía de punto y quilates un lunar que tenía sobre el labio derecho, a manera de bigote, con siete u ocho cabellos rubios como hebras de oro y largos de más de un palmo.

—A ese lunar —dijo don Quijote—, según la correspondencia que tienen entre sí los del rostro con los del cuerpo, ha de tener otro Dulcinea en la tabla del muslo que corresponde al lado donde tiene el del rostro; pero muy luengos para lunares son pelos de la grandeza que has significado.

—Pues yo sé decir a vuesa merced —respondió Sancho— que le parecían allí como nacidos.

—Yo lo creo, amigo —replicó don Quijote—, porque ninguna cosa puso la naturaleza en Dulcinea que no fuese perfecta y bien acabada; y así, si tuviera cien lunares como el que dices, en ella no fueran lunares, sino lunas y estrellas resplandecientes. Pero dime, Sancho: aquella que a mí me pareció albarda, que tú aderezaste, ¿era silla rasa, o sillón?

—No era —respondió Sancho— sino silla a la jineta, con una cubierta de campo, que vale la mitad de un reino, según es de rica.

—Y ¡que no viese yo todo eso, Sancho! —dijo don Quijote—. Ahora torno a decir, y diré mil veces, que soy el más desdichado de los hombres.

Harto tenía que hacer el socarrón de Sancho en disimular la risa, oyendo las sandeces de su amo, tan delicadamente engañado. Finalmente, después de otras muchas razones que entre los dos pasaron, volvieron a subir en sus bestias, y siguieron el camino de Zaragoza, adonde pensaban llegar a tiempo que pudiesen hallarse en unas solenes fiestas que en aquella insigne ciudad cada año suelen hacerse. Pero antes que allá llegasen les sucedieron cosas que, por muchas, grandes y nuevas, merecen ser escritas y leídas, como se verá adelante.

LOPE DE VEGA

Félix Lope de Vega Carpio nace en Madrid en 1562 y muere en la misma ciudad en 1635. Entre estas dos fechas, una de las vidas más agitadas, intensas y fructíferas que darse puedan. Cuando nuestro autor es todavía muy joven, una mujer, Elena Osorio, abre la serie de sus grandes amores y de sus grandes escándalos, puesto que por unos escritos contra la familia de dicha mujer es condenado al destierro. Antes de partir, desterrado a Valencia, Lope se casa con Isabel de Urbina y poco después se alista en la Invencible. Vive unos años en Toledo y en Alba de Tormes, en este último lugar como secretario del Duque de Alba. En 1595 Lope está de nuevo en Madrid y a partir de este momento se va a consolidar su fama de dramaturgo. La mujer de este momento de la vida de Lope se llama Micaela Luján, pero se casará con Juana de Guardo. En 1614 se ordena sacerdote y poco después protagonizará un monumental escándalo; motivo, sus amores con Marta de Nevares, que iban a durar hasta la muerte de su amante. Los últimos años son los más amargos en la vida de nuestro autor; las desgracias se suceden, ceguera y posterior muerte de Marta de Nevares, muerte de su hijo, rapto de su hija, Antonia Clara, por un noble. El entierro de Lope constituirá una auténtica apoteosis popular, justo colofón de la inmensa fama que lo acompañó en vida. Este caudal de experiencia, que es la vida de Lope, sería aprovechado por él como material para su obra literaria.

En Lope todo cobra una extensión desproporcionada y, si su vida sorprende por lo intenso, su obra nos ha de asombrar por lo extenso. Escribió más de un millar de obras dramáticas, de las que se conservan más de quinientas, de tema religioso, pastoril, mitológico, histórico-legendario, novelesco, caballeresco, de capa y espada, etcétera. De tan amplia producción, podemos destacar algunos títulos, tales como: *El Caballero de Olmedo, Fuenteovejuna, Peribáñez o el Comendador de Ocaña.*

Ahora bien, la importancia de Lope no radica sólo en el número y la calidad de su obra dramática, sino también en ser el creador de una fórmula dramática adoptada por el gran teatro español del Siglo de Oro. De las aportaciones de Lope apuntamos: la utilización de tres actos en lugar de los cinco del teatro clásico, la abolición de las tres unidades, total en el caso de las unidades de tiempo y lugar, parcial en cuanto a la unidad de acción; mezcla de lo trágico y lo cómico en una misma obra y la utilización de distintos metros en un intento por acomodar el verso a la situación dramática.

Además del teatro, Lope cultivó todos los géneros vigentes en su época, así escribió novelas *(La Arcadia, La Dorotea,* etc.), poemas épicos *(La Jerusalén Conquistada),* poemas burlescos *(La Gatomaquia,* etc.) y una gran cantidad de composiciones líricas, hasta el punto de ser uno de nuestros líricos más importantes. Poesía popular: letras para cantar, romances, etc.; poesía culta: sonetos y composiciones religiosas fundamentalmente.

FUENTEOVEJUNA

ACTO PRIMERO

[ESCENA III]

[Plaza de Fuente Ovejuna]

Vanse, y salen Pascuala y Laurencia.

LAURENCIA

¡Mas que nunca acá volviera!

PASCUALA

Pues, a la he, que pensé
que cuando te lo conté,
más pesadumbre te diera.

LAURENCIA

¡Plega al cielo que jamás
le vea en Fuente Ovejuna!

PASCUALA

Yo, Laurencia, he visto alguna
tan brava, y pienso que más;
y tenía el corazón
brando como una manteca.

LAURENCIA

Pues ¿hay encina tan seca
como esta mi condición?

PASCUALA

¡Anda ya! Que nadie diga:
de esta agua no beberé.

LAURENCIA

¡Voto al sol que lo diré,
aunque el mundo me desdiga!
¿A qué efeto fuera bueno
querer a Fernando yo?
¿Casárame con él?

PASCUALA

No.

LAURENCIA

Luego la infamia condeno.
¡Cuántas mozas en la villa,
del Comendador fiadas,
andan ya descalabradas!

PASCUALA

Tendré yo por maravilla
que te escapes de su mano.

LAURENCIA

Pues en vano es lo que ves,
porque ha que me sigue un mes,
y todo, Pascuala, en vano.
Aquel Flores, su alcahuete,
y Ortuño, aquel socarrón,
me mostraron un jubón,
una sarta y un copete.
Dijéronme tantas cosas
de Fernando, su señor,
que me pusieron temor;
mas no serán poderosas
para contrastar mi pecho.

PASCUALA

¿Dónde te hablaron?

LAURENCIA

                Allá
en el arroyo, y habrá
seis días.

PASCUALA

             Y yo sospecho
que te han de engañar, Laurencia.

LAURENCIA

¿A mí?

PASCUALA

    Que no, sino al cura.

LAURENCIA

Soy, aunque polla, muy dura
yo para su reverencia.
    Pardiez, más precio poner,
Pascuala, de madrugada,
un pedazo de lunada
al huego para comer,
con tanto zalacatón
de una rosca que yo amaso,
y hurtar a mi madre un vaso
del pegado canjilón;
    y más precio al mediodía
ver la vaca entre las coles,
haciendo mil caracoles
con espumosa armonía;
    y concertar, si el camino
me ha llegado a causar pena,
casar una berenjena
con otro tanto tocino;
    y después un pasatarde,
mientras la cena se aliña,
de una cuerda de mi viña,
que Dios de pedrisco guarde;

y cenar un salpicón
con su aceite y su pimienta,
y irme a la cama contenta,
y al «inducas tentación»
rezalle mis devociones;
que cuantas raposerías,
con su amor y sus porfías,
tienen estos bellacones,
    porque todo su cuidado,
después de darnos disgusto,
es anochecer con gusto
y amanecer con enfado.

PASCUALA

    Tienes, Laurencia, razón;
que en dejando de querer,
más ingratos suelen ser
que al villano el gorrión.
    En el invierno, que el frío
tiene los campos helados,
decienden de los tejados,
diciéndole «tío, tío»,
    hasta llegar a comer
las mijagas de la mesa;
mas luego que el frío cesa,
y el campo ven florecer,
    no bajan diciendo «tío»,
del beneficio olvidados,
mas saltando en los tejados
dicen: «judío, judío».
    Pues tales los hombres son:
cuando nos han menester,
somos su vida, su ser,
su alma, su corazón;
    pero pasadas las ascuas,
las tías somos judías,
y en vez de llamarnos tías,
anda el nombre de las Pascuas.

LAURENCIA

¡No fiarse de ninguno!

PASCUALA

Lo mismo digo, Laurencia.

[ESCENA XI]

Sale el Comendador.

COMENDADOR

No es malo venir siguiendo
un corcillo temeroso,
y topar tan bella gama.

LAURENCIA

Aquí descansaba un poco
de haber lavado unos paños.
Y así, al arroyo me torno,
si manda su Señoría.

COMENDADOR

Aquesos desdenes toscos
afrenta, bella Laurencia,
las gracias que el poderoso
cielo te dio, de tal suerte
que vienes a ser un monstro.
Mas si otras veces pudiste
huir mi ruego amoroso,
agora no quiere el campo,
amigo secreto y solo;
que tú sola no has de ser
tan soberbia, que tu rostro
huyas al señor que tienes,
teniéndome a mí en tan poco.
¿No se rindió Sebastiana,
mujer de Pedro Redondo,
con ser casadas entrambas,
y la de Martín del Pozo,
habiendo apenas pasado
dos días del desposorio?

LAURENCIA

Esas, señor, ya tenían,
de haber andado con otros,
el camino de agradaros,
porque también muchos mozos
merecieron sus favores.
Id con Dios, tras vueso corzo;
que a no veros con la Cruz,
os tuviera por demonio,
pues tanto me perseguís.

COMENDADOR

¡Qué estilo tan enfadoso!
Pongo la ballesta en tierra,
y a la prática de manos
reduzgo melindres.

LAURENCIA

¡Cómo!
¿Eso hacéis? ¿Estáis en vos?

[ESCENA XII]

Sale Frondoso y toma la ballesta.

COMENDADOR *[creyéndose solo, a Laurencia]*

No te defiendas.

FRONDOSO *[Aparte]*

Si tomo
la ballesta, ¡vive el cielo,
que no la ponga en el hombro...!

COMENDADOR

Acaba, ríndete.

LAURENCIA

¡Cielos,
ayudadme agora!

COMENDADOR

Solos
estamos; no tengas miedo.

FRONDOSO *[mostrándose al Comendador]*

Comendador generoso,
dejad la moza o creed
que de mi agravio y enojo
será blanco vuestro pecho,
aunque la Cruz me da asombro.

COMENDADOR

¡Perro villano!

FRONDOSO

No hay perro.
¡Huye, Laurencia!

LAURENCIA

Frondoso,
mira lo que haces.

FRONDOSO

Vete.

Vase.

ACTO SEGUNDO

[ESCENA VII]

[Campo en las cercanías de Fuente Ovejuna]

Salen Mengo y Laurencia y Pascuala, huyendo.

PASCUALA

No te apartes de nosotras.

MENGO

Pues ¿aquí tenéis temor?

LAURENCIA

Mengo, a la villa es mejor
que vamos unas con otras,
  pues que no hay hombre ninguno,
porque no demos con él.

MENGO

¡Que este demonio cruel
nos sea tan importuno!

LAURENCIA

No nos deja a sol ni a sombra.

MENGO

¡Oh, rayo del cielo baje,
que sus locuras ataje!

LAURENCIA

Sangrienta fiera le nombra,
  arsénico y pestilencia
del lugar.

MENGO

Hanme contado
que Frondoso, aquí, en el prado,
para librarte, Laurencia,
le puso al pecho una jara.

LAURENCIA

Los hombres aborrecía,
Mengo, mas desde aquel día
los miro con otra cara.
  ¡Gran valor tuvo Frondoso!
Pienso que le ha de costar
la vida.

MENGO

Que del lugar
se vaya, será forzoso.

LAURENCIA

Aunque ya le quiero bien,
eso mismo le aconsejo;
mas recibe mi consejo
con ira, rabia y desdén.
  ¡Y jura el Comendador
que le ha de colgar de un pie!

PASCUALA

¡Mal garrotillo le dé!

MENGO

Mala pedrada es mejor.
  ¡Voto al sol, si le tirara
con la que llevo al apero,
que al sonar el crujidero,
al casco se la encajara!
  No fue Sábalo, el romano,
tan vicioso por jamás.

LAURENCIA

Heliogábalo dirás,
más que una fiera, inhumano.

MENGO

  Pero Galván (o quién fue,
que yo no entiendo de historia)
mas su cativa memoria
vencida de este se ve.
  ¿Hay hombre en naturaleza
como Fernán Gómez?

PASCUALA

                No,
que parece que le dio
de una tigre la aspereza.

[ESCENA X]

Salen el Comendador y Cimbranos.

COMENDADOR

  ¿Qué es eso? ¿A cosas tan viles
me habéis de hacer apear?

FLORES

Gente de este vil lugar,
que ya es razón que aniquiles
  pues en nada te da gusto,
a nuestras armas se atreve.

MENGO

Señor, si piedad os mueve
de soceso tan injusto,
  castigad estos soldados,
que con vuestro nombre agora
roban una labradora
[a] esposo y padres honrados;
  y dadme licencia a mí
que se la pueda llevar.

COMENDADOR

Licencia les quiero dar...
para vengarse de ti.
  ¡Suelta la honda!

MENGO

                ¡Señor!...

COMENDADOR

Flores, Ortuño, Cimbranos,
con ella le atad las manos.

MENGO

¿Así volvéis por su honor?

COMENDADOR

  ¿Qué piensa Fuente Ovejuna
y sus villanos de mí?

MENGO

Señor, ¿en qué os ofendí,
ni el pueblo, en cosa ninguna?

FLORES

¿Ha de morir?

COMENDADOR

                No ensuciéis
las armas que habéis de honrar
en otro mejor lugar.

ORTUÑO

¿Qué mandas?

COMENDADOR

Que lo azotéis.
Llevalde, y en ese roble
le atad y le desnudad,
y con las riendas...

MENGO

¡Piedad,
piedad, pues sois hombre noble!

COMENDADOR

...azotalde hasta que salten
los hierros de las correas.

MENGO

¡Cielos! ¿A hazañas tan feas
queréis que castigos falten?

Vanse.

[ESCENA XI]

COMENDADOR

Tú, villana, ¿por qué huyes?
¿Es mejor un labrador
que un hombre de mi valor?

JACINTA

¡Harto bien me restituyes
el honor que me han quitado
en llevarme para ti!

COMENDADOR

¿En quererte llevar?

JACINTA

Sí,
porque tengo un padre honrado,
que si en alto nacimiento
no te iguala, en las costumbres
te vence.

COMENDADOR

Las pesadumbres
y el villano atrevimiento
no tiemplan bien un airado.
¡Tira por ahí!

JACINTA

¿Con quién?

COMENDADOR

Conmigo.

JACINTA

Míralo bien.

COMENDADOR

Para tu mal lo he mirado.
Ya no mía, del bagaje
del ejército has de ser.

JACINTA

No tiene el mundo poder
para hacerme, viva, ultraje.

COMENDADOR

Ea, villana, camina.

JACINTA

¡Piedad, señor!

COMENDADOR

No hay piedad.

JACINTA

Apelo de tu crueldad
a la justicia divina.

Llévanla y vanse, y salen Laurencia y Frondoso.

[ESCENA XV]

[Plaza de Fuente Ovejuna]

Sale la boda, músicos, Mengo, Frondoso, Laurencia, Pascuala, Barrildo, Esteban, alcalde [y Juan Rojo].

MUSICOS

*¡Vivan muchos años
los desposados!
¡Vivan muchos años!*

MENGO

A fe, que no os ha costado
mucho trabajo el cantar.

BARRILDO

¿Supiéraslo tú trovar
mejor que él está trovado?

FRONDOSO

Mejor entiende de azotes,
Mengo, que de versos ya.

MENGO

Alguno en el valle está,
para que no te alborotes,
a quien el Comendador...

BARRILDO

No lo digas, por tu vida,
que este bárbaro homicida
a todos quita el honor.

MENGO

Que me azotasen a mí
cien soldados aquel día...
sola una honda tenía;
harto desdichado fui.
Pero que le hayan echado
una melecina a un hombre,
que, aunque no diré su nombre,
todos saben que es honrado,
llena de tinta y de chinas,
¿cómo se puede sufrir?

BARRILDO

Haríalo por reír.

MENGO

No hay risa con melecinas,
que aunque es cosa saludable...
yo me quiero morir luego.

FRONDOSO

¡Vaya la copla, te ruego...!,
si es la copla razonable.

MENGO

*¡Vivan muchos años juntos
los novios, ruego a los cielos,
y por envidias ni celos
ni riñan ni anden en puntos!
Lleven a entrambos difuntos,
de puro vivir cansados.
¡Vivan muchos años!*

FRONDOSO

¡Maldiga el cielo el poeta,
que tal coplón arrojó!

BARRILDO

Fue muy presto...

MENGO

Pienso yo
una cosa de esta seta.
¿No habéis visto un buñolero,
en el aceite abrasando,
pedazos de masas echando,
hasta llenarse el caldero?
Que unos le salen hinchados,
otros tuertos y mal hechos,
ya zurdos y ya derechos,
ya fritos y ya quemados.
Pues así imagino yo
un poeta componiendo,
la materia previniendo,
que es quien la masa le dio.
Va arrojando verso aprisa
al caldero del papel,

confiado en que la miel
cubrirá la burla y risa.
 Mas poniéndolo en el pecho,
apenas hay quien los tome;
tanto, que sólo los come
el mismo que los ha hecho.

BARRILDO

¡Déjate ya de locuras!
Deja los novios hablar.

LAURENCIA

Las manos nos da a besar.

JUAN [ROJO]

Hija, ¿mi mano procuras?
 Pídela a tu padre luego
para ti y para Frondoso.

ESTEBAN

Rojo, a ella y a su esposo
que se la dé, el cielo ruego,
 con su largo bendición.

FRONDOSO

Los dos a los dos la echad.

JUAN [ROJO]

¡Ea, tañed y cantad,
pues que para en uno son!

MUSICOS

*Al val de Fuente Ovejuna
la niña en cabello baja;
el caballero la sigue
de la Cruz de Calatrava.
Entre las ramas se esconde,
de vergonzosa y turbada;
fingiendo que no le ha visto,
pone delante las ramas.*

*¿Para qué te ascondes,
niña gallarda?
Que mis linces deseos
paredes pasan.*

*Acercóse el caballero,
y ella, confusa y turbada,
hacer quiso celosías
de las intricadas ramas.
Mas, como quien tiene amor,
los mares y las montañas
atraviesa fácilmente,
la dice tales palabras:*

*«¿Para qué te ascondes,
niña gallarda?
Que mis linces deseos
paredes pasan.»*

ACTO TERCERO

[ESCENA II]

Salen Juan Rojo y el [otro] Regidor.

JUAN

¿De qué dais voces, cuando importa tanto
a nuestro bien, Esteban, el secreto?

ESTEBAN

Que doy tan pocas es mayor espanto.

Sale Mengo

MENGO

También vengo yo a hallarme en esta junta.

ESTEBAN

Un hombre cuyas canas baña el llanto,
labradores honrados, os pregunta
   qué obsequias debe hacer toda esta gente
a su patria sin honra, ya perdida.
Y si se llaman honras justamente,
   ¿cómo se harán, si no hay entre nosotros
hombre a quien este bárbaro no afrente?
Respondedme: ¿hay alguno de vosotros
   que no esté lastimado en honra y vida?
¿No os lamentáis los unos de los otros?
Pues si ya la tenéis toda perdida,
   ¿a qué aguardáis? ¿Qué desventura es esta?

JUAN

La mayor que en el mundo fue sufrida.
Mas pues ya se publica y manifiesta
que en paz tienen los Reyes a Castilla,
y su venida a Córdoba se apresta,
vayan dos regidores a la villa,
   y, echándose a sus pies, pidan remedio.

BARRILDO

En tanto que [aquel Rey] Fernando humilla
a tantos enemigos, otro medio
   será mejor, pues no podrá, ocupado,
hacernos bien con tanta guerra en medio.

REGIDOR

Si mi voto de vos fuera escuchado,
   desamparar la villa doy por voto.

JUAN

¿Cómo es posible en tiempo limitado?

MENGO

¡A la fe, que si entiendo el alboroto,
   que ha de costar la junta alguna vida!

REGIDOR

Ya todo el árbol de paciencia roto,
corre la nave de temor perdida.
　La hija quitan con tan gran fiereza
a un hombre honrado, de quien es regida
la patria en que vivís, y en la cabeza
　la vara quiebran tan injustamente.
¿Qué esclavo se trató con más bajeza?

JUAN

¿Qué es lo que quieres tú que el pueblo intente?

REGIDOR

Morir, o dar la muerte a los tiranos,
pues somos muchos, y ellos poca gente.

BARRILDO

¡Contra el señor las armas en las manos!

ESTEBAN

El rey solo es señor después del cielo,
y no bárbaros hombres inhumanos.
Si Dios ayuda nuestro justo celo,
　¿qué nos ha de costar?

MENGO

　　　　　　Mirad, señores,
que vais en estas cosas con recelo.
Puesto que por los simples labradores
　estoy aquí, que más injurias pasan,
más cuerdo represento sus temores.

JUAN

Si nuestras desventuras se compasan,
　para perder las vidas, ¿qué aguardamos?
Las casas y las viñas nos abrasan;
tiranos son. ¡A la venganza vamos!

[ESCENA VI]

Salen todos.

COMENDADOR

¡Pueblo esperad!

TODOS

¡Agravios nunca esperan!

COMENDADOR

Decídmelos a mí, que iré pagando,
a fe de caballero, esos errores.

TODOS

¡Fuente Ovejuna! ¡Viva el rey Fernando!
¡Mueran malos cristianos, y traidores!

COMENDADOR

¿No me queréis oír? Yo estoy hablando.
¡Yo soy vuestro señor!

TODOS

¡Nuestros señores
son los reyes Católicos

COMENDADOR

¡Espera!

TODOS

¡Fuente Ovejuna, y Fernán Gómez muera!

[ESCENA VII]

[*El Comendador y los suyos se retiran combatiendo por un lado de la escena, y mientras los hombres van tras de ellos, las mujeres entran por el otro lado*]

Vanse, y salen las mujeres armadas.

LAURENCIA

Parad en este puesto de esperanzas,
soldados atrevidos, no mujeres.

PASCUALA
¡Lo que mujeres son en las venganzas!
¡En él beban su sangre! ¡Es bien que esperes!

JACINTA
¡Su cuerpo recojamos en las lanzas!

PASCUALA
Todas son de esos mismos pareceres.

ESTEBAN
Dentro.
¡Muere, traidor Comendador!

COMENDADOR
Ya muero.
¡Piedad, Señor, que en su clemencia espero!

BARRILDO
Dentro.
Aquí está Flores.

MENGO
¡Dale a ese bellaco!
Que ese fue el que me dio dos mil azotes.

FRONDOSO
Dentro.
No me vengo, si el alma no le saco.

LAURENCIA
No excusamos entrar.

PASCUALA
No te alborotes.
Bien es guardar la puerta.

BARRILDO
Dentro.
No me aplaco.
¡Con lágrimas agora, marquesotes!

LAURENCIA

Pascuala, yo entro dentro, que la espada
no ha de estar tan sujeta ni envainada.

Vase.

BARRILDO

Dentro.

Aquí está Ortuño.

FRONDOSO

Dentro.
                    Córtale la cara.

Sale Flores huyendo, y Mengo tras él.

FLORES

¡Mengo, piedad, que no soy yo el culpado!

MENGO

Cuando ser alcahuete no bastara,
bastaba haberme el pícaro azotado.

PASCUALA

¡Dánoslo a las mujeres, Mengo! ¡Para,
acaba por su vida...!

MENGO

                    Ya está dado,
que no le quiero yo mayor castigo.

PASCUALA

Vengaré tus azotes.

MENGO

         Eso digo.

JACINTA

¡Ea, muera el traidor!

FLORES

                ¿Entre mujeres?

JACINTA
¿No le viene muy ancho?

PASCUALA
¿Aqueso lloras?

JACINTA
¡Muere, concertador de sus placeres!

PASCUALA
¡Ea, muera el traidor!

FLORES
¡Piedad, señoras!

Sale Ortuño huyendo de Laurencia.

ORTUÑO
Mira que no soy yo...

LAURENCIA
¡Ya sé quién eres!
¡Entrad, teñid las armas vencedoras
en estos viles!

PASCUALA
¡Moriré matando!

TODAS
¡Fuente Ovejuna, y viva el rey Fernando!

[ESCENA XIV]

Sale Frondoso.

FRONDOSO

¡Mi Laurencia!

LAURENCIA

¡Esposo amado!
¿Cómo estar aquí te atreves?

FRONDOSO

¿Esas resistencias debes
a mi amoroso cuidado?

LAURENCIA

Mi bien, procura guardarte,
porque tu daño recelo.

FRONDOSO

No quiera, Laurencia, el cielo
que tal llegue a disgustarte.

LAURENCIA

¿No temes ver el rigor
que por los demás sucede,
y el furor con que procede
aqueste pesquisidor?
 Procura guardar la vida.
Huye tu daño, no esperes.

FRONDOSO

¿Cómo? ¿Que procure quieres
cosa tan mal recebida?
 ¿Es bien que los demás deje
en el peligro presente,
y de tu vista me ausente?
No me mandes que me aleje
 porque no es puesto en razón
que, por evitar mi daño,
sea con mi sangre extraño
en tan terrible ocasión.

Voces dentro.

Voces parece que he oído;
y son, si yo mal no siento,
de alguno que dan tormento.
Oye con atento oído.

Dice dentro el Juez y responden.

JUEZ

Decid la verdad, buen viejo.

FRONDOSO

Un viejo, Laurencia mía,
otormentan.

LAURENCIA

¡Qué porfía!

ESTEBAN

Déjenme un poco.

JUEZ

Ya os dejo.
Decid, ¿quién mató a Fernando?

ESTEBAN

Fuente Ovejuna lo hizo.

LAURENCIA

Tu nombre, padre, eternizo.

FRONDOSO

¡Bravo caso!

JUEZ

¡Ese muchacho!
Aprieta, perro, yo sé
que lo sabes. ¡Di quién fue!
¿Callas? Aprieta, borracho.

NIÑO

Fuente Ovejuna, señor.

JUEZ

¡Por vida del Rey, villanos,
que os ahorque con mis manos!
¿Quién mató al Comendador?

FRONDOSO

¡Que a un niño le den tormento,
y niegue de aquesta suerte!

LAURENCIA

¡Bravo pueblo!

FRONDOSO

Bravo y fuerte.

JUEZ

¡Esa mujer! Al momento
en ese potro tened.
Dale esa mancuerda luego.

LAURENCIA

Ya está de cólera ciego.

JUEZ

Que os he de matar, creed,
en este potro, villanos.
¿Quién mató al Comendador?

PASCUALA

Fuente Ovejuna, señor.

JUEZ

¡Dale!

FRONDOSO

Pensamientos vanos.

LAURENCIA

Pascuala niega, Frondoso.

FRONDOSO

Niegan niños; ¿qué te espantas?

JUEZ

Parece que los encantas.
¡Aprieta!

LAURENCIA

¡Ay, cielo piadoso!

JUEZ

¡Aprieta, infame! ¿Estás sordo?

LAURENCIA

Fuente Ovejuna lo hizo.

JUEZ

Traedme aquel más rollizo...
¡ese desnudo, ese gordo!

LAURENCIA

¡Pobre Mengo! El es sin duda.

FRONDOSO

Temo que ha de confesar.

MENGO

¡Ay, ay!

JUEZ

Comienza a apretar.

MENGO

¡Ay!

JUEZ

¿Es menester ayuda?

MENGO

¡Ay, ay!

JUEZ

¿Quién mató, villano,
al señor Comendador?

MENGO

¡Ay, yo lo diré, señor!

JUEZ

Afloja un poco la mano.

FRONDOSO

El confiesa.

JUEZ

Al palo aplica
la espalda.

MENGO

Quedo, que yo
lo diré.

JUEZ

¿Quién le mató?

MENGO

Señor, Fuente Ovejunica.

JUEZ

¿Hay tan gran bellaquería?
Del dolor se están burlando;
en quien estaba esperando,
niega con mayor porfía.
Dejaldos, que estoy cansado.

FRONDOSO

¡Oh, Mengo, bien te haga Dios!
Temor que tuve de dos,
el tuyo me le ha quitado.

[ESCENA XXI]

Salen los dos alcaldes, Frondoso, las mujeres y los villanos que quisieren.

LAURENCIA

¿Aquestos los Reyes son?

FRONDOSO

Y en Castilla poderosos.

LAURENCIA

Por mi fe, que son hermosos:
¡bendígalos San Antón!

ISABEL

¿Los agresores son estos?

ALCALDE ESTEBAN

Fuente Ovejuna, señora,
que humildes llegan agora
para serviros dispuestos.
   La sobrada tiranía
y el insufrible rigor
del muerto Comendador,
que mil insultos hacía,
   fue el autor de tanto daño.
Las haciendas nos robaba
y las doncellas forzaba,
siendo de piedad extraño.

FRONDOSO

   Tanto, que aquesta zagala
que el cielo me ha concedido,
en que tan dichoso he sido
que nadie en dicha me iguala,
   cuando conmigo casó,
aquella noche primera,
mejor que si suya fuera,
a su casa la llevó.
   Y a no saberse guardar
ella, que en virtud florece,
ya manifiesto parece
lo que pudiera pasar.

MENGO

¿No es ya tiempo que hable yo?
Si me dais licencia, entiendo
que os admiraréis, sabiendo
del modo que me trató.
  Porque quise defender
una moza, de su gente
que, con término insolente,
fuerza la querían hacer,
  aquel perverso Nerón
de manera me ha tratado,
que el reverso me ha dejado
como rueda de salmón.
  Tocaron mis atabales
tres hombres con tal porfía,
que aun pienso que todavía
me duran los cardenales.
  Gasté en este mal prolijo,
porque el cuero se me curta,
polvos de arrayán y murta,
más que vale mi cortijo.

ALCALDE ESTEBAN

Señor, tuyos ser queremos.
Rey nuestro eres natural,
y con título de tal
ya tus armas puesto habemos.
  Esperamos tu clemencia,
y que veas, esperamos,
que en este caso te damos
por abono la inocencia.

REY

Pues no puede averiguarse
el suceso por escrito
aunque fue grave el delito,
por fuerza ha de perdonarse.
  Y la villa es bien se quede
en mí, pues de mí se vale,
hasta ver si acaso sale
comendador que la herede.

FRONDOSO

Su Majestad habla, en fin,
como quien tanto ha acertado.
Y aquí, discreto senado,
Fuente Ovejuna da fin.

FINIS

CALDERON DE LA BARCA

Nace en Madrid en 1600, de familia noble. Estudió en Alcalá y Salamanca, Cánones y Derecho, pero abandonó la carrera eclesiástica y regresó a Madrid. Comienza a escribir sus primeras obras para el teatro. Es posible que entre 1623 y 1625 estuviera en el norte de Italia y Flandes. A partir de 1625 estrena su obra dramática con gran éxito y pronto se convierte en el dramaturgo oficial de la Corte. En 1636 el rey le concede el hábito de Santiago. Al servicio del duque del Infantado, ingresó en la milicia y tomó parte en la guerra de Cataluña. En 1651 se ordenó de sacerdote, tras de lo cual pasó unos años en Toledo como capellán de los Reyes Nuevos. De nuevo en Madrid, fue nombrado capellán de honor de Su Majestad. Durante estos años, compone preferentemente Autos Sacramentales, sin dejar de escribir otro tipo de obras teatrales. Murió en 1681. La biografía de Calderón es uniforme, sin grandes hechos, dedicado fundamentalmente a componer su obra; apenas tenemos datos de su vida privada. Gozó de un gran prestigio como autor de la corte y obtuvo un resonante éxito popular.

Calderón se encuentra, al comenzar su carrera literaria, con un teatro español que vive su momento de esplendor; el mérito de nuestro autor estriba en haber sabido perfeccionar la fórmula dramática creada por Lope; para lo cual, más que innovar lo que hace es poner orden, intensificar algunos de los elementos presentes en el teatro anterior y estilizar otros. En suma, perfeccionar lo ya existente, aunque como hombre de su época ponga el acento en los temas que con el advenimiento del movimiento Barroco adquieren una mayor importancia y tome del culteranismo y del conceptismo ciertos rasgos de estilo. Es todo un síntoma de lo que venimos diciendo el hecho de que una de las obras más importantes de Calderón sea *El Alcalde de Zalamea*, construida, precisamente, a partir de un drama de Lope que, incluso, lleva el mismo título.

Vamos a ver algunos de los apartados en que se puede agrupar el teatro de Calderón: en primer lugar destaquemos las comedias de capa y espada, como *La Dama duende*, en las que con gran habilidad maneja los hilos de una intriga complicada. De más empeño son los dramas del honor; ya hemos citado *El Alcalde de Zalamea*, añadamos *El Médico de su honra*; en Calderón el sentimiento del honor adquiere su expresión más extrema.

Gran importancia tiene en Calderón los dramas de tema religioso, con los que ilustra una tesis teológica o un concepto católico, así *El mágico prodigioso*, o *La vida es sueño*, sin duda, la mejor obra del autor, considerada por Francisco Ruiz Ramón como tragedia, en su gran *Historia del Teatro Español*. En *La vida es sueño* se nos plantea el conflicto entre el libre albedrío y la predestinación.

Calderón es, además, autor de un buen número de Autos Sacramentales, en los que mediante una compleja escenografía, la palabra poética, la música y un denso contenido filosófico se intenta dar forma artística a los símbolos teológicos.

LA VIDA ES SUEÑO

JORNADA PRIMERA

ESCENA II

Dentro Segismundo

SEGISMUNDO. ¡Ay, mísero de mí, y ay infelice!
ROSAURA. ¡Qué triste voz escucho!
 Con nuevas penas y tormentos lucho.
CLARÍN. Yo con nuevos temores.
ROSAURA. Clarín...
CLARÍN.   Señora...
ROSAURA.   Huygamos los rigores
 desta encantada torre.
CLARÍN.   Yo aun no tengo
 ánimo de huir, cuando a eso vengo.
ROSAURA. ¿No es breve luz aquella
 caduca exhalación, pálida estrella,
 que en trémulos desmayos,
 pulsando ardores y latiendo rayos,
 hace más tenebrosa
 la oscura habitación con luz dudosa?
 Sí, pues a sus reflejos
 puedo determinar, aunque de lejos,
 una prisión obscura;
 que es de un vivo cadáver sepultura;
 y porque más me asombre,
 en el traje de fiera yace un hombre
 de prisiones cargado
 y sólo de la luz acompañado.
 Pues huir no podemos,
 desde aquí sus desdichas escuchemos:
 sepamos lo que dice.

Descúbrese Segismundo con una cadena y la luz, vestido de pieles.

SEGISMUNDO. ¡Ay, mísero de mí, y ay infelice!
Apurar, cielos pretendo,
ya que me tratáis así,
qué delito cometí
contra vosotros naciendo;
aunque si nací, ya entiendo
qué delito he cometido;
bastante causa ha tenido
vuestra justicia y rigor,
pues el delito mayor
del hombre es haber nacido.

Sólo quisiera saber,
para apurar mis desvelos
—dejando a una parte, cielos,
el delito de nacer—,
¿qué más os pude ofender,
para castigarme más?
¿No nacieron los demás?
Pues si los demás nacieron,
¿qué privilegios tuvieron
que yo no gocé jamás?

Nace el ave, y con las galas
que le dan belleza suma,
apenas es flor de pluma,
o ramillete con alas,
cuando las etéreas salas
corta con velocidad,
negándose a la piedad
del nido que deja en calma;
¿y teniendo yo más alma,
tengo menos libertad?

Nace el bruto, y con la piel
que dibuja manchas bellas,
apenas signo es de estrellas
—gracias al docto pincel—,
cuando, atrevido y cruel,
la humana necesidad
le enseña a tener crueldad,
monstruo de su laberinto;
¿y yo, con mejor instinto,
tengo menos libertad?

Nace el pez, que no respira,
aborto de ovas y lamas,
y apenas bajel de escamas
sobre las ondas se mira,
cuando a todas partes gira,

141

midiendo la inmensidad
de tanta capacidad
como le da el centro frío;
¿y yo, con más albedrío,
tengo menos libertad?

Nace el arroyo, culebra
que entre flores se desata,
y apenas sierpe de plata,
entre las flores se quiebra,
cuando músico celebra
de las flores la piedad
que le dan la majestad
del campo abierto a su huida;
¿y teniendo yo más vida,
tengo menos libertad?

En llegando a esta pasión,
un volcán, un Etna hecho,
quisiera sacar del pecho
pedazos del corazón:
¿qué ley, justicia o razón,
negar a los hombres sabe
privilegio tan süave,
excepción tan principal,
que Dios le ha dado a un cristal,
a un pez, a un bruto y a un ave?

ROSAURA. Temor y piedad en mí
sus razones han causado.
SEGISMUNDO. ¿Quién mis voces ha escuchado?
¿Es Clotaldo?
CLARÍN.   Di que sí.
ROSAURA. No es sino un triste, ¡ay de mí,
que en estas bóvedas frías
oyó tus melancolías.
SEGISMUNDO. Pues la muerte te daré,
porque no sepas que sé
que sabes flaquezas mías.

       Ásela.

Sólo porque me has oído,
entre mis membrudos brazos
te tengo de hacer pedazos.
CLARÍN. Yo soy sordo, y no he podido
escucharte.
ROSAURA.   Si has nacido
humano, baste el postrarme
a tus pies para librarme.
SEGISMUNDO. Tu voz pudo enternecerme,
tu presencia suspenderme,
y tu respeto turbarme.

¿Quién eres? que aunque yo aquí
tan poco del mundo sé,
que cuna y sepulcro fue
esta torre para mí;
y aunque desde que nací
—y esto es nacer— sólo advierto
este rústico desierto
donde miserable vivo,
siendo un esqueleto vivo,
siendo un animado muerto;
y aunque nunca vi ni hablé
sino a un hombre solamente
que aquí mis desdichas siente
por quien las noticias sé
de cielo y tierra; y aunque
aquí, por más que te asombres
y monstruo humano me nombres,
entre asombros y quimeras,
soy un hombre de las fieras
y una fiera de los hombres.

Y aunque en desdichas tan graves,
la política he estudiado,
de los brutos enseñado,
advertido de las aves,
y de los astros süaves
los círculos he medido,
tú sólo, tú has suspendido
la pasión a mis enojos,
la suspensión a mis ojos,
la admiración al oído.

Con cada vez que te veo
nueva admiración me das,
y cuando te miro más,
aun más mirarte deseo.
Ojos hidrópicos creo
que mis ojos deben ser;
pues cuando es muerte el beber,
beben más, y desta suerte,
viendo que el ver me da muerte,
estoy muriendo por ver.

Pero véate yo y muera;
que no sé, rendido ya,
si el verte muerte me da,
el no verte ¿qué me diera?
Fuera más que muerte fiera,
ira, rabia y dolor fuerte;
fuera muerte: desta suerte
su rigor he ponderado,
pues dar vida a un desdichado
es dar a un dichoso muerte.

ROSAURA.　　　Con asombro de mirarte,
con admiración de oírte,
ni sé qué pueda decirte,
ni qué pueda preguntarte;
sólo diré que a esta parte
hoy el cielo me ha guiado
para haberme consolado,
si consuelo puede ser
del que es desdichado, ver
a otro que es más desdichado.

Cuentan de un sabio que un día
tan pobre y mísero estaba,
que sólo se sustentaba
de unas yerbas que comía.
¿Habrá otro —entre sí decía—
más pobre y triste que yo?
Y cuando el rostro volvió,
halló la respuesta, viendo
que iba otro sabio cogiendo
las hojas que él arrojo.

Quejoso de la fortuna
yo en este mundo vivía,
y cuando entre mí decía:
¿habrá otra persona alguna
de suerte más importuna?
piadoso me has respondido;
pues volviendo en mi sentido,
hallo que las penas mías,
para hacerlas tú alegrías
las hubieras recogido.

Y por si acaso mis penas
pueden aliviarte en parte,
óyelas atento, y toma
las que dellas me sobraren.
Yo soy...

JORNADA SEGUNDA

ESCENA PRIMERA

Salen el rey Basilio y Clotaldo

CLOTALDO.　　Todo, como lo mandaste,
　　　　　　　queda efectuado.
BASILIO.　　　　　　　　　　Cuenta,
　　　　　　　Clotaldo, cómo pasó.
CLOTALDO.　　Fue, señor, desta manera:
　　　　　　　con la apacible bebida

que de confecciones llena
hacer mandaste, mezclando
la virtud de algunas yerbas,
cuyo tirano poder
y cuya secreta fuerza
así el humano discurso
priva, roba y enajena,
que deja vivo cadáver
a un hombre, y cuya violencia,
adormecido, le quita
los sentidos y potencias...
No tenemos que argüir
que aquesto posible sea,
pues tantas veces, señor,
nos ha dicho la experiencia,
y es cierto, que de secretos
naturales está llena
la medicina, y no hay
animal, planta ni piedra
que no tenga calidad
determinada, y si llega
a examinar mis venenos
la humana malicia nuestra
que den la muerte, ¿qué mucho
que, templada su violencia,
pues hay venenos que maten,
haya venenos que aduerman?
Dejando aparte el dudar,
si es posible que suceda,
pues que ya queda probado
con razones y evidencias...
Con la bebida en efeto,
que el opio, la adormidera
y el beleño compusieron,
bajé a la cárcel estrecha
de Segismundo; con él
hablé un rato de las letras
humanas, que le ha enseñado
la muda naturaleza
de los montes y los cielos,
en cuya divina escuela
la retórica aprendió
de las aves y las fieras.
Para levantarle más
el espíritu a la empresa
que solicitas, tomé
por asumpto la presteza
de un águila caudalosa,
que despreciando la esfera
del viento, pasaba a ser,
en las regiones supremas

del fuego, rayo de pluma,
o desasido cometa.
Encarecí el vuelo altivo
diciendo: «Al fin eres reina
de las aves, y así, a todas
es justo que te prefieras.»
El no hubo menester más;
que en tocando esta materia
de la majestad, discurre
con ambición y soberbia:
porque, en efeto, la sangre
le incita, mueve y alienta
a cosas grandes, y dijo:
«¡Que en la república inquieta
de las aves también haya
quien les jure la obediencia!
En llegando a este discurso,
mis desdichas me consuelan;
pues, por lo menos, si estoy
sujeto, lo estoy por fuerza;
porque voluntariamente
a otro hombre no me rindiera.»
Viéndole ya enfurecido
con esto, que ha sido el tema
de su dolor, le brindé
con la pócima, y apenas
pasó desde el vaso al pecho
el licor, cuando las fuerzas
rindió al sueño, discurriendo
por los miembros y las venas
un sudor frío, de modo
que, a no saber yo que era
muerte fingida, dudara
de su vida. En esto llegan
las gentes de quien tú fías
el valor desta experiencia,
y poniéndole en un coche,
hasta tu cuarto le llevan,
donde prevenida estaba
la majestad y grandeza
que es digna de su persona.
Allí en tu cama le acuestan,
donde al tiempo que el letargo
haya perdido la fuerza,
como a ti mismo, señor,
le sirvan, que así lo ordenas.
Y si haberte obedecido
te obliga a que yo merezca
galardón, sólo te pido
   —perdona mi inadvertencia—
que me digas, ¿qué es tu intento,

BASILIO. trayendo desta manera
a Segismundo a palacio?
Clotaldo, muy justa es esa
duda que tienes, y quiero
sólo a vos satisfacerla.
A Segismundo, mi hijo,
el influjo de su estrella
—vos lo sabéis— amenaza
mil desdichas y tragedias:
quiero examinar si el cielo
—que no es posible que mienta,
y más habiéndonos dado
de su rigor tantas muestras,
en su cruel condición—
o se mitiga, o se templa
por lo menos, y, vencido,
con valor y con prudencia
se desdice; porque el hombre
predomina en las estrellas.
Esto quiero examinar,
trayéndole donde sepa
que es mi hijo, y donde haga
de su talento la prueba.
Si magnánimo se vence,
reinará; pero si muestra
el ser cruel y tirano,
le volveré a su cadena.
Agora preguntarás,
que para aquesta experiencia,
¿qué importó haberle traído
dormido desta manera?
Y quiero satisfacerte,
dándole a todo respuesta.
Si él supiera que es mi hijo
hoy, y mañana se viera
segunda vez reducido
a su prisión y miseria,
cierto es de su condición
que desesperara en ella;
porque, sabiendo quién es,
¿qué consuelo habrá que tenga?
Y así he querido dejar
abierta al daño esta puerta
del decir que fue soñado
cuanto vio. Con esto llegan
a examinarse dos cosas:
su condición, la primera;
pues él despierto procede
en cuanto imagina y piensa;
y el consuelo, la segunda,
pues, aunque agora se vea

CLOTALDO.   obedecido, y después
a sus prisiones se vuelva,
podrá entender que soñó,
y hará bien cuando lo entienda;
porque en el mundo, Clotaldo,
todos los que viven sueñan.

CLOTALDO.   Razones no me faltaran
para probar que no aciertas;
mas ya no tiene remedio;
y, según dicen las señas,
parece que ha despertado
y hacia nosotros se acerca.

BASILIO.   Yo me quiero retirar;
tú, como ayo suyo, llega,
y de tantas confusiones
como su discurso cercan,
le saca con la verdad.

CLOTALDO.   ¿En fin, que me das licencia
para que lo diga?

BASILIO.   Sí;
que podrá ser, con saberla,
que, conocido el peligro,
más fácilmente se venza.

Vase, y sale Clarín.

ESCENA V

Sale Estrella

ESTRELLA.   Vuestra Alteza, señor, sea
muchas veces bien venido
al dosel que agradecido
le recibe y le desea;
adonde, a pesar de engaños,
viva augusto y eminente,
donde su vida se cuente
por siglos, y no por años.

SEGISMUNDO.   Dime tú agora, ¿quién es
esta beldad soberana?
¿Quién es esta diosa humana,
a cuyos divinos pies
postra el cielo su arrebol?
¿Quién es esta mujer bella?

CLARÍN.   Es, señor, tu prima Estrella.

SEGISMUNDO.   Mejor dijeras el sol.
Aunque el parabién es bien
darme del bien que conquisto,
de sólo haberos hoy visto
os admito el parabién;

	y así, del llegarme a ver con el bien que no merezco, el parabién agradezco. Estrella, que amanecer
	podéis, y dar alegría al más luciente farol, qué dejáis que hacer al sol, si os levantáis con el día?
	Dadme a besar vuestra mano, en cuya copa de nieve el aura candores bebe.
ESTRELLA.	Sed más galán cortesano.
ASTOLFO.	(Si él toma la mano, yo soy perdido.)
CRIADO 2.º	(El pesar sé de Astolfo, y le estorbaré.) Advierte, señor, que no
	es justo, atreverte así, y estando Astolfo...
SEGISMUNDO.	¿No digo que vos no os metáis conmigo?
CRIADO 2.º	Digo lo que es justo.
SEGISMUNDO.	A mí.
	todo eso me causa enfado; nada me parece justo en siendo contra mi gusto.
CRIADO 2.º	Pues yo, señor, he escuchado
	de ti que en lo justo es bien obedecer y servir.
SEGISMUNDO.	¿También oíste decir que por un balcón, a quien
	me canse, sabré arrojar?
CRIADO 2.º	Con los hombres como yo no puede hacerse eso.
SEGISMUNDO.	¿No? ¡Por Dios que lo he de probar!

Cógele en los brazos y éntrase, y todos tras él, y torna a salir.

ASTOLFO.	¿Qué es esto que llego a ver?
ESTRELLA.	Llegad todos a ayudar.
SEGISMUNDO.	Cayó del balcón al mar: ¡vive Dios, que pudo ser!
ASTOLFO.	Pues medid con más espacio vuestras acciones severas, que lo que hay de hombres a fieras, hay desde un monte a palacio.

SEGISMUNDO.   Pues en dando tan severo
en hablar con entereza,
quizá no hallaréis cabeza
en que se os tenga el sombrero.

Vase Astolfo y sale el Rey.

ESCENA XVIII

Sale el rey Basilio, rebozado.

BASILIO.   ¿Clotaldo?,
CLOTALDO.   ¡Señor!, ¿así
viene Vuestra Majestad?
BASILIO.   La necia curiosidad
de ver lo que pasa aquí
a Segismundo, ¡ay de mí!,
deste modo me ha traído.

CLOTALDO.   Mírale allí, reducido
a su miserable estado.
BASILIO.   ¡Ay, príncipe desdichado
y en triste punto nacido!
Llega a despertarle, ya
que fuerza y vigor perdió
con el opio que bebió.
CLOTALDO.   Inquieto, señor, está,
y hablando.
BASILIO.   ¿Qué soñará
agora? Escuchemos, pues.

Entre sueños.

SEGISMUNDO.   Piadoso príncipe es
el que castiga tiranos;
muera Clotaldo a mis manos,
bese mi padre mis pies.
CLOTALDO.   Con la muerte me amenaza.
BASILIO.   A mí con rigor y afrenta.
CLOTALDO.   Quitarme la vida intenta.
BASILIO.   Rendirme a sus plantas traza.

En sueños.

SEGISMUNDO.   Salga a la anchurosa plaza
del gran teatro del mundo
este valor sin segundo:
porque mi venganza cuadre,
vean triunfar de su padre
al príncipe Segismundo.

Despierta.

BASILIO.
Mas, ¡ay de mí!, ¿dónde estoy?
Pues a mí no me ha de ver;
ya sabes lo que has de hacer.
Desde allí a escucharle voy.

Retírase.

SEGISMUNDO.
¿Soy yo por ventura? ¿Soy
el que preso y aherrojado
llego a verme en tal estado?
¿No sois mi sepulcro vos,
torre? Sí. ¡Válgame Dios,
qué de cosas he soñado!

CLOTALDO.
(A mí me toca llegar,
a hacer la desecha agora.)

SEGISMUNDO. ¿Es ya de despertar hora?
CLOTALDO. Sí, hora es ya de despertar.
¿Todo el día te has de estar
durmiendo? ¿Desde que yo
al águila que voló
con tarda vista seguí
y te quedaste tú aquí,
nunca has despertado?

SEGISMUNDO. No.
Ni aun agora he despertado;
que según, Clotaldo, entiendo,
todavía estoy durmiendo,
y no estoy muy engañado;
porque si ha sido soñado
lo que vi palpable y cierto,
lo que veo será incierto;
y no es mucho que, rendido,
pues veo estando dormido,
que sueñe estando despierto.

CLOTALDO. Lo que soñaste me di.
SEGISMUNDO. Supuesto que sueño fue,
no diré lo que soñé;
lo que vi, Clotaldo, sí.
Yo desperté, y yo me vi,
¡qué crueldad tan lisonjera!,
en un lecho, que pudiera
con matices y colores
ser el catre de las flores
que tejió la primavera.
Aquí mil nobles, rendidos
a mis pies nombre me dieron
de su príncipe, y sirvieron
galas, joyas y vestidos.

151

Clotaldo.	La calma de mis sentidos tú trocaste en alegría, diciendo la dicha mía; que, aunque estoy desta manera, príncipe en Polonia era. Buenas albricias tendría.
Segismundo.	No muy buenas; por traidor, con pecho atrevido y fuerte dos veces te daba muerte.
Clotaldo.	¿Para mí tanto rigor?
Segismundo.	De todos era señor, y de todos me vengaba; sólo a una mujer amaba... que fue verdad, creo yo, en que todo se acabó, y esto sólo no se acaba.

Vase el Rey.

Clotaldo.	(Enternecido se ha ido el Rey de haberle escuchado.) Como habíamos hablado de aquella águila, dormido, tu sueño imperios han sido; mas en sueños fuera bien entonces honrar a quien te crió en tantos empeños, Segismundo, que aun en sueños no se pierde el hacer bien.

Vase.

ESCENA XIX

Segismundo.	Es verdad; pues reprimamos esta fiera condición, esta furia, esta ambición, por si alguna vez soñamos; y sí haremos, pues estamos en mundo tan singular, que el vivir sólo es soñar; y la experiencia me enseña que el hombre que vive, sueña lo que es, hasta despertar. Sueña el rey que es rey, y vive con este engaño mandando, disponiendo y gobernando; y este aplauso, que recibe prestado, en el viento escribe,

y en cenizas le convierte
la muerte, ¡desdicha fuerte!:
¿que hay quien intente reinar,
viendo que ha de despertar
en el sueño de la muerte?

Sueña el rico en su riqueza,
que más cuidados le ofrece;
sueña el pobre que padece
su miseria y su pobreza;
sueña el que a medrar empieza,
sueña el que afana y pretende,
sueña el que agravia y ofende,
y en el mundo, en conclusión,
todos sueñan lo que son,
aunque ninguno lo entiende.

Yo sueño que estoy aquí
destas prisiones cargado,
y soñé que en otro estado
más lisonjero me vi.
¿Qué es la vida?, un frenesí;
¿qué es la vida?, una ilusión,
una sombra, una ficción,
y el mayor bien es pequeño;
que toda la vida es sueño,
y los sueños, sueños son.

JORNADA TERCERA

ESCENA XIV

Y sale Segismundo y toda la compañía.

SEGISMUNDO.	En lo intrincado del monte, entre sus espesas ramas, el Rey se esconde. ¡Seguidle! No quede en sus cumbres planta que no examine el cuidado, tronco a tronco, y rama a rama.
CLOTALDO.	¡Huye, señor!
BASILIO.	¿Para qué?
ASTOLFO.	¿Qué intenta?
BASILIO.	Astolfo, aparta.
CLOTALDO.	¿Qué quieres?
BASILIO.	Hacer, Clotaldo, un remedio que me falta. —Si a mí buscándome vas, ya estoy, príncipe, a tus plantas: sea dellas blanca alfombra

                    esta nieve de mis canas.
                    Pisa mi cerviz y huella
                    mi corona; postra, arrastra
                    mi decoro y mi respeto;
                    toma de mi honor venganza,
                    sírvete de mí cautivo;
                    y tras prevenciones tantas,
                    cumpla el hado su homenaje,
                    cumpla el cielo su palabra.

SEGISMUNDO.   Corte ilustre de Polonia,
                    que de admiraciones tantas
                    sois testigos, atended,
                    que vuestro príncipe os habla.
                    Lo que está determinado
                    del cielo, y en azul tabla
                    Dios con el dedo escribió,
                    de quien son cifras y estampas
                    tantos papeles azules
                    que adornan letras doradas;
                    nunca engañan, nunca mienten,
                    porque quien miente y engaña
                    es quien, para usar mal dellas,
                    las penetra y las alcanza.
                    Mi padre, que está presente,
                    por escusarse a la saña
                    de mi condición, me hizo
                    un bruto, una fiera humana:
                    de suerte que, cuando yo
                    por mi nobleza gallarda,
                    por mi sangre generosa,
                    por mi condición bizarra
                    hubiera nacido dócil
                    y humilde, sólo bastara
                    tal género de vivir,
                    tal linaje de crianza,
                    a hacer fieras mis costumbres;
                    ¡qué buen modo de estorbarlas!
                    Si a cualquier hombre dijesen:
                    «Alguna fiera inhumana
                    te dará muerte», ¿escogiera
                    buen remedio en despertallas
                    cuando estuviesen durmiendo?
                    Si dijeran: «Esta espada
                    que traes ceñida, ha de ser
                    quien te dé la muerte»; vana
                    diligencia en evitarlo
                    fuera entonces desnudarla
                    y ponérsela a los pechos.
                    Si dijese: «Golfos de agua
                    han de ser tu sepultura
                    en monumentos de plata»;

                mal hiciera en darse al mar,
                cuando, soberbio, levanta
                rizados montes de nieve,
                de cristal crespas montañas.
                Lo mismo le ha sucedido
                que a quien, porque le amenaza
                una fiera, la despierta;
                que a quien, temiendo una espada,
                la desnuda; y que a quien mueve
                las ondas de la borrasca.
                Y cuando fuera —escuchadme—
                dormida fiera mi saña,
                templada espada mi furia,
                mi rigor quieta bonanza,
                la fortuna no se vence
                con injusticia y venganza,
                porque antes se incita más;
                y así, quien vencer aguarda
                a su fortuna, ha de ser
                con prudencia y con templanza.
                No antes de venir el daño
                se reserva ni se guarda
                quien le previene; que aunque
                puede humilde —cosa es clara—
                reservarse dél, no es
                sino después que se halla
                en la ocasión, porque aquésta
                no hay camino de estorbarla.
                Sirva de ejemplo este raro
                espectáculo, esta estraña
                admiración, este horror,
                este prodigio; pues nada
                es más, que llegar a ver
                con prevenciones tan varias,
                rendido a mis pies a mi padre
                y atropellado a un monarca.
                Sentencia del cielo fue:
                por más que quiso estorbarla
                él, no pudo; ¿y podré yo
                que soy menor en las canas,
                en el valor y en la ciencia,
                vencerla? —Señor, levanta;
                dame tu mano, que ya
                que el cielo te desengaña
                de que has errado en el modo
                de vencerle, humilde aguarda
                mi cuello a que tú te vengues:
                rendido estoy a tus plantas.

BASILIO.   Hijo, que tan noble acción
                otra vez en mis entrañas
                te engendra, príncipe eres.

	A ti el laurel y la palma
se te deben; tú venciste;
corónente tus hazañas.
Todos.	¡Viva Segismundo, viva!
Segismundo.	Pues que ya vencer aguarda
mi valor grandes vitorias,
hoy ha de ser la más alta
vencerme a mí. — Astolfo dé
la mano luego a Rosaura,
pues sabe que de su honor
es deuda, y yo he de cobrarla.
Astolfo.	Aunque es verdad que la debo
obligaciones, repara
que ella no sabe quién es;
y es bajeza y es infamia
casarme yo con mujer...
Clotaldo.	No prosigas, tente, aguarda;
porque Rosaura es tan noble
como tú, Astolfo, y mi espada
lo defenderá en el campo;
que es mi hija, y esto basta.
Astolfo.	¿Qué dices?
Clotaldo.	Que yo hasta verla
casada, noble y honrada,
no la quise descubrir.
La historia desto es muy larga;
pero, en fin, es hija mía.
Astolfo.	Pues siendo así, mi palabra
cumpliré. Pues, por que Estrella
no quede desconsolada,
viendo que príncipe pierde
de tanto valor y fama,
de mi propia mano yo
con esposo he de casarla
que en méritos y fortuna,
si no le excede, le iguala.
Dame la mano.
Estrella.	Yo gano.
en merecer dicha tanta.
Segismundo.	A Clotaldo, que leal
sirvió a mi padre, le aguardan
mis brazos, con las mercedes
que él pidiere que le haga.
Soldado 1.º	Si así a quien no te ha servido
honras, ¿a mí, que fui causa
del alboroto del reino,
y de la torre en que estabas
te saqué, qué me darás?
Segismundo.	La torre; y porque no salgas
della nunca, hasta morir

	has de estar allí con guardas; que el traidor no es menester siendo la traición pasada.
Basilio.	Tu ingenio a todos admira.
Astolfo.	¡Qué condición tan mudada!
Rosaura.	¡Qué discreto y qué prudente!
Segismundo.	¿Qué os admira? ¿Qué os espanta, si fue mi maestro un sueño, y estoy temiendo, en mis ansias, que he de despertar y hallarme otra vez en mi cerrada prisión? Y cuando no sea, el soñarlo sólo basta; pues así llegué a saber que toda la dicha humana, en fin, pasa como sueño, y quiero hoy aprovecharla el tiempo que me durare, pidiendo de nuestras faltas perdón, pues de pechos nobles es tan propio el perdonarlas.

LUIS DE GONGORA

Don Luis de Góngora y Argote nació en Córdoba en 1561, en el seno de una ilustre familia cordobesa. Realizó estudios en Salamanca, parece que con no mucho aprovechamiento; aunque es en esta ciudad donde cuaja su vocación literaria. Por renuncia de un tío suyo, ocupa el puesto de racionero de la catedral de Córdoba, para lo cual ha de recibir las órdenes mayores. Alterna su estancia en Córdoba con frecuentes viajes a distintas ciudades españolas, Valladolid, Madrid, etc. Su fama como poeta se va extendiendo, al tiempo que la mayoría de autores de la época van a tomar posiciones a favor o en contra de lo que su obra representaba, la más sonada y duradera de estas enemistades será la de Quevedo. En 1617 Góngora se traslada a Madrid, en donde va a tratar de mejorar su posición social y un horizonte más abierto que el que podía proporcionarle una ciudad como Córdoba. Pero aparte de su nombramiento como capellán de Su Majestad, cargo totalmente honorífico, no consigue otra cosa sino ver cómo sus deudas aumentan porque las rentas que le llegan de Córdoba son insuficientes para el tren de vida que lleva en la corte y, sobre todo, para sufragar los gastos que le ocasiona el juego, su pasión dominante. En 1626, muy enfermo ya, regresa a su ciudad natal, en donde muere al año siguiente. De Góngora ha dicho Dámaso Alonso, basándose en los retratos que de él conservamos: «Todo en él indica inteligencia, agudeza, fuerza, precisión, desdén.»

Toda la obra de Góngora es poesía lírica, si exceptuamos su «Epistolario» y dos comedias: *Las firmezas de Isabela* y *El Doctor Carlino*, esta última inacabada, ambas de escaso valor dramático.

Góngora es el máximo exponente del culteranismo, corriente literaria del Barroco, que se caracteriza por el uso de abundantes cultismos, alusiones mitológicas continuas, hipérbaton muy violento, léxico suntuario y colorista y por el empleo constante de todo tipo de figuras, tales como metonimias, metáfora, imágenes, aliteraciones, perífrasis alusivas, etc.

En la obra de nuestro autor encontramos una serie de composiciones menores: romances, letrillas, sonetos —de carácter humorístico la mayoría, unas pocas de tema amoroso y algunas de carácter religioso— y dos obras mayores: *Las Soledades* y *La Fábula de Polifemo y Galatea,* en donde encontramos acumulados todos los rasgos más arriba apuntados.

La figura de Góngora ha venido siendo discutida durante siglos y el valor de su obra puesto en duda, pero en nuestro tiempo, y sobre todo a partir de la Generación del 27, tras los espléndidos estudios de Dámaso Alonso, la producción del genial cordobés es unánimemente considerada como una de las más altas cimas de toda la poesía española.

FABULA DE POLIFEMO Y GALATEA

... ...

4

Donde espumoso el mar silïano
el pie argenta de plata al Lilibeo
(bóveda o de las fraguas de Vulcano,
o tumba de los huesos de Tifeo),
pálidas señas cenizoso un llano
—cuando no del sacrílego deseo—
del duro oficio da. Allí una alta roca
mordaza es a una gruta, de su boca.

5

Guarnición tosca de este escollo duro
troncos robustos son, a cuya greña
menos luz debe, menos aire puro
la caverna profunda, que a la peña;
caliginoso lecho, el seno obscuro
ser de la negra noche nos lo enseña
infame turba de nocturnas aves,
gimiendo tristes y volando graves.

6

De este, pues, formidable de la tierra
bostezo, el melancólico vacío
a Polifemo, horror de aquella sierra,
bárbara choza es, albergue umbrío
y redil espacioso donde encierra
cuanto las cumbres ásperas cabrío,
de los montes, esconde: copia bella
que un silbo junta y un peñasco sella.

7

Un monte era de miembros eminente
este que (de Neptuno hijo fiero)
de un ojo ilustra el orbe de su frente,
émulo casi del mayor lucero;
cíclope a quien el pino más valiente,
bastón, le obedecía, tan ligero,
y al grave peso junco tan delgado,
que un día era bastón y otro cayado.
... ...

13

Ninfa, de Doris hija, la más bella,
adora, que vio el reino de la espuma.
Galatea es su nombre, y dulce en ella
el terno Venus de sus Gracias suma.
Son una y otra luminosa estrella
lucientes ojos de su blanca pluma:
si roca de cristal no es de Neptuno,
pavón de Venus es, cisne de Juno.

14

Purpúreas rosas sobre Galatea
la Alba entre lilios cándidos deshoja:
duda el Amor cuál más su color sea,
o púrpura nevada, o nieve roja.
De su frente la perla es, eritrea,
émula vana. El ciego dios se enoja,
y, condenado su esplendor, la deja
pender en oro al nácar de su oreja.
... ...

62

Con vïolencia desgajó infinita,
la mayor punta de la excelsa roca,
que al joven, sobre quien la precipita,
urna es mucha, pirámide no poca.
Con lágrimas la ninfa solicita
las deidades del mar, que Acis invoca:
concurren todas, y el peñasco duro
la sangre que exprimió, cristal fue puro.

63

Sus miembros lastimosamente opresos
del escollo fatal fueron apenas,
que los pies de los árboles más gruesos
calzó el líquido aljófar de sus venas.
Corriente plata al fin sus blancos huesos,
lamiendo flores y argentando arenas,
a Doris llega, que, con llanto pío,
yerno lo saludó, lo aclamó río.

SOLEDADES

Soledad Primera

Era del año la estación florida
en que el mentido robador de Europa
—media luna las armas de su frente,
y el Sol todos los rayos de su pelo—,
 luciente honor del cielo,
en campos de zafiro pace estrellas;
cuando el que ministrar podía la copa
a Júpiter mejor que el garzón de Ida,
—náufrago y desdeñado, sobre ausente—
lagrimosas de amor dulces querellas
 da al mar; que condolido,
 fue a las ondas, fue al viento
 el mísero gemido,
segundo de Arión dulce instrumento.

Del siempre en la montaña opuesto pino
 al enemigo Noto,
 piadoso miembro roto
—breve tabla— delfín no fue pequeño
al inconsiderado peregrino
que a una Libia de ondas su camino
 fio, y su vida a un leño.

Del Océano pues antes sorbido,
 y luego vomitado
no lejos de un escollo coronado
de secos juncos, de calientes plumas,
 —alga todo y espumas—
halló hospitalidad donde halló nido
 de Júpiter el ave.

Besa la arena, y de la rota nave
 aquella parte poca
que le expuso en la playa dio a la roca;
 que aun se dejan las peñas
lisonjear de agradecidas señas.

Desnudo el joven, cuando ya el vestido
  Océano ha bebido,
restituir le hace a las arenas;
  y al sol lo extiende luego,
  que, lamiéndolo apenas
su dulce lengua de templado fuego,
lento lo embiste, y con süave estilo
la menor onda chupa al menor hilo.

No bien pues de su luz los horizontes
—que hacían desigual, confusamente
montes de agua y piélagos de montes—
  desdorados los siente,
cuando —entregado el mísero extranjero
en lo que ya del mar redimió fiero—
entre espinas crepúsculos pisando,
riscos que aun igualara mal, volando,
  veloz, intrépida ala,
—menos cansado que confuso— escala.

  Vencida al fin la cumbre
  —del mar siempre sonante,
  de la muda campaña
árbitro igual e inexpugnable muro—,
  con pie ya más seguro
  declina al vacilante
breve esplendor de mal distinta lumbre:
  farol de una cabaña
que sobre el ferro está, en aquel incierto
golfo de sombras anunciando el puerto.
... ...

  No en ti la ambición mora
  hidrópica de viento,
  ni la que su alimento
  el áspid es gitano;
no la que, en vulto comenzando humano,
  acaba en mortal fiera,
  esfinge bachillera,
  que hace hoy a Narciso
ecos solicitar, desdeñar fuentes;
ni la que en salvas gasta impertinentes
la pólvora del tiempo más preciso;
  ceremonia profana
que la sinceridad burla villana
  sobre el corvo cayado.
  ¡Oh bienaventurado
  albergue a cualquier hora!
... ...

Agradecido, pues, el peregrino,
deja el albergue y sale acompañado

de quien lo lleva donde, levantado,
distante pocos pasos del camino,
imperïoso mira la campaña
un escollo, apacible galería,
que festivo teatro fue algún día
de cuantos pisan faunos la montaña.
... ...

Mal pudo el extranjero, agradecido,
en tercio tal negar tal compañía
y en tan noble ocasión tal hospedaje.
Alegres pisan la que, si no era
de chopos calle y de álamos carrera,
el fresco de los céfiros rüido,
el denso de los árboles celaje,
en duda ponen cuál mayor hacía
guerra al calor o resistencia al día.

Coros tejiendo, voces alternando,
sigue la dulce escuadra montañesa
del perezoso arroyo el paso lento,
    en cuanto él hurta blando,
entre los olmos que robustos besa,
pedazos de cristal, que el movimiento
libra en la falda, en el coturno ella,
    de la columna bella,
    ya que celosa basa,
dispensadora del cristal no escasa.

SONETOS

A CÓRDOBA

¡Oh excelso muro, oh torres coronadas
  de honor, de majestad, de gallardía!
  ¡Oh gran río, gran rey de Andalucía,
de arenas nobles, ya que no doradas!
¡Oh fértil llano, oh sierras levantadas,
  que privilegia el cielo y dora el día!
  ¡Oh siempre glorïosa patria mía,
tanto por plumas cuanto por espadas!
Si entre aquellas rüinas y despojos
  que enriquece Genil y Dauro baña
  tu memoria no fue alimento mío,
nunca merezcan mis ausentes ojos
  ver tu muro, tus torres y tu río,
  tu llano y sierra, ¡oh patria, oh flor de España!

Mientras por competir con tu cabello
oro bruñido al sol relumbra en vano;
mientras con menosprecio en medio el llano
mira tu blanca frente el lilio bello;

mientras a cada labio, por cogello,
   siguen más ojos que el clavel temprano,
y mientras triunfa con desdén lozano
del luciente cristal tu gentil cuello,

goza cuello, cabello, labio y frente,
   antes que lo que fue en tu edad dorada
oro, lilio, clavel, cristal luciente,

no sólo en plata o víola troncada
se vuelva, mas tú y ello juntamente
en tierra, en humo, en polvo, en sombra, en nada.

Duélete de esa puente, Manzanares;
   mira que dice por ahí la gente
que no eres río para media puente,
y que ella es puente para muchos mares.

Hoy, arrogante, te ha brotado a pares
   húmedas crestas tu soberbia frente,
y ayer me dijo humilde tu corriente
que eran en marzo los caniculares.

Por el alma de aquel que ha pretendido
   con cuatro onzas de agua de chicoria
purgar la villa y darte lo purgado,

me dí ¿cómo has menguado y has crecido?
   ¿cómo ayer te vi en pena y hoy en gloria?
—Bebióme un asno ayer, y hoy me ha meado.

ROMANCES Y LETRILLAS

La más bella niña
de nuestro lugar,
hoy viuda y sola
y ayer por casar,
viendo que sus ojos
a la guerra van,
a su madre dice
que escucha su mal:
  Dejadme llorar
  orillas del mar.

Pues me distes, madre,
en tan tierna edad
tan corto el placer,
tan largo el pesar,
y me cautivastes
de quien hoy se va
y llevas las llaves
de mi libertad,
  dejadme llorar
  orillas del mar.

En llorar conviertan
mis ojos de hoy más
el sabroso oficio
del dulce mirar,
pues que no se pueden
mejor ocupar,
yéndose a la guerra
quien era mi paz.
  Dejadme llorar
  orillas del mar.

No me pongáis freno
ni queráis culpar,
que lo uno es justo,
lo otro por demás.
Si me queréis bien
no me hagáis mal;
harto peor fuera
morir y callar.
  Dejadme llorar
  orillas del mar.

Dulce madre mía,
¿quién no llorará
aunque tenga el pecho
como un pedernal
y no dará voces
viendo marchitar
los más verdes años
de mi mocedad?
  Dejadme llorar
  orillas del mar.

Váyanse las noches,
pues ido se han
los ojos que hacían
los míos velar;
váyanse y no vean
tanta soledad
después que en mi lecho
sobra la mitad.
  Dejadme llorar
  orillas del mar.

* * *

Amarrado al duro banco
de una galera turquesca,
ambas manos en el remo
y ambos ojos en la tierra,
  un forzado de Dragut
en la playa de Marbella
se quejaba al ronco son
del remo y de la cadena:
  '¡Oh sagrado mar de España,
famosa playa serena,
teatro donde se han hecho
cien mil navales tragedias!
  'Pues eres tú el mismo mar
que con tus crecientes besas
las murallas de mi patria,
coronadas y soberbias,
  'tráeme nuevas de mi esposa,
y díme si han sido ciertas
las lágrimas y suspiros
que me dice por sus letras;
  'porque si es verdad que llora
mi captiverio en tu arena,
bien puedes al mar del sur
vencer en lucientes perlas.
  'Dáme ya, sagrado mar,
a mis demandas respuesta,
que bien puedes, si es verdad
que las aguas tienen lengua;
  'pero, pues no me respondes,
sin duda alguna que es muerta,
aunque no lo debe ser,
pues que vivo yo en su ausencia.
  '¡Pues he vivido diez años
sin libertad y sin ella,
siempre al remo condenado,
a nadie matarán penas!'
  En esto se descubrieron
de la Religión seis velas,
y el cómitre mandó usar
al forzado de su fuerza.

* * *

Las flores del romero,
  niña Isabel,
hoy son flores azules,
mañana serán miel.

Celosa estás, la niña,
celosa estás de aquel
dichoso, pues le buscas,
ciego, pues no te ve,
ingrato, pues te enoja
y confiado, pues
no se disculpa hoy
de lo que hizo ayer.
Enjuguen esperanzas
lo que lloras por él;

que celos entre aquellos
que se han querido bien
hoy son flores azules,
mañana serán miel.

Aurora de ti misma,
que cuando a amanecer
a tu placer empiezas,
te eclipsan tu placer,
serénense tus ojos,
y más perlas no des,
porque al sol le está mal
lo que a la aurora bien.
Desata como nieblas
todo lo que no ves;
que sospechas de amantes
y querellas después
hoy son flores azules,
mañana serán miel.

FRANCISCO DE QUEVEDO

Don Francisco de Quevedo y Villegas nació en Madrid en 1581, en una familia noble. Cursó estudios en Alcalá y Valladolid y llegó a ser uno de los hombres más cultos de su época. Durante la estancia de la corte en Valladolid, Quevedo consigue un empleo en Palacio. Sus composiciones circulan en copias manuscritas con gran éxito y pronto Quevedo es el poeta más celebrado de la corte. De estos años arranca también su enemistad con Góngora. En 1610 el Duque de Osuna es nombrado Virrey de Sicilia y tres años después Quevedo lo acompaña; será, hasta su caída, la mano derecha del duque. Interviene en el nombramiento de éste como Virrey de Nápoles y algún papel juega también en la célebre y no bien aclarada Conjuración de Venecia. La caída de Osuna arrastra a nuestro autor, que es desterrado. Tras el destierro gozará por un tiempo de la confianza y protección del Conde-Duque de Olivares, pero en 1629 es detenido y encerrado en el convento de San Marcos de León; la causa parece ser un Memorial sobre la política del momento. Cinco años en prisión en condiciones penosas quebrantaron seriamente su salud. En 1642 es puesto en libertad y dos años después moría en Villanueva de los Infantes.

Quevedo es la máxima figura del conceptismo, movimiento del que destacamos como rasgos más sobresalientes los siguientes: uso, y aun abuso, de hipérboles y antítesis, frecuentes juegos de palabras que denotan un gran dominio del idioma, y búsqueda de efectos intelectuales más que sensuales.

Nos encontramos con una obra compleja y multiforme a la que dará unidad la fuerte personalidad del autor. Su obra poética es muy abundante y variada, tanto en temas (morales, heroicos, amorosos, satíricos), como en metros (sonetos, romances, odas, letrillas). Pero la distinción esencial que podemos establecer en la poesía de Quevedo, como, por otra parte, en el resto de su obra, es, de un lado, las composiciones ligeras de tipo cómico o satírico y, de otro, las graves de asunto moral o político. Su poesía más profunda está dominada por el tema de la muerte y el paso fugaz del tiempo. Especial mención merecen algunas de sus composiciones amorosas, sobre todo algunos sonetos.

En cuanto a su obra en prosa, destaquemos de entre las satíricas *Los Sueños,* obra en la que, bajo un prisma deformante, el autor pasa revista a las costumbres de la época, y *El Buscón,* grotesca caricatura de la vida española. En la novela picaresca adopta su forma más extrema. Compuso además Quevedo una serie de obras ascéticas, muy influidas por el pensamiento de Séneca, así *La cuna y la sepultura;* y obras políticas en las que ofrece una crítica de la situación española.

HISTORIA DE LA VIDA DEL BUSCON, LLAMADO DON PABLOS
EJEMPLO DE VAGABUNDOS Y ESPEJO DE TACAÑOS

CAPITULO III
De cómo fui a un pupilaje por criado de don Diego Coronel

Determinó, pues, don Alonso de poner a su hijo en pupilaje, lo uno por apartarle de su regalo y lo otro por ahorrar de cuidado. Supo que había en Segovia un licenciado Cabra, que tenía por oficio el criar hijos de caballeros, y envió allá el suyo, y a mí para que le acompañase y sirviese. Entramos, primer domingo después de Cuaresma, en poder de la hambre viva, porque tal laceria no admite encarecimiento. Era un clérigo cerbatana, largo sólo en el talle, una cabeza pequeña, pelo bermejo —no hay más que decir para quien sabe el refrán que dice «ni gato ni perro de aquella color»—, los ojos avecindados en el cogote, que parecía que miraba por cuévanos, tan hundidos y oscuros, que era buen sitio el suyo para tiendas de mercaderes; la nariz, entre Roma y Francia, porque se le había comido de unas búas de resfriado, que aun no fueron de vicio porque cuestan dinero; las barbas descoloridas de miedo de la boca vecina, que, de pura hambre, parecía que amenazaba a comérselas; los dientes, le faltaban no sé cuántos, y pienso que por holgazanes y vagabundos se los había desterrado; el gaznate, largo como de avestruz, con una nuez tan salida, que parecía se iba a buscar de comer forzada de la necesidad; los brazos, secos; las manos, como un manojo de sarmientos cada una. Mirado de medio abajo, parecía tenedor o compás, con dos piernas largas y flacas. Su andar, muy espacioso; si se descomponía algo, le sonaban los huesos como tablillas de San Lázaro. La habla, ética; la barba, grande, que nunca se la cortaba por no gastar, y él decía que era tanto el asco que le daba ver la mano del barbero por su cara, que antes se dejaría matar que tal permitiese; cortábale los cabellos un muchacho de nosotros. Traía un bonete los días de sol, ratonado con mil gateras y guarniciones de grasa; era de cosa que fue paño, con los fondos en caspa. La sotana, según decían algunos, era milagrosa, porque no se sabía de qué color era. Unos, viéndola tan sin pelo, la tenían por de cuero de rana; otros decían que era ilusión; desde cerca parecía negra, y desde lejos, entre azul; llevábala sin ceñidor; no traía cuello ni puños. Parecía, con los cabellos largos y la sotana mísera y corta, lacayuelo de la muerte. Cada zapato podía ser tumba de un filisteo. ¿Pues su aposento? Aun arañas había en él. Conjuraba los ratones de miedo que no le royesen algunos mendrugos que guardaba. La cama tenía en el suelo, y dormía siempre de un lado por no gastar las sábanas. Al fin, él era archipobre y protomiseria.

170

A poder déste, pues, vine, y en su poder estuve con don Diego; y la noche que llegamos nos señaló nuestro aposento y nos hizo una plática corta, que aun por no gastar tiempo no duró más; díjonos lo que habíamos de hacer. Estuvimos ocupados en esto hasta la hora de comer. Fuimos allá. Comían los amos primero, y servíamos los criados. El refectorio era un aposento como un medio celemín. Sustentábanse a una mesa hasta cinco caballeros. Yo miré lo primero por los gatos, y, como no los vi, pregunté que cómo no los había a un criado antiguo, el cual, de flaco, estaba ya con la marca del pupilaje. Comenzó a enternecerse, y dijo: «¿Cómo gatos? Pues ¿quién os ha dicho a vos que los gatos son amigos de ayunos y penitencias? En lo gordo se os echa de ver que sois nuevo.» Yo, con esto, me comencé a afligir; y más me asusté cuando advertí que todos los que de antes vivían en el pupilaje estaban como leznas, con unas caras que parecía se afeitaban con diaquilón. Sentóse el licenciado Cabra y echó la bendición. Comieron una comida eterna, sin principio ni fin. Trajeron caldo en unas escudillas de madera, tan claro, que en comer una dellas peligrara Narciso más que en la fuente. Noté con la ansia que los macilentos dedos se echaban a nado tras un garbanzo huérfano y solo que estaba en el suelo. Decía Cabra a cada sorbo: «Cierto que no hay tal cosa como la olla, digan lo que dijeren; todo lo demás es vicio y gula.» Acabando de decirlo, echóse su escudilla a pechos, diciendo: «Todo esto es salud, y otro tanto ingenio.» «¡Mal ingenio te acabe!», decía yo entre mí, cuando vi un mozo medio espíritu y tan flaco, con un plato de carne en las manos, que parecía que la había quitado de sí mismo. Venía un nabo aventurero a vueltas, y dijo el maestro en viéndole: «¿Nabo hay? No hay perdiz para mí que se le iguale. Coman, que me huelgo de verlos comer.»

Repartió a cada uno tan poco carnero, que, entre lo que se les pegó a las uñas y se les quedó entre los dientes, pienso que se consumió todo, dejando descomulgadas las tripas de participantes. Cabra los miraba y decía: «Coman, que mozos son y me huelgo de ver sus buenas ganas.» ¡Mire v. m. qué aliño para los que bostezaban de hambre!

Acabaron de comer y quedaron unos mendrugos en la mesa y, en el plato, dos pellejos y unos huesos; y dijo el pupilero: «Quede esto para los criados, que también han de comer; no lo queramos todo.» ¡Mal te haga Dios y lo que has comido, lacerado —decía yo—, que tal amenaza has hecho a mis tripas! Echó la bendición y dijo: «Ea, demos lugar a los criados, y váyanse hasta las dos a hacer ejercicio, no les haga mal lo que han comido.» Entonces yo no pude tener la risa, abriendo toda la boca. Enojóse mucho, y díjome que aprendiese modestia, y tres o cuatro sentencias viejas, y fuese.

Sentámonos nosotros, y yo, que vi el negocio malparado y que mis tripas pedían justicia, como más sano y más fuerte que los otros, arremetí al plato, como arremetieron todos, y emboquéme de tres mendrugos los dos, y el un pellejo. Comenzaron los otros a gruñir; al ruido entró Cabra, diciendo: «Coman como hermanos, pues Dios les da con qué. No riñan, que para todos hay.» Volvióse al sol y dejónos solos.

Certifico a v. m. que había uno de ellos, que se llamaba Surre, vizcaíno, tan olvidado ya de cómo y por dónde se comía, que una cortecilla que le cupo la llevó dos veces a los ojos, y entre tres no le acertaban a encaminar las manos a la boca. Pedí yo de beber, que los otros, por estar casi en ayunas, no lo hacían, y diéronme un vaso con agua; y no le hube bien llegado a la boca, cuando, como si fuera lavatorio de comunión, me le quitó el mozo espiritado que dije. Levantéme con grande dolor de mi alma, viendo que estaba en caso donde se brindaba a las tripas y no hacían la razón. Diome gana de descomer, aunque no había comido, digo, de proveerme, y pregunté por las necesarias a un antiguo, y díjome: «Como no lo son en esta casa, no las hay. Para una vez que os proveeréis mientras aquí estuviéredes, dondequiera podréis; que aquí estoy dos meses ha, y no he hecho tal cosa sino el día que entré, como agora vos, de lo que cené en mi casa la noche antes.» ¿Cómo encareceré yo mi tristeza y pena? Fue tanta, que, considerando lo poco que había de entrar en mi cuerpo, no osé, aunque tenía ganas, echar nada dél.

Entretuvímonos hasta la noche. Decíame don Diego que qué haría él para persuadir a las tripas que habían comido, porque no lo querían creer. Andaban vaguidos en aquella casa como en otras ahítos. Llegó la hora del cenar (pasóse la merienda en blanco); cenamos mucho menos, y no carnero, sino un poco del nombre del maestro: cabra asada. Mire v. m. si inventara el diablo tal cosa. «Es cosa saludable —decía— cenar poco, para tener el estómago desocupado»; y citaba una retahila de médicos infernales. Decía alabanzas de la dieta, y que se ahorraba un hombre de sueños pesados, sabiendo que, en su casa, no se podía soñar otra cosa sino que comían. Cenaron y cenamos todos, y no cenó ninguno. Fuímonos a acostar, y en toda la noche pudimos yo ni don Diego dormir, él trazando de quejarse a su padre y pedir que le sacase de allí, y yo aconsejándole que lo hiciese; aunque últimamente le dije: «Señor, ¿sabéis de cierto si estamos vivos? Porque yo imagino que, en la pendencia de las berceras, nos mataron, y que somos ánimas que estamos en el Purgatorio. Y así, es por demás decir que nos saque vuestro padre, si alguno no nos reza en alguna cuenta de perdones y nos saca de penas con alguna misa en altar privilegiado.»

Entre estas pláticas, y un poco que dormimos, se llegó la hora de levantar. Dieron las seis, y llamó Cabra a lección; fuimos y oímosla todos. Ya mis espaldas e ijadas nadaban en el jubón, y las piernas daban lugar a otras siete calzas; los dientes sacaba con tobas, amarillos, vestidos de desesperación. Mandáronme leer el primer nominativo a los otros, y era de manera mi hambre, que me desayuné con la mitad de las razones, comiéndomelas. Y todo esto creerá quien supiere lo que me contó el mozo de Cabra, diciendo que él había visto meter en casa, recién venido, dos frisones y que, a dos días, salieron caballos ligeros que volaban por los aires; y que vio meter mastines pesados y, a tres horas, salir galgos corredores; y que, una Cuaresma, topó muchos hombres, unos metiendo los pies, otros las manos y otros todo el cuerpo, en el portal de su casa, y esto por muy gran rato, y mucha gente que venía a sólo aquello de fuera; y preguntando a uno un día que qué sería —porque Cabra se enojó de que se lo preguntase— respondió que los unos tenían sarna y los otros sabañones, y que, en metiéndolos en aquella casa, morían de hambre, de manera que no comían desde allí adelante. Certificóme que era verdad. Yo, que conocí la casa, lo creo. Dígolo porque no parezca encarecimiento lo que dije. Y volviendo a la lección, diola y decorámosla. Y prosiguió siempre en aquel modo de vivir que he contado. Sólo añadió a la comida tocino en la olla, por no sé qué que le dijeron, un día, de hidalguía, allá fuera. Y así, tenía una caja de hierro, toda agujereada como salvadera; abríala, y metía un pedazo de tocino en ella, que la llenase, y tornábala a cerrar, y metíala colgando de un cordel en la olla, para que le diese algún zumo por los agujeros, y quedase para otro día el tocino. Parecióle después que, en esto, se gastaba mucho, y dio en sólo asomar el tocino a la olla.

Pasábamoslo con estas cosas como se puede imaginar. Don Diego y yo nos vimos tan al cabo, que ya que para comer, pasado un mes, no hallábamos remedio, le buscamos para no levantarnos de mañana; y así, trazamos de decir que teníamos algún mal. Pero no dijimos calentura, porque, no teniéndola, era fácil de conocer el enredo; dolor de cabeza o muelas era poco estorbo; dijimos, al fin, que nos dolían las tripas, y que estábamos malos de achaque de no haber hecho de nuestras personas en tres días, fiados en que, a trueque de no gastar dos cuartos en una medicina, no buscaría el remedio. Mas ordenólo el diablo de otra suerte, porque tenía una que había heredado de su padre, que fue boticario. Supo el mal, y aderezó una medicina, y llamando a una vieja de setenta años, tía suya, que le servía de enfermera, dijo que nos echase sendas gaitas.

Empezaron por don Diego; el desventurado atajóse, y la vieja, en vez de echársela dentro, disparósela por entre la camisa y el espinazo, y diole con ella en el cogote, y vino a servir por defuera de guarnición la que dentro había de ser aforro. Quedó el mozo dando gritos; vino Cabra y, viéndolo, dijo que me echasen a mí la otra, que luego tornarían a don Diego. Yo me resistía, pero no me valió, porque, teniéndome Cabra y otros, me la echó la vieja, a la cual, de retorno, di con ella en toda la cara. Enojóse Cabra conmigo y dijo que él me echaría de su casa, que bien se echaba de ver que era bellaquería todo; mas no lo quiso mi ventura.

Quejábamos nosotros a don Alonso, y el Cabra le hacía creer que lo hacíamos por no asistir al estudio. Con esto, no nos valían plegarias. Metió en casa la vieja por ama, para que guisase de comer y sirviese a los pupilos, y despidió al criado porque le halló, un viernes a la mañana, con unas migajas de pan en la ropilla. Lo que pasamos con la vieja, Dios lo sabe. Era tan sorda, que no oía nada; entendía por señas; ciega, y tan gran rezadora, que un día se le desensartó el rosario sobre la olla y nos la trajo con el caldo más devoto que he comido. Unos decían: «¡Garbanzos negros! Sin duda son de Etiopía.» Otros decían: «¡Garbanzos en luto! ¿Quién se les habrá muerto?» Mi amo fue el primero que se encajó una cuenta, y al mascarla se quebró un diente. Los viernes solía enviar unos huevos, con tantas barbas a fuerza de pelos y canas suyas, que pudieran pretender corregimiento o abogacía. Pues meter el badil por el cucharón y enviar una escudilla de caldo empedrada era ordinario. Mil veces topé yo sabandijas, palos y estopa de la que hilaba en la olla, y todo lo metía para que hiciese presencia en las tripas y abultase.

Pasamos en este trabajo hasta la Cuaresma que vino, y a la entrada della estuvo malo un compañero. Cabra, por no gastar, detuvo el llamar médico hasta que ya él pedía confesión más que otra cosa. Llamó entonces a un practicante, el cual le tomó el pulso y dijo que la hambre le había ganado por la mano en matar a aquel hombre. Diéronle el Sacramento, y el pobre, cuando le vio —que hacía un día que no hablaba—, dijo: «Señor mío Jesucristo, necesario ha sido el veros entrar en esta casa para persuadirme que no es el infierno.» Imprimiéronseme estas razones en el corazón. Murió el pobre mozo, enterrámosle muy probremente por ser forastero, y quedamos todos asombrados. Divulgóse por el pueblo el caso atroz, llegó a oídos de don Alonso Coronel y, como no tenía otro hijo, desengañóse de los embustes de Cabra y comenzó a dar más crédito a las razones de dos sombras, que ya estábamos reducidos a tan miserable estado. Vino a sacarnos del pupilaje, y, teniéndonos delante, nos preguntaba por nosotros; y tales nos vio, que, sin aguardar a más, trató muy mal de palabras al licenciado Vigilia. Nos mandó llevar en dos sillas a casa. Despedímonos de los compañeros, que nos seguían con los deseos y con los ojos, haciendo las lástimas que hace el que queda en Argel, viendo venir rescatados sus compañeros.

SONETOS

REPRESENTASE LA BREVEDAD DE LO QUE SE VIVE Y CUAN NADA PARECE LO QUE SE VIVIO

SONETO

«¡Ah de la vida!» ... ¿Nadie me responde?
¡Aquí de los antaños que he vivido!
La Fortuna mis tiempos ha mordido;
las Horas mi locura las esconde.

¡Que sin poder saber cómo ni adónde
la salud y la edad se hayan huido!
Falta la vida, asiste lo vivido,
y no hay calamidad que no me ronde.

Ayer se fue; mañana no ha llegado;
hoy se está yendo sin parar un punto:
soy un fue, y un será, y un es cansado.

En el hoy y mañana y ayer, junto
pañales y mortaja, y he quedado
presentes sucesiones de difunto.

SALMO XVII

Miré los muros de la patria mía,
si un tiempo fuertes, ya desmoronados,
de la carrera de la edad cansados,
por quien caduca ya su valentía.

Salíme al campo: vi que el sol bebía
los arroyos del yelo desatados,
y del monte quejosos los ganados,
que con sombras hurtó su luz al día.

Entré en mi casa; vi que, amancillada,
de anciana habitación era despojos;
mi báculo, más corvo y menos fuerte;

vencida de la edad sentí mi espada.
Y no hallé cosa en que poner los ojos
que no fuese recuerdo de la muerte.

AMOR CONSTANTE MAS ALLA DE LA MUERTE

SONETO

Cerrar podrá mis ojos la postrera
sombra que me llevare el blanco día,
y podrá desatar esta alma mía
hora a su afán ansioso lisonjera;

mas no, de esotra parte, en la ribera,
dejará la memoria, en donde ardía:
nadar sabe mi llama la agua fría,
y perder el respeto a ley severa.

Alma a quien todo un dios prisión ha sido,
venas que humor a tanto fuego han dado,
medulas que han gloriosamente ardido,

su cuerpo dejará, no su cuidado;
serán ceniza, mas tendrá sentido;
polvo serán, mas polvo enamorado.

LAMENTACION AMOROSA Y POSTRERO SENTIMIENTO DE AMANTE

SONETO

No me aflige morir; no he rehusado
acabar de vivir, ni he pretendido
alargar esta muerte que ha nacido
a un tiempo con la vida y el cuidado.

Siento haber de dejar deshabitado
cuerpo que amante espíritu ha ceñido;
desierto un corazón siempre encendido,
donde todo el Amor reinó hospedado.

Señas me da mi ardor de fuego eterno,
y de tan larga y congojosa historia
sólo será escritor mi llanto tierno.

Lisi, estáme diciendo la memoria
que, pues tu gloria la padezco infierno,
que llame al padecer tormentos, gloria.

A UN HOMBRE DE GRAN NARIZ

SONETO

Erase un hombre a una nariz pegado,
érase una nariz superlativa,
érase una alquitara medio viva,
érase un peje espada mal barbado;

era un reloj de sol mal encarado,
érase un elefante boca arriba,
érase una nariz sayón y escriba,
un Ovidio Nasón mal narigado.

Erase el espolón de una galera,
érase una pirámide de Egito,
los doce tribus de narices era;

érase un naricísimo infinito,
frisón archinariz, caratulera,
sabañón garrafal, morado y frito.

LETRILLA SATIRICA

Poderoso caballero
es don Dinero.

Madre, yo al oro me humillo;
él es mi amante y mi amado,
pues, de puro enamorado,
de contino anda amarillo;
que pues, doblón o sencillo,
hace todo cuanto quiero,
poderoso caballero
es don Dinero.

Nace en las Indias honrado,
donde el mundo le acompaña;
viene a morir en España,
y es en Génova enterrado.
Y pues quien le trae al lado
es hermoso, aunque sea fiero,
poderoso caballero
es don Dinero.

Es galán y es como un oro,
tiene quebrado el color,
persona de gran valor,
tan cristiano como moro.
Pues que da y quita el decoro
y quebranta cualquier fuero,
poderoso caballero
es don Dinero.

Son sus padres principales,
y es de nobles descendiente,
porque en las venas de Oriente
todas las sangres son reales;
y pues es quien hace iguales
al duque y al ganadero,
poderoso caballero
es don Dinero.

Mas ¿a quién no maravilla
ver en su gloria sin tasa
que es lo menos de su casa
doña Blanca de Castilla?
Pero, pues da al bajo silla
y al cobarde hace guerrero,
poderoso caballero
es don Dinero.

Sus escudos de armas nobles
son siempre tan principales,
que sin sus escudos reales
no hay escudos de armas dobles;
y pues a los mismos robles
da la codicia su minero,
poderoso caballero
es don Dinero.

Por importar en los tratos
y dar tan buenos consejos,
en las casas de los viejos
gatos le guardan de gatos.
Y pues él rompe recatos
y ablanda al juez más severo,
poderoso caballero
es don Dinero.

Y es tanta su majestad
(aunque son sus duelos hartos),
que con haberle hecho cuartos,
no pierde su autoridad;
pero, pues da calidad
al noble y al pordiosero,
poderoso caballero
es don Dinero.

Nunca vi damas ingratas
a su gusto y afición;
que a las caras de un doblón
hacen sus caras baratas;
y pues las hace bravatas
desde una bolsa de cuero,
poderoso caballero
es don Dinero.

Más valen en cualquier tierra
(¡mirad si es harto sagaz!)
sus escudos en la paz
que rodelas en la guerra.
Y pues al pobre le entierra
y hace proprio al forastero,
poderoso caballero
es don Dinero.

BALTASAR GRACIAN

Baltasar Gracián nace en Belmonte (Zaragoza) en 1601. Durante la mayor parte de su vida fue profesor en distintos colegios de la Compañía de Jesús, a la que pertenecía desde muy joven. La publicación de *El Criticón* sin el permiso de sus superiores le ocasionó duras sanciones y bastantes molestias. Murió en Tarazona en 1658.

Gracián es un escritor plenamente barroco, tanto por su estilo como por su ideología. Encontramos en él una visión pesimista del mundo y una lúcida conciencia de la decadencia de España.

Desde el punto de vista del estilo, en la obra de Gracián se intensifican los rasgos conceptistas ya reseñados en la obra de Quevedo: antítesis constantes, juegos de palabras, elipsis, etc. Un análisis del estilo conceptista, así como un resumen de sus ideas estéticas encontramos en *Agudeza y Arte de Ingenio*. Por su parte, *El Oráculo Manual y Arte de Prudencia* nos presenta una serie de máximas de filosofía práctica sobre cómo ha de comportarse el hombre en la vida.

En *El Héroe, El Discreto* y *El Político* el autor nos presenta tres arquetipos; en la primera, el modelo de hombre intelectual y moralmente superior; en *El Discreto,* el de cortesano prudente; y en *El Político,* el de hombre de estado, basándose en la figura de Fernando el Católico.

La obra más importante de Gracián es *El Criticón,* cuyas tres partes nos ofrecen una amplia visión alegórica de la vida humana en forma novelesca. Se trata de las peripecias de Andrenio y Crítilo, símbolos de la naturaleza y la cultura, en un largo viaje que desde una isla desierta, en la que Andrenio había sido abandonado de niño, los lleva a varios países reales e imaginarios. La obra de Gracián, quizá poco leída hoy, fue muy traducida en su época y ejerció una influencia considerable en varios filósofos alemanes posteriores.

EL CRITICON

CRISI VI
Estado del siglo

Quien oye decir mundo, concibe un compuesto de todo lo criado, muy concertado y perfecto, y con razón, pues toma el nombre de su misma belleza. Mundo quiere decir lindo y limpio. Imagínase un palacio muy bien trazado al fin por la Infinita Sabiduría, muy bien ejecutado por la Omnipotencia, alhajado por la Divina Bondad para morada del Rey hombre, que como partícipe de razón presida en él y le mantenga en aquel primer concierto en que su Divino Hacedor le puso. De suerte, que mundo no es otra cosa que una casa hecha y derecha por el mismo Dios y para el hombre, ni hay otro modo como poder declarar su perfección. Así había de ser como el mismo nombre lo blasona, su principio lo fianza y su fin lo asegura; pero cuán al contrario sea esto, y cuál le haya parado el mismo hombre, cuánto desmienta el hecho al dicho, pondéralo Critilo, que con Andrenio se hallaban ya en el mundo, aunque no bien hallados en fe de tan personas.

En busca iban de los hombres, sin poder descubrir uno, cuando al cabo de rato y cansancio hallaron con medio: un medio hombre y medio fiera; holgóse tanto Critilo cuanto se inmutó Andrenio, preguntando: —¿Qué monstruo es éste tan extraño? —No temas, respondió Critilo, que éste es más hombre que los mismos, éste es el Maestro de los Reyes y Rey de los Maestros, éste es el sabio Quirón; ¡oh, qué bien nos viene y cuán a la ocasión!, pues él nos guiará en esta primera entrada del mundo y nos enseñará a vivir, que importa mucho a los principios. Fuese para él saludándole y correspondió el Centauro con doblada humildad; díjole cómo iban en busca de los hombres y que después de haber dado cien vueltas no habían podido hallar uno sólo. —No me espanto, dijo él, que no es éste siglo de hombres, digo aquellos famosos de otros tiempos. ¿Qué, pensabais hallar ahora un Don Alfonso el Magnánimo en Italia, un Gran Capitán en España, un Enrique Cuarto en Francia, haciendo corona de su espada y de sus guarniciones lises? Ya no hay tales héroes en el mundo ni aun memoria de ellos. —¿No se van haciendo?, replicó Andrenio. —No llevan traza, y para luego es tarde, pues de verdad ocasiones no han faltado. —¿Cómo no se han hecho?, preguntó Critilo. —Porque se han deshecho; hay mucho que decir en este punto, ponderó Quirón; unos lo quieren ser todo y al cabo son menos que nada, valiera más no hubieran sido. Dicen también que corta mucho la envidia con las tijerillas de Tomeras. Pero yo digo que ni es eso, ni esotro, sino que mientras el vicio prevalezca no campeará la virtud y sin ella no puede haber grandeza heroica. Creedme, que esta Venus tiene arrinconada a Belona y a Minerva en todas partes, y no trata ella sino con viles herreros, que todo lo tiznan y todo lo yerran. Al fin no nos cansemos, que él no es siglo de hombres eminentes, ni en las armas ni en letras. Pero decidme, ¿dónde los habéis buscado? Y Critilo: —¿Dónde los habemos de buscar, sino en la tierra?, ¿no es ésta su patria y su centro? —¡Qué bueno es eso!, dijo el Centauro. Mira, ¿cómo los habíais de hallar? No los habéis de buscar ya en todo el mundo, que ya han mudado del hito, nunca está quieto el hombre, con nada se contenta. —Pues menos los hallaremos en el Cielo, dijo Andrenio. —Menos, que no están ya ni en Cielo ni en tierra. —Pues ¿dónde los habemos de buscar? —¿Dónde? En el aire. —¿En el aire? —Sí, que allí se han fabricado castillos, torres de viento, donde están muy encastillados, sin querer salir de su quimera. —Según eso, dijo Critilo, todas sus torres vendrán a serlo de confusión y por no ser Janos de prudencia los picarán las cigüeñas manuales, señalándolos con el dedo y diciendo: ¿éste no es aquel hijo de aquel otro? De suerte qué con lo que ellos echaron a las espaldas los demás les darán en el rostro. —Otros muchos, prosiguió el Quirón, se han subido a las nubes y aún hay quien, no levantándose del polvo, pretende tocar con la cabeza en las estrellas. Paséanse no pocos por los espacios imaginarios, camaranchones de su presunción. Pero la mayor parte hallaréis acullá sobre el cuerno de la Luna y aún pretenden subir más alto, si pudieran. —Tienes razón, voceó Andrenio, acullá están, allá los veo, y aún allá andan empinándose, tropezando unos y cayendo otros, según las mudanzas suyas y de aquel planeta, que ya les hace una cara, ya otra, y aún ellos también no cesan entre sí de armarse zancadillas, cayendo todos con más daño que escarmiento. —¡Hay tal locura!, repetía Critilo. ¿No es la tierra su lugar propio del hombre, su principio y su fin? ¿No les fuera mejor conservarse en este mundo y no querer encaramarse con tan evidente riesgo? ¡Hay tal disparate! —Sí lo es grande, dijo el semihombre, materia de harta lástima para unos y de risa para otros, ver que el que ayer no se levantaba de la tierra ya le parece poco un palacio, ya habla sobre el hombro el que ayer llevaba la carga sobre él, el que nació entre las malvas pide los artesones de cedro, el desconocido de todos hoy desconoce a todos; el hijo tiene el puntillo de los muchos que le dio su padre; el que ayer no tenía para pasteles asquea el faisán; blasona de linajes el de desconocido solar; el vos es señoría; todos pretenden subir y ponerse sobre los cuernos de la Luna, más peligrosos que los de un toro, pues estando fuera de su lugar es forzoso dar abajo con ejemplar infamia.

Fuelos guiando a la plaza mayor, donde hallaron paseándose gran multitud y fieras, y todas tan sueltas como libres, con tan notable peligro de los incautos: había leones, tigres, leopardos, lobos, toros, panteras, muchas vulpejas; ni faltaban sierpes, dragones y basiliscos. —¿Qué es esto?, dijo turbado Andrenio. ¿Dónde estamos? ¿Es ésta población humana o selva ferina? —No tienes que temer, que cautelarte sí, dijo el Centauro. —Sin duda que los pocos hombres que habían quedado se han retirado a los montes, ponderó Critilo, por no ver lo que en el mundo pasa, y que las fieras se han venido a las ciudades y se han hecho cortesanas. —Así es, respondió Quirón, el león de un poderoso, con quien no hay poderse averiguar, el tigre de un matador, el lobo de un ricazo, la vulpeja de un fingido, la víbora de una ramera. Toda bestia y todo bruto han ocupado las ciudades; ellos rúan las calles, pasean las plazas, y los verdaderos hombres de bien no osan parecer, viviendo retirados dentro de los límites de su moderación y recato. —¿No nos sentaremos en aquel alto, dijo Andrenio, para poder ver, cuando no gozar, con seguridad y señorío? —Eso no, respondió Quirón, no está el mundo para tomarlo de asiento. —Pues arrimémonos aquí a una de estas columnas, dijo Critilo. —Tampoco, que todos son falsos los arrimos de esta tierra; vamos paseando y pasando. Estaba muy desigual el suelo, porque a las puertas de los poderosos, que son los ricos, había unos grandes montones que relucían mucho. —¡Oh, qué de oro!, dijo Andremio. Y el Quirón: —Advierte que no lo es todo lo que reluce. Llegaron más cerca y conocieron que era basura dorada. Al contrario, a las puertas de los pobres y desvalidos había unas tan profundas y espantosas simas que causaban horror a cuantos las miraban, y así ninguno se acercaba de mil leguas, todos las miraban de lejos, y es lo bueno que todo el día sin cesar muchas y grandes fieras estaban acarreando hediondo estiércol y lo echaban sobre el otro, amontonando tierra sobre tierra. —Cosa rara, dijo Andremio, aún economía no hay. ¿No fuera mejor echar toda esta tierra en aquellos grandes hoyos de los pobres, con que se emparejara el suelo y quedara todo muy igual? —Así había de ser, para bien ir, dijo el Quirón, pero ¿qué cosa va bien en el mundo? Aquí veréis practicado aquel célebre imposible, tan disputado de los filósofos, conviniendo todos en que no se puede dar vacío en la naturaleza; he aquí que en la humana esta gran monstruosidad cada día sucede. No se da en el mundo a quien no tiene, sino a quien más tiene; a muchos se les quita la hacienda porque son pobres y se les adjudica a otros porque la tienen; pues las dádivas no van sino a donde hay, ni se hacen presentes a los ausentes; el oro dora la plata, ésta acude al reclamo de otra; los ricos son los que heredan, que los pobres no tienen parientes; el hambriento no halla un pedazo de pan y el ahíto está cada día convidado; el que una vez es pobre, siempre es pobre, y de esta suerte todo el mundo le hallaréis desigual.

... ...

—Pues si esto es así como lo vemos, dijo Andrenio, ¿para qué me has traído al mundo, oh, Critilo? ¿No me estaba yo bien a mis solas? Yo resuelvo volverme a la cueva de mi nada; alto, y huyamos de tan insufrible confusión, sentina, que no mundo. —Eso es lo que ya no se puede, respondió Critilo, ¡oh!, cuántos volvieran atrás si pudieran! No quedaran personas en el mundo. Advierte que vamos subiendo por la escalera de la vida y las gradas de los días que dejamos atrás, al mismo punto que movemos el pie desaparecen, no hay por dónde volver a bajar, ni otro remedio que pasar adelante. —Pues ¿cómo hemos de poder vivir en un mundo como ése?, porfiaba afligiéndose Andrenio. Y más para mi condición, sino me mudo, que no puedo sufrir cosas mal hechas; yo habré de reventar sin duda. —He que te harás a ello en cuatro días, dijo Quirón, serás tal como los otros. —Eso no, ¿yo loco y necio, yo vugar? —Ven acá, dijo Critilo, ¿no podrás tú pasar por donde tantos sabios pasaron, aunque sea tragando saliva? —Debía estar de otra data el mundo. —El mismo fue siempre el que es, así le hallaron todos y así le dejaron. Vive un entendedor Conde de Castrillo y no revienta un entendido Marqués Carreto y Pasa. —Pues ¿cómo hacen para poder vivir siendo tan cuerdos? —¿Cómo?: ver, oír y callar. —Yo no diría de esta suerte, sino ver, oír y reventar. No dijera más Heráclito. —Ahora dime, ¿nunca se ha tratado de adobar el mundo? —Sí, cada día lo tratan los necios. —¿Por qué necios? —Porque es tan imposible como concertar a Castilla y descomponer a Aragón: ¿quién podrá recabar que unos no tengan nepotes y otros privados, que los franceses no sean tiranos, los ingleses tan feos en el alma cuan hermosos en el cuerpo, los españoles soberbios, y los genoveses, etc.? —No hay que tratar: yo me vuelvo a mi cueva y a mis fieras, pues no hay otro remedio. —Yo te lo he de dar, dijo el Quirón, tan feliz como verdadero, si me escuchas en la Crisi siguiente.

SIGLO XVIII

FEIJOO

Fray Benito Jerónimo Feijoo nació en Cadesmiro (Orense) en 1676. Siendo muy joven ingresó en la Orden Benedictina. Después de realizar estudios en Salamanca y en otros colegios de la orden, quedó adscrito al colegio de San Vicente, en Oviedo, como maestro de novicios, precisamente en esta ciudad, excepto cortos paréntesis en Madrid, permanecería hasta su muerte en 1764. En la Universidad de Oviedo ocupó varias cátedras y, pese a que a lo largo de su vida renunció a varios honores que se le ofrecían, fue elegido abad de su monasterio.

La larga vida de Feijoo está toda ella dedicada al estudio y a la elaboración de su magna obra. En el retiro de su celda consiguió reunir una muy importante biblioteca y estar al tanto del quehacer intelectual de España y Europa.

Como consecuencia de la aparición del *Teatro Crítico* (1726) se produce una polémica en torno a su obra y su figura, polémica que con irregular intensidad —muy agria en ocasiones— había de continuar hasta que Fernando VI (1750), en un gesto insólito, prohíbe por una Real Orden que se impriman impugnaciones contra la obra de Feijoo.

Dos son las obras más importantes de nuestro autor: *Teatro Crítico Universal* con el subtítulo de «Discursos varios en todo género de materias para desengaño de errores comunes», ocho volúmenes que vieron la luz entre 1726 y 1739; y *Cartas eruditas y curiosas*, cinco volúmenes, publicados entre 1741 y 1760. Se trata de una serie de ensayos sobre las más variadas materias: Medicina, Ciencias físico-naturales, Historia, Literatura, Teología, etc., en los que va presentando nuevas ideas y, sobre todo, trata de desterrar errores y supersticiones muy extendidos.

La intención que guía a Feijoo es claramente didáctica y, aunque necesariamente tenía que tratarse de una tarea vulgarizadora, no por eso olvida el rigor científico. Defiende los nuevos métodos de la ciencia experimental frente al verbalismo imperante aun en las Universidades españolas.

En consonancia con el objetivo que se había marcado al construir su obra, su prosa es clara y sencilla, en este sentido está en la línea del ensayo moderno frente a la prosa recargada de muchos de sus contemporáneos.

TEATRO CRITICO UNIVERSAL

VOZ DEL PUEBLO

Aquella mal entendida máxima de que Dios se explica en la voz del pueblo autorizó la plebe para tiranizar el buen juicio y erigió en ella una potestad tribunicia, capaz de oprimir la nobleza literaria. Es éste un error de donde nacen infinitos; porque, asentada la conclusión de que la multitud sea regla de la verdad, todos los desaciertos del vulgo se veneran como inspiraciones del Cielo. Esta consideración me mueve a combatir el primero este error, haciéndome la cuenta de que venzo muchos enemigos en uno solo, o a lo menos de que será más fácil expugnar los demás errores quitándoles primero el patrocinio que les da la voz común en la estimación de los hombres menos cautos.

Aestimes judicia, non numeres, decía Séneca. El valor de las opiniones se ha de computar por el peso, no por el número de las almas. Los ignorantes, por ser muchos, no dejan de ser ignorantes. ¿Qué acierto, pues, se puede esperar de sus resoluciones?... Siempre alcanzará más un discreto solo que una gran turba de necios; como verá mejor al sol un águila sola que un ejército de lechuzas.

Preguntado alguna vez el papa Juan XXIII, qué cosa era la que distaba más de la verdad, respondió que el dictamen del vulgo. Tan persuadido estaba a lo mismo el severísimo Foción que, orando una vez en Atenas, como viese que todo el pueblo en común consentimiento levantaba la voz en su aplauso, preguntó a los amigos que tenía cerca de sí en qué había errado, pareciéndole que en la ceguera del pueblo no cabía aplaudir sino los desaciertos. No apruebo sentencias tan rigurosas, ni puedo considerar el pueblo como antípoda preciso del hemisferio de la verdad. Algunas veces acierta; pero es por ajena luz o por casualidad. No me acuerdo qué sabio compara el vulgo a la luna, a razón de su inconstancia...

Es el pueblo un instrumento de varias voces que, si no por un rarísimo acaso, jamás se pondrán por sí mismas en el debido tono, hasta que alguna mano sabia las temple...

En una materia determinada creí yo algún tiempo que la voz del pueblo era infalible, conviene a saber: en la aprobación o reprobación de los sujetos. Parecíame que aquel que todo el pueblo tiene por bueno, ciertamente es bueno; el que todos tienen por sabio, ciertamente es sabio, y al contrario. Pero haciendo más reflexión hallé que también en esta materia claudica algunas veces la sentencia popular. Estando una vez Foción reprendiendo con alguna aspereza al pueblo de Atenas, su enemigo Demóstenes le dijo: «Mira que te matará el pueblo si empieza a enloquecer.» «Y a ti te matará —respondió Foción— si empieza a tener juicio.» Sentencia con que declaró su mente, de que nunca hace el pueblo concepto sano en la calificación de sujetos. El hado infeliz del mismo

Foción comprobó en parte su sentir, pues vino a morir por el furioso pueblo de Atenas, como delincuente contra la Patria, siendo el hombre mejor que en aquel tiempo tenía Grecia.

Ser reputado un ignorante por sabio, o un sabio por loco, no es cosa que no haya sucedido en algunos pueblos. Y en orden a esto es gracioso el suceso de los abderitas con su compatriota Demócrito. Este filósofo, después de una larga meditación sobre las vanidades y ridiculeces de los hombres, dio en el extremo de reírse siempre que cualquiera suceso le traía este asunto a la memoria. Viendo esto los abderitas, que antes le tenían por sapientísimo, no dudaban en que se había vuelto loco. Y a Hipócrates, que florecía en aquel tiempo, escribieron pidiéndole encarecidamente que fuese a curarle. Sospechó el buen viejo lo que era, que la enfermedad no estaba en Demócrito, sino en el pueblo, el cual, a fuer de muy necio, juzgaba en el filósofo locura lo que era una excelente sabiduría... Fué, en fin, Hipócrates a ver a Demócrito, y en una larga conferencia que tuvo con él halló el fundamento de su risa en una moralidad discreta, de que quedó convencido y admirado. Da puntual noticia Hipócrates de esta conferencia en carta escrita a Damageto, donde se leen estos elogios de Demócrito. Entre otras cosas le dice: «Mi conjetura, Damageto, salió cierta. No está loco Demócrito; antes es el hombre más sabio que he visto. A mí, con su conversación, me hizo más sabio, y por mí a todos los demás hombres...»

Hállanse estas cartas en las obras de Hipócrates, dignísimas, cierto, de ser leídas, especialmente la de Damageto. Y de ellas se colige no sólo cuánto puede errar el pueblo entero en el concepto que hace de algún individuo, mas también la ninguna razón con que tantos autores pintan a Demócrito como un hombre ridículo y semifatuo, pues nadie le disputa el juicio y la sabiduría a Hipócrates; y éste, habiéndole tratado muy despacio, da testimonio tan opuesto que, por su dicho, venía a ser Demócrito el hombre más sabio y cuerdo del mundo...

Sería cosa inmensa si me pusiese a referir las extravagantísimas supersticiones de varios pueblos. Los antiguos gentiles ya se sabe que adoraron los más despreciables y viles frutos. Fue deidad de una nación la cabra, de otra la tortuga, de otra el escarabajo, de otra la mosca. Aun los romanos, que pasaron por la gente más hábil del orbe, fueron extremadamente ridículos en la religión, como San Agustín, en varias partes de sus libros de la *Ciudad de Dios,* les echa en rostro; en que lo más especial fue aquella innumerable multitud de dioses que introdujeron, pues sólo para cuidar de las mieses y granos tenían repartidos entre doce deidades doce oficios diferentes. Para guardar la puerta de la casa había tres: el dios Lorculo cuidaba de la tabla, la Diosa cuidaba del quicio, y el dios Limentino del umbral; en que con gracejo los redarguye San Agustín de que, teniendo por bastante cualquiera un hombre solo para portero, no pudiendo un dios solo hacer lo que hace un hombre solo, pusiesen tres en aquel ministerio...

Los idólatras no son menos ciegos que los antiguos. El demonio, con nombre de tal, es adorado en muchas naciones. En Perú, reino oriental de la península de la India, aunque reverencian a Dios, como autor de todo bien, más cultos dan al demonio, a quien con una especie de maniquismo creen autor de todo mal. En la embajada que hizo a la China el difunto czar de Moscovia, habiendo encontrado los de la comitiva en el camino a un sacerdote idólatra orando, le preguntaron a quién adoraba, a lo que él respondió en tono muy magistral: «Yo adoro a un dios al cual el Dios que vosotros adoráis arrojó del Cielo; pero pasado algún tiempo, mi dios ha de precipitar del Cielo al vuestro y entonces se verán grandes mudanzas en los hijos de los hombres...» Alguna noticia deben tener en aquella región de la caída de Lucifer; pero buen redentor esperan si aguardan a que vuelva al Cielo esa deidad suya. Por motivo poco menos ridículo no maldicen jamás al diablo los jecides (secta que hay en Persia y en Turquía) y es que temen que algún día se reconcilie con Dios y se vengue de las injurias que ahora se le hacen.

En el reino de Siam adoran un elefante blanco, a cuyo obsequio continuo están destinados cuatro mandarines, y le sirven comida y bebida en vajilla de oro. En la isla de Ceilán adoraban un diente que decían haber caído de la boca de Dios; pero habiéndolo cogido el portugués Constantino de Berganza, lo quemó, con grande oprobio de sus sacerdotes, autores de la fábula. En el cabo de Honduras adoraban los indios a un esclavo; pero al pobre no le duraba ni la deidad ni la vida más de un año, pasado el cual lo sacrificaban, sustituyendo otro en su plaza. Y es cosa graciosa que creían podía hacer a otros felices quien a sí propio no podían redimirse de las prisiones y guardas con que le tenían siempre asegurado. En la Tartaria meridional adoran a un hombre, a quien tienen por eterno, dejándose persuadir a ello con el rudo artificio de los sacerdotes destinados a su culto, los cuales sólo le muestran en un lugar secreto del palacio o templo, cercado de muchas lámparas, y siempre tienen de prevención escondido otro hombre algo parecido a él, para ponerle en su lugar cuando aquél muera, como que es siempre el mismo. Llámanle *Lama,* que significa lo mismo que padre eterno, y es de tal modo venerado que los mayores señores solicitan con ricos presentes alguna parte de las inmundicias que excreta, para traerle en una caja de oro pendiente al cuello, como singularísima reliquia. Pero ninguna superstición parece ser más extravagante que la que se practica en Balia, isla del mar de la India, al oriente de la de Java, donde no sólo cada individuo tiene su deidad propia, aquello que se le antoja a su capricho; o un tronco, o una piedra, o un bruto, pero muchos (porque también tienen esa libertad) se la mudan cada día adorando diariamente lo primero que encuentran al salir de casa por la mañana.

¿Qué diré de los disparates históricos que en muchas naciones se veneran como tradiciones irrefragables? Los arcades juzgaban su origen anterior a la creación de la luna. Los del Perú tenían a sus reyes por legítimos descendientes del Sol. Los árabes creen como artículo de fe la existencia de un ave que llaman *Anca Megareb,* de tan portentoso tamaño que sus huevos igualan la mole de los montes, la cual, después que por cierto insulto la maldijo su profeta Handala, vive retirada en una isla inaccesible. No tiene menos asentado su crédito entre los turcos un héroe imaginario llamado *Chederles,* que dicen fue capitán de Alejandro; y habiéndose hecho inmortal, como también su caballo, con la bebida de la agua de cierto río, anda hasta hoy discurriendo por el mundo, y asistiendo a los soldados que lo invocan; siendo tanta la satisfacción con que aseguran estos sueños, que cerca de una mezquita destinada a su culto muestran los sepulcros de un sobrino y un criado de este caballero andante, por cuya intercesión, añaden, se hacen en aquel sitio continuos milagros.

En fin, si se registra país por país, todo el mapa intelectual del orbe, exceptuando las tierras donde es adorado el nombre de Cristo, en el resto de tan dilatada tabla no se hallarán sino borrones. Todo país es Africa para engendrar monstruos. Toda provincia es Iberia para producir venenos. En todas partes, como en Licia, se fingen quimeras. Cuantas naciones carecen de la luz del Evangelio están cubiertas de tan espesas sombras como en otro tiempo Egipto. No hay pueblo alguno que no tenga mucho de bárbaro. ¿Qué se sigue de aquí? Que la voz del pueblo está totalmente desnuda de autoridad, pues tan frecuentemente la vemos puesta de parte del error. Cada uno tiene por infalible la sentencia que reina en su Patria; y esto sobre el principio que todos lo dicen y sienten así. ¿Quiénes son esos todos? ¿Todos los del mundo? No; porque en otras regiones se siente y dice lo contrario. Pues ¿no es tan pueblo uno como otro? ¿Por qué ha de estar más vinculada la verdad a la voz de este pueblo que a la del otro? ¿No más que porque éste es pueblo mío, y el otro ajeno? Es buena razón.

JOVELLANOS

Gaspar Melchor de Jovellanos nació en Gijón en 1744, de familia noble, pero de modesta posición económica. Estudió en las Universidades de Oviedo y Salamanca con intención de dedicarse al sacerdocio, pero abandonó la carrera eclesiástica e ingresó en la magistratura. De 1767 a 1778 ocupó varios cargos en la Audiencia de Sevilla; son años muy importantes para su formación, pues en ellos, a través de la lectura de los últimos autores franceses e ingleses y de la asistencia a las tertulias más importantes de la ciudad, van o orientarse sus ideas reformistas. De 1778 a 1790 vive en Madrid, en donde ocupa varios puestos importantes, al tiempo que desarrolla una intensa actividad, ingresa en varias academias y redacta una serie de escritos sobre temas políticos y económicos. A la caída de Cavarrus, con el que Jovellanos se sentía identificado, sale gallardamente en su defensa, lo que le cuesta un confinamiento en Gijón, en donde va a vivir de 1790 a 1798. Este período es uno de los más fecundos de su vida, sobre todo porque le permitió poner en práctica una de sus más caras aspiraciones, la creación del Instituto Asturiano, centro que fue un modelo pedagógico en su época, al añadir los estudios técnicos a los humanísticos para conseguir una educación integral del individuo. En 1798 es nombrado Ministro de Gracia y Justicia por Godoy, pero sus ideas reformistas encontraron una fuerte oposición y sus enemigos, a la cabeza de los cuales estaba la misma reina, consiguieron su caída. Jovellanos se retira de nuevo a Gijón, a pesar de lo cual los ataques contra él y su institución continúan, hasta el punto de que en 1801 es detenido, encerrado primero en La Cartuja de Valdemosa y en el Castillo de Bellver, después. En 1808 es, por fin, puesto en libertad. Pese a que los franceses intentaron por todos los medios atraerlo a su causa, Jovellanos no aceptó. Fue delegado por su provincia en la Junta Central, de la que llegó a ser presidente y en la que trató, con escaso éxito, de conciliar las posturas extremas.

Jovellanos cultivó la poesía y el teatro, sin que desde luego destacara por su genio creador; en estas obras trata temas sociales y humanitarios, con una mezcla de racionalismo dieciochesco y sentimentalismo prerromántico.

Lo más importante de su obra lo constituyen sus ensayos, de los que destacamos dos títulos: *Informe sobre la ley agraria* y *Memoria para el arreglo de la policía de los espectáculos y diversiones públicas y sobre su origen en España*. El *Informe* es el primer estudio serio sobre el agro español y de su valor da idea el hecho de que todavía sea consultado, con provecho, en nuestros días. La *Memoria* es un estudio sobre las diversiones populares en España y en ella propone las reformas necesarias para que las diversiones, especialmente el teatro, cumplieran la función social que correspondía al ideal reformista.

MEMORIA PARA EL ARREGLO DE LA POLICIA DE LOS ESPECTACULOS Y DIVERSIONES PUBLICAS, Y SOBRE SU ORIGEN EN ESPAÑA

Diversiones del pueblo

Para exponer mis ideas con mayor claridad y exactitud, dividiré el pueblo en dos clases: una que trabaja y otra que huelga; comprenderé en la primera a todas las profesiones que subsisten del producto de su trabajo diario, y en la segunda las que viven de sus rentas o fondos seguros. ¿Quién no ve la diferente situación de una y otra con respecto a las diversiones públicas?... Hablemos primero del pueblo que trabaja.

Este pueblo necesita diversiones, pero no espectáculos. No ha menester que el Gobierno le divierta, pero sí que le deje divertirse. En los pocos días, en las breves horas que puede destinar a su solaz y recreo, él buscará, él inventará sus entretenimientos; basta que se le dé libertad y protección para disfrutarlos. Un día de fiesta claro y sereno en que pueda libremente pasear, correr, tirar a la barra, jugar a la pelota, al tejuelo, a los bolos, merendar, beber, bailar y triscar por el campo, llenará todos sus deseos, y le ofrecerá la diversión y el placer más cumplidos. ¡A tan poca costa se puede divertir a un pueblo, por grande y numeroso que sea!

Sin embargo, ¿cómo es que la mayor parte de los pueblos de España no se divierten en manera alguna? Cualquiera que haya corrido nuestras provincias habrá hecho muchas veces esta dolorosa observación. En los días más solemnes, en vez de la alegría y bullicio que debieran anunciar el contento de sus moradores, reina en las calles y plazas una perezosa inacción, un triste silencio que no se pueden advertir sin admiración y lástima. Si algunas personas salen de sus casas, no parece sino que el tedio y la ociosidad las echan de ellas y las arrastran al ejido, al humilladero, a la plaza o al pórtico de la iglesia, donde embozados en sus capas, o al arrimo de alguna esquina, o sentados, o vagando acá y acullá, sin objeto ni propósito determinado, pasan tristemente las horas y las tardes enteras sin espaciarse ni divertirse. Y si a esto se añade la aridez e inmundicia de los lugares, la pobreza y desaliño de sus vecinos, el aire triste y silencioso, la pereza y falta de unión y movimiento que se nota en todas partes, ¿quién será el que no se sorprenda y entristezca a vista de tan raro fenómeno?

No es de este lugar descubrir todas las causas que concurren a producirle; sean las que fueren, se puede asegurar que todas emanarán de las leyes. Pero sin salir de nuestro propósito no podemos callar que una de las más ordinarias y conocidas está en la mala policía de muchos pueblos. El celo indiscreto de no pocos jueces se persuada a que la mayor perfección del gobierno municipal se cifra en la sujeción del pueblo, y a que la suma del buen orden consiste en que sus moradores se estremezcan a la voz de la justicia, y en que nadie se atreva a moverse ni cespitar al oír su nombre. En consecuencia, cualquiera bulla, cualquiera gresca o algazara recibe el nombre de asonada y alboroto; cualquiera disensión, cualquiera pendencia es objeto de un procedimiento criminal, y trae en pos de sí pesquisas y procesos, y prisiones y multas, y todo el séquito de molestias y vejaciones forenses. Bajo tan dura policía el pueblo se acobarda y entristece, y sacrificando su gusto a su seguridad, renuncia la diversión pública e inocente, pero, sin embargo, peligrosa, y prefiere la soledad y la inacción, tristes a la verdad y dolorosas, pero al mismo tiempo seguras...

En unas partes se prohiben las músicas y cencerradas, y en otras las veladas y bailes. En unas se obliga a los vecinos a cerrarse en sus casas a la *queda,* y en otras a no salir a la calle sin luz, a no pararse en las esquinas, a no juntarse en corrillos y a otras semejantes privaciones. El furor de mandar, y alguna vez la codicia de los jueces, ha extendido hasta las más ruines aldeas reglamentos que apenas pudiera exigir la confusión de una corte; y el infeliz gañán, que ha sudado los terrones del campo y dormido en la era toda la semana, no puede en la noche del sábado gritar libremente en la plaza de su lugar ni entonar un romance a la puerta de su novia.

Aun el país en que vivo, aunque tan señalado entre todos por su laboriosidad, por su natural alegría y por la inocencia de sus costumbres, no ha podido librarse de semejantes reglamentos; y el disgusto con que son recibidos y de que he sido testigo alguna vez, me sugiere ahora estas reflexiones. La dispersión de su población, ni exige, ni permite, por fortuna, la policía municipal inventada para los pueblos agregados; pero los nuestros se juntan a divertirse en las *romerías,* y allí es donde los reglamentos de policía los siguen e importunan. Se ha prohibido en ellas el uso de los palos que hace aquí necesarios, más que la defensa, la fragosidad del país; se han vedado las danzas de hombres, se ha hecho cesar a media tarde las de mujeres, y, finalmente, se obliga a disolver antes de la oración las romerías que son la única diversión de estos laboriosos e inocentes pueblos. ¿Cómo es posible que estén bien hallados y contentos con tan molesta policía?

Se dirá que todo se sufre, y es verdad: todo se sufre, pero se sufre de mala gana; todo se sufre, pero ¿quién no temerá las consecuencias de tan largo y forzado sufrimiento? El estado de libertad es una situación de paz, de comodidad y de alegría; el de sujeción lo es de agitación, de violencia y disgusto; por consiguiente, el primero es durable, el segundo expuesto a mudanzas. No basta, pues, que los pueblos estén quietos; es preciso que estén contentos y sólo en corazones insensibles o en cabezas vacías de todo principio de humanidad y aun de política, puede abrigarse la idea de aspirar a lo primero sin lo segundo.

Los que miran con indiferencia este punto, o no penetran la relación que hay entre la libertad y la prosperidad de los pueblos, o, por lo menos, la desprecian, y tan malo es uno como otro. Sin embargo, esta relación es bien clara y bien digna de la atención de una administración justa y suave. Un pueblo libre y alegre será precisamente activo y laborioso, y siéndolo, será bien morigerado y obediente a la justicia. Cuanto más goce, tanto más amará el gobierno en que vive, tanto mejor le obedecerá, tanto más de buen grado concurrirá a sustentarle y defenderle. Cuanto más goce, tanto más tendrá que perder, tanto más temerá el desorden y tanto más respetará la autoridad destinada a reprimirle. Este pueblo tendrá más ansia de enriquecerse, porque sabrá que aumentará su placer al paso que su fortuna. En una palabra: aspirará con más ardor a su felicidad, porque estará más seguro de gozarla. Siendo, pues, éste el primer objeto de todo buen gobierno, ¿no es claro que no debe ser mirado con descuido ni indiferencia?

Hasta lo que se llama prosperidad pública, si acaso es otra cosa que el resultado de la felicidad individual, pende también de este objeto; porque el poder y la fuerza de un Estado no consiste tanto en la muchedumbre y en la riqueza cuanto, y principalmente, en el carácter moral de sus habitantes. En efecto, ¿qué fuerza tendría una nación compuesta de hombres débiles y corrompidos, de hombres duros, insensibles y ajenos de todo interés, de todo amor público?

Por el contrario, unos hombres frecuentemente congregados a solazarse y divertirse en común formarán siempre un pueblo unido y afectuoso; conocerán un interés general y estarán más distantes de sacrificarse a su interés particular. Serán de ánimo más elevado, porque serán más libres, y, por lo mismo, serán también de corazón más recto y esforzado. Cada uno estimará a su clase, porque se estimará a sí mismo, y estimará las demás, porque querrá que la suya sea estimada. De este modo respetando la jerarquía y el orden establecidos por la Constitución, vivirán según ella, la amarán y la defenderán vigorosamente, creyendo que se defienden a sí mismos. Tan cierto es que la libertad y la alegría de los pueblos están más distantes del desorden que la sujeción y la tristeza.

No se crea por esto que yo mire como inútil u opresiva la magistratura encargada de velar sobre el sosiego público. Creo, por el contrario, que sin ella, sin su continua vigilancia, será imposible conservar la tranquilidad y el buen orden. La libertad misma necesita de su protección, pues que la licencia suele andar cerca de ella cuando no hay algún freno que detenga a los que traspasan sus límites. Pero he aquí donde pecan más de ordinario aquellos jueces indiscretos que confunden la vigilancia con la opresión. No hay fiesta, no hay concurrencia, no hay diversión en que no presenten al pueblo los instrumentos del poder y la justicia. A juzgar por las apariencias, pudiera decirse que tratan sólo de establecer su autoridad sobre el temor de los súbditos, o de asegurar el propio descanso a expensas de su libertad y su gusto. Es en vano: el público no se divertirá mientras no esté en plena libertad de divertirse; porque entre rondas y patrullas, entre corchetes y soldados, entre varas y bayonetas, la libertad se amedrenta y la tímida e inocente alegría huye y desaparece...

Tales son nuestras ideas acerca de las diversiones populares. No hay provincia, no hay distrito, no hay villa ni lugar que no tenga ciertos regocijos y diversiones, ya habituales, ya periódicos, establecidos por costumbre. Ejercicios de fuerza, destreza, agilidad o ligereza; bailes públicos, lumbradas o meriendas, paseos, carreras, disfraces o mojigangas; sean los que fueren, todos serán buenos e inocentes, con tal que sean públicos. Al buen juez toca proteger al pueblo en tales pasatiempos, disponer y adornar los lugares destinados para ellos, alejar de allí cuanto pueda turbarlos, y dejar que se entregue libremente al esparcimiento y alegría. Si alguna vez se presentare a verle, sea más bien para animarle que para amedrentarle o darle sujeción; sea como un padre, que se complace en la alegría de sus hijos, no como un tirano, envidioso del contento de sus esclavos. En suma, nunca pierda de vista que el pueblo que trabaja, como ya hemos advertido, no necesita que el Gobierno le divierta, pero sí que le deje divertirse.

JOSE CADALSO

Cadalso nació en Cádiz en 1741, en el seno de una familia acomodada. Estudió con los jesuitas en Cáliz y París y en el Seminario de Nobles de Madrid. Realizó varios viajes por Europa (Francia, Inglaterra, Alemania, Italia, etc.). Sus estudios y lecturas posteriores le proporcionaron una gran cultura y sus viajes la necesaria perspectiva para adoptar una postura crítica ante la España de su época. Postura que un poco más radicalizada vamos a encontrar después en Larra y que llega hasta la Generación del 98. Emprendió la carrera militar, en la que llegó hasta coronel, aunque ciertamente nunca sintiera entusiasmo por la milicia. Durante veinte años, Cadalso es destinado a distintas guarniciones y en varias ocasiones encontraremos sus quejas tanto del ambiente de los cuarteles como de la tediosa vida de varias ciudades españolas; ni en el uno ni en las otras encontraba Cadalso el ambiente intelectual y cultural que necesitaba. Sí encontrará, en cambio, un clima adecuado en sus estancias en Madrid, donde se relaciona con los escritores más importantes del momento, y en una temporada que pasa en Salamanca, que le permite tomar contacto con la llamada «Escuela Salmantina». En relación con su estancia en Salamanca, hay que hacer mención de un presunto incidente en la vida del autor. Enamorado de una actriz, María Ignacia Ibáñez, muere ésta tras breve enfermedad; y, según se repitió durante mucho tiempo, Cadalso habría intentado desenterrar el cadáver de su amada, por lo que Aranda lo habría desterrado a Salamanca. Pero la crítica actual se inclina a pensar que tan romántico suceso no es más que una leyenda. En 1782 nuestro autor murió luchando frente a Gibraltar en un bloqueo contra los ingleses.

Cadalso estrenó una tragedia: *Don Sancho García,* con escaso éxito. Escribió una obra poética, *Las noches lúgubres,* de tipo prerromántico, que gozó de gran fama durante la primera mitad del siglo xix. Pero la obra más importante de Cadalso es, sin duda, *Cartas Marruecas;* en ella, a través del intercambio de cartas entre los marroquíes Gazel y Ben Beley, y el español Nuño, se nos va presentando un cuadro de la realidad histórica de España, del carácter español y de las costumbres contemporáneas españolas. Todo ello bajo el signo de un criticismo, que si a veces es ciertamente pesimista, casi siempre aparece teñido de ironía y humor, en una prosa cuidada y funcional, exenta de retoricismo. El resultado es una obra que, al contrario de lo que ocurre con muchas de las del xviii, ha conservado hasta nuestros días su indudable vigencia.

CARTAS MARRUECAS

Carta I
DE GAZEL A BEN-BELEY

He logrado quedarme en España después del regreso de nuestro embajador, como lo deseaba muchos días ha, y te lo escribí varias veces durante su mansión en Madrid. Mi ánimo era viajar con utilidad, y este objeto no puede siempre lograrse en la comitiva de los grandes señores, particularmente asiáticos y africanos. Estos no ven, digámoslo así, sino la superficie de la tierra por donde pasan; su fausto, los ningunos antecedentes por dónde indagar las cosas dignas de conocerse, el número de sus criados, la ignorancia de las lenguas, lo sospechosos que deben ser en los países por donde transiten y otros motivos les impiden muchos medios que se ofrecen al particular que viaja con menos nota.

Me hallo vestido como estos cristianos, introducido en muchas de sus casas, poseyendo su idioma, y en amistad muy estrecha con un cristiano llamado Nuño Núñez, que es hombre que ha pasado por muchas vicisitudes de la suerte, carreras y métodos de vida. Se halla ahora separado del mundo, y, según su expresión, encarcelado dentro de sí mismo. En su compañía se me pasan con gusto las horas, porque procura instruirme en todo lo que pregunto; y lo hace con tanta sinceridad, que algunas veces me dice: *de eso no entiendo;* y otras: *de eso no quiero entender.* Con estas proporciones hago ánimo de examinar no sólo la corte, sino todas las provincias de la península. Observaré las costumbres de este pueblo, notando las que son comunes con las de otros países de Europa y las que le son peculiares. Procuraré despojarme de muchas preocupaciones que tenemos los moros contra los cristianos, y particularmente contra los españoles. Notaré todo lo que me sorprenda, para tratar de ello con Nuño, y después participártelo con el juicio que sobre ello haya formado.

Con esto respondo a las muchas que me has escrito pidiéndome noticias del país en que me hallo. Hasta entonces no será tanta mi imprudencia que me ponga a hablar de lo que no entiendo, como sería decirte muchas cosas de un reino que hasta ahora todo es enigma para mí, aunque me sería esto muy fácil: sólo con notar cuatro o cinco costumbres extrañas, cuyo origen no me tomaría el trabajo de indagar, ponerlas en estilo suelto y jocoso, añadir algunas reflexiones satíricas, y soltar la pluma con la misma ligereza que la tomé, completaría mi obra, como otros muchos lo han hecho.

Pero tú me enseñaste, ¡oh, mi venerado maestro!, tú me enseñaste a amar la verdad. Me dijiste mil veces que el faltar a ella es delito aun en las materias frívolas. Era entonces mi corazón tan tierno, y tu voz tan eficaz cuando me imprimiste en él esta máxima, que no la borrarán los tiempos.

Alá te conserve una vejez sana y alegre, fruto de una juventud sobria y contenida, y desde Africa prosigue enviándome a Europa las saludables advertencias que acostumbras. La voz de la virtud cruza los mares, frustra las distancias y penetra el mundo con más excelencia que la luz del Sol, pues esta última cede parte de su imperio a las tinieblas de la noche, y aquélla no se oscurece en tiempo alguno. ¿Qué será de mí en un país más ameno que el mío, y más libre, si no me sigue la idea de tu presencia, representada en tus consejos? Esta será una sombra que me seguirá en medio del encanto de Europa; una especie de espíritu tutelar, que me sacará de la orilla del precipicio, o como el trueno, cuyo estrépito y estruendo detiene la mano que iba a cometer el delito.

Carta XI
DEL MISMO AL MISMO

Las noticias que hemos tenido hasta ahora en Marruecos de la sociedad o vida social de los españoles nos parecían muy buenas, por ser muy semejante aquélla a la nuestra, y ser muy natural en un hombre graduar por esta regla el mérito de los otros. Las mujeres guardadas bajo muchas llaves, las conversaciones de los hombres entre sí muy reservadas, el porte muy serio, las concurrencias pocas, y éstas sujetas a una etiqueta forzosa, y otras costumbres de este tenor, no eran tanto efectos de su clima, religión y gobierno, según quieren algunos, como monumentos de nuestro antiguo dominio. En ellas se ven permanecer reliquias de nuestro señorío, aun más que en los edificios que subsisten en Córdoba, Granada, Toledo y otras partes, pero la frecuencia en el trato de estos alegres nietos de aquellos graves abuelos ha introducido cierta amistad universal entre todos los ciudadanos de un pueblo, y para los forasteros cierta hospitalidad tan generosa que, en comparación de la antigua España, la moderna es una familia común en que son parientes, no sólo todos los españoles, sino todos los hombres.

En lugar de aquellos cumplidos cortos, que se decían las pocas veces que se hablaban, y eso de paso y sin detenerse, si venían encontrados; en lugar de aquellas reverencias pausadas y calculadas según a quién, por quién y delante de quién se hacían; en lugar de aquellas visitas de ceremonia, que se pagaban con tales y tales motivos; en lugar de todo esto, ha sobrevivido un torbellino de visitas diarias, continuas reverencias, impracticables a quien no tenga el cuerpo de goznes, estrechos abrazos y continuas expresiones amistosas, tan largas de recitar que uno como yo, poco acostumbrado a ellas, necesita tomar cinco o seis veces aliento antes de llegar al fin. Bien es verdad que para evitar este último inconveniente (que lo es hasta para los más prácticos) se suele tomar el medio término de pronunciar entre dientes la mitad de estas arengas, no sin mucho peligro de que el sujeto cumplimentado reciba injurias en vez de lisonjas de parte del cumplimentador.

Nuño me llevó anoche a una tertulia (así se llaman cierto número de personas que concurren con frecuencia a una conversación); presentóme al ama de la casa, porque has de saber que los amos no hacen papel en ellas: —Señora —dijo—, éste es un moro noble, calidad que basta para que le admitáis; y honrado, prenda suficiente para que yo le estime.

»Desea conocer a España; me ha encargado de procurarle todos los medios para ello, y lo presento a toda esta amable tertulia —lo que dijo mirando por toda la sala. La señora me hizo un cumplido de los que acabo de referir, y repitieron otros iguales los concurrentes de uno y otro sexo. Aquella primera noche causó un poco de extrañeza mi modo de llevar el traje europeo y conversación; pero al cabo de otras tres o cuatro noches les era yo a todos tan familiar como cualquiera de ellos mismos. Algunos de los tertulianos me visitaron en mi posada, y las tertulias me enviaron a cumplimentar sobre mi llegada a esta Corte, y a ofrecerme sus casas. Me hablaron en los paseos, y me recibieron sin susto cuando fuí a cumplir con la obligación de visitarlas. Los maridos viven naturalmente en barrio distinto del de las mujeres, porque en las casas de éstas no hallé más hombres que los criados, y otros como yo, que iban a visita. Los que encontré en la calle o en la tertulia, a la segunda vez ya eran amigos míos; a la tercera, ya la amistad era antigua; a la cuarta, ya se había olvidado la fecha, y a la quinta, me entraba y salía por todas partes sin que me hablase alma viviente, ni siquiera el portero, el cual, con la gravedad de su bandolera y bastón, no tenía por conveniente dejar su brasero y garita por tan frívolo motivo, como lo era entrarse un moro por la casa de un cristiano.

Aún más que en este ejemplo se comprueba la franqueza de los españoles de este siglo con la relación de las mesas continuamente dispuestas en Madrid para cuantos se quieran sentar a comer. La primera vez que me hallé en una de ellas conducido por Nuño, creí estar en alguna posada pública, según la libertad, aunque tanto lo desmentía la magnificencia de su aparato, la delicadeza de la comida y lo ilustre de la compañía. Díjeselo así a mi amigo, manifestándole la confusión en que me hallaba; y él, conociéndola y sonriéndose, me dijo: —El amo de esta casa es uno de los mayores hombres de la monarquía; importará doscientos pesos todos los años lo que él mismo come, y gasta cien mil en su mesa. Otros están en el mismo pie, y él y ellos son vasallos que dan lustre a la corte; y sólo son inferiores al soberano, a quien sirven con tanta lealtad como esplendor. Quedéme absorto, como tú quedarías si presenciaras lo que lees en esta carta.

Todo esto sin duda es muy bueno, porque contribuye a hacer al hombre cada día más sociable. El continuo trato y franqueza descubren mutuamente los corazones de los unos y de los otros; hace que se comuniquen las especies, y se unan las voluntades. Así se lo estaba diciendo a Nuño, cuando noté que oía con mucha frialdad lo que yo ponderaba con fervor; pero ¡cuál me sorprendió cuando le oí lo siguiente!: —Todas las cosas son buenas por un lado y malas por otro, como las medallas que tienen anverso y reverso. Esta libertad en el trato que tanto te hechiza, es como la rosa que tiene espinas muy cerca del capullo. Sin aprobar la demasiada rigidez del siglo XVI, no puedo tampoco conceder tantas ventajas a la libertad moderna. ¿Cuentas por nada la molestia que sufre el que quiere, por ejemplo, pasearse solo una tarde por distraerse de algún sentimiento, o por reflexionar sobre algo que le importe? Conveniencia que lograría en lo antiguo sólo con pasarse de largo sin hablar a los amigos; y mediante esta franqueza que alabas, se halla rodeado de importunos que le asaltan con mil insulseces sobre el tiempo que hace, los coches que hay en el paseo, color de la bata de tal dama, gusto de libreas de tal señor y otras semejantes. ¿Parécete poca incomodidad la que padece el que tenía ánimo de encerrarse en su cuarto un día, para poner en orden sus cosas domésticas, o entregarse a una lectura que le haga mejor o más sabio? Lo cual también conseguiría en lo antiguo, a no ser el día de su santo o cumpleaños, y en el método de hoy se halla con cinco o seis visitas sucesivas de gentes ociosas que nada le importan, y que sólo las hacen por no perder por falta de ejercitarlo el sublime privilegio de entrar y salir por cualquier parte, sin motivo ni intención. Si queremos alzar un poco el discurso, ¿crees pequeño inconveniente, nacido de esta libertad, el que un ministro, con la cabeza llena de negocios arduos, tenga que exponerse, digámoslo así, a las especulaciones de veinte desocupados, o tal vez espías, que con motivo de la mesa franca van a visitarle a la hora de comer y observan de qué plato come, de qué vino bebe, con cuál convidado se familiariza, con cuál habla mucho, con cuál poco, con cuál nada, a cuál habla en secreto, a quién a voces, a quién pone buena cara, a quién mala, a quién mediana? Piénsalo, reflexiónalo, y verás. La falta de etiqueta en el actual trato de las mujeres también me parece asunto de poca controversia: si no has olvidado la conversación que tuviste con una señora de no menos juicio que virtud, podrás inferir que redundaba en honor de su sexo la antigua austeridad del nuestro, aunque sobrase, como no lo dudo, algo de aquel tesón, de cuyo extremo nos hemos precipitado rápidamente en el otro. No puedo menos de acordarme de la pintura que oí hacer muchas veces a mi abuelo de sus amores, galanteo y boda con la que fue mi abuela. Algún poco de rigor hubo por cierto en toda la empresa; pero no hubo parte de ella que no fuese un verdadero crisol de la virtud de la dama, del valor del galán y del honor de ambos. La casualidad de concurrir a un sarao en Burgos, la conducta de mi abuelo enamorado desde aquel punto, el modo de introducir la conversación, el declarar su amor a la dama, la respuesta de ella, el modo de experimentar la pasión del caballero (y aquí se complacía el buen viejo contando los torneos, fiestas, músicas, los desafíos y tres campañas que hizo contra los moros por servirla y acreditar su constancia), el modo de permitir ella que se la pidiese a sus padres, las diligencias practicadas entre las dos familias, no obstante la conexión que había entre ellas, y, en fin, todos los pasos, hasta lograr el deseado fin, indicaban merecerse mutuamente los novios. Por cierto, decía mi abuelo, poniéndose sumamente grave, que estuvo a pique de descomponerse la boda, por la casualidad de haberse encontrado en la misma calle, aunque a mucha distancia de la casa, una mañana de San Juan, no sé qué escalera de cuerda, pedazos de guitarra, media linterna, al parecer de alguna ronda, y otras varias reliquias de una quimera que había habido la noche anterior, y había causado no pequeño escándalo; hasta que se averiguó haber procedido todo este desorden de una cuadrilla de capitanes mozalbetes recién venidos de Flandes que se juntaban aquellas noches en una casa de juego del barrio, en la que vivía una famosa dama cortesana.

LEANDRO FERNANDEZ DE MORATIN

En medio de la particular situación por la que atraviesa el teatro a lo largo del siglo XVIII, en que se discute hasta la saciedad sobre la más idónea «fórmula teatral», sin que, por desgracia, se consiga dar con ella, Leandro Fernández de Moratín viene a ser una excepción, casi la única. Nacido en Madrid en 1760, era hijo del también dramaturgo y poeta Nicolás. Dos notas podemos destacar en la biografía de Moratín, de una parte, su formación cultural, que unida a su buen juicio, lo llevaron a adoptar una postura ante la literatura española mucho más moderada y justa de lo que era común en su época; de otro lado, su carácter, tímido e irresoluto, que seguramente tuvo mucho que ver con el fracaso de su vida sentimental. Además, Moratín, junto con otro puñado de españoles, se encontró ante una situación ciertamente dramática: la necesidad de elegir entre ser fieles a sus ideas progresistas, lo que los llevaba a unirse a los franceses, o unirse a los patriotas que luchaban contra Napoleón, aunque no estuvieran de acuerdo con la mayoría de ellos. Moratín optó por la primera solución, siendo nombrado Bibliotecario Mayor del rey José I, por lo que al finalizar la guerra, como tantos otros, tuvo que exilarse. Y, amargado, vivió en Francia hasta su muerte en 1828.

Moratín creó una forma valiosa de comedia, la llamada comedia moratiniana, en la que armoniza la comedia sentimental, despojada de todo exceso, con la comedia urbana, de sátira de costumbres. Fiel a su siglo, es fundamental en el teatro moratiniano la finalidad docente, a través de la proyección de un problema moral sobre situaciones de la vida cotidiana.

Escribió cinco comedias: *El viejo y la niña* (1790), *El barón* (1803), *La mogigata* (1804), *El sí de las niñas* (1806) y *La comedia nueva o el café* (1792). En las cuatro primeras el asunto es el de la libertad de elección en el matrimonio, mientras que la última tiene como asunto la comedia de su tiempo, sobre todo esas comedias que a finales del siglo XVIII aún permanecían fieles a la estética barroca, bien que un barroco ya en franca degeneración. La crítica es unánime al destacar la absoluta corrección del teatro de Moratín, su perfección técnica, pero también una cierta falta de nervio, de vigor dramático.

La obra más importante de Moratín, y de todo el teatro español del siglo XVIII, es desde luego *El sí de las niñas,* por la precisión y naturalidad en el desarrollo de la acción, por su perfecto ritmo teatral y, en fin, porque el lenguaje está siempre al servicio de la acción representada por los personajes.

EL SI DE LAS NIÑAS

ACTO III

ESCENA II

DOÑA FRANCISCA, DON DIEGO, RITA, SIMÓN

RITA
—Con tiento, señorita.

DOÑA FRANCISCA
—Siguiendo la pared, ¿no voy bien?
(Vuelven a puntear el instrumento.)

RITA
—Sí, señora... Pero vuelven a tocar... Silencio...

DOÑA FRANCISCA
—No te muevas... deja... Sepamos primero si es él.

RITA
—¿Pues no ha de ser?... La seña no puede mentir.

DOÑA FRANCISCA
—Calla. Sí, él es... ¡Dios mío! *(Acércase RITA a la ventana, abre la vidriera y da tres palmadas. Cesa la música.)* Ve, responde... Albricias, corazón. El es.

SIMÓN
—¿Ha oído usted?

DON DIEGO
—Sí.

SIMÓN
—¿Qué querrá decir esto?

DON DIEGO
—Calla.

DOÑA FRANCISCA
—*(Se asoma a la ventana. RITA se queda detrás de ella. Los puntos suspensivos indican las interrupciones más o menos largas.)* Yo soy... Y ¿qué había de pensar viendo lo que usted acababa de hacer?... ¿Qué fuga es ésta? Rita *(apartándose de la ventana, y vuelve después a asomarse)*, amiga, por Dios, ten cuidado y si oyeres algún rumor, al instante avísame... ¿Para siempre? ¡Triste de mí! Bien está, tírela usted... Pero yo no acabo de entender... ¡Ay, don Félix! nunca le he visto a usted tan tímido... *(Tiran desde adentro una*

carta que cae por la ventana al teatro. DOÑA FRANCISCA *la busca, y no hallándola vuelve a asomarse.)* No, no la he cogido; pero aquí está sin duda... ¿Y no he de saber yo hasta que llegue el día los motivos que tiene usted para dejarme muriendo?... Sí, yo quiero saberlo de boca de usted. Su Paquita de usted se lo manda... Y ¿cómo le parece a usted que estará el mío?... No me cabe en el pecho... diga usted. (SIMÓN *se adelanta un poco, tropieza con la jaula y la deja caer.)*

RITA
—Señorita, vamos de aquí... Presto, que hay gente.

DOÑA FRANCISCA
—¡Infeliz de mí... Guíame.

RITA
—Vamos. *(Al retirarse tropieza con* SIMÓN. *Las dos se van al cuarto de* DOÑA FRANCISCA.) ¡Ay!

DOÑA FRANCISCA
—¡Muerta voy!

ESCENA III

DON DIEGO, SIMÓN

DON DIEGO
—¿Qué grito fue ése?

SIMÓN
—Una de las fantasmas, que al retirarse tropezó conmigo.

DON DIEGO
—Acércate a esa ventana y mira si hallas en el suelo un papel... ¡Buenos estamos!

SIMÓN
—*(Tentando por el suelo, cerca de la ventana.)* No encuentro nada, señor.

DON DIEGO
—Búscale bien, que por ahí ha de estar.

SIMÓN
—¿Le tiraron desde la calle?

DON DIEGO
—Sí... ¿Qué amante es éste? ¡Y diez y seis años y criada en un convento! Acabó ya toda mi ilusión.

SIMÓN
—Aquí está. *(Halla la carta, y se la da a* DON DIEGO.)

DON DIEGO
—Vete abajo, y entiende una luz... En la caballeriza o en la cocina... Por ahí habrá algún farol... Y vuelve con ella al instante.

(Vase SIMÓN *por la puerta del foro.)*

ESCENA IV

Don Diego

—¿Y a quién debo culpar? *(Apoyándose en el respaldo de una silla.)* ¿Es ella la delincuente, o su madre, o sus tías, o yo? ¿Sobre quién... sobre quién ha de caer esta cólera, que por más que lo procuro, no la sé reprimir?... ¡La naturaleza la hizo tan amable a mis ojos!... ¡Qué esperanzas tan halagüeñas concebí! ¡Qué felicidades me prometía!... ¡Celos!... ¿Yo? ¡En qué edad tengo celos!... Vergüenza es... Pero esta inquietud que yo siento, esta indignación, estos deseos de venganza ¿de qué provienen? ¿Cómo he de llamarlos? Otra vez parece que... *(Advirtiendo que suena ruido en la puerta del cuarto de* Doña Francisca *se retira a un extremo del teatro.)* Sí.

ESCENA XI

Doña Irene, don Diego

Doña Irene

—Conque, señor don Diego, ¿es ya la de vámonos?... Buenos días... *(Apaga la luz que está sobre la mesa.)* ¿Reza usted?

Don Diego. *Paseándose con inquietud.*
—Sí, para rezar estoy ahora.

Doña Irene

—Si usted quiere, ya pueden ir disponiendo el chocolate, y que avisen al mayoral para que enganchen luego que... Pero ¿qué tiene usted, señor?... ¿Hay alguna novedad?

Don Diego

—Sí, no deja de haber novedades.

Doña Irene

—Pues ¿qué? Dígalo usted, por Dios... ¡Vaya, vaya!... No sabe usted lo asustada que estoy... Cualquiera cosa, así, repentina, me remueve toda y me... Desde el último mal parto que tuve, quedé tan sumamente delicada de los nervios... Y va para diez y nueve años, si no son veinte; pero desde entonces, ya digo, cualquiera friolera me trastorna... Ni los baños, ni caldos de culebra, ni la conserva de tamarindos; nada me ha servido; de manera que...

Don Diego

—Vamos, ahora no hablemos de malos partos ni de conservas... Hay otra cosa más importante de qué tratar... ¿Qué hacen esas muchachas?

Doña Irene

—Están recogiendo la ropa y haciendo el cofre, para que todo esté a la vela, y no haya detención.

Don Diego

—Muy bien. Siéntese usted... y no hay que asustarse ni alborotarse *(Siéntanse los dos)* por nada de lo que yo diga; y cuenta, no nos abandone el juicio cuando más lo necesitamos... Su hija de usted está enamorada...

DOÑA IRENE
—¿Pues no lo he dicho ya mil veces? Sí, señor, que lo está; y bastaba que yo lo dijese para que...

DON DIEGO
—¡Este vicio maldito de interrumpir a cada paso! Déjeme usted hablar.

DOÑA IRENE
—Bien, vamos, hable usted.

DON DIEGO
—Está enamorada; pero no está enamorada de mí.

DOÑA IRENE
—¿Qué dice usted?

DON DIEGO
—Lo que usted oye.

DOÑA IRENE
—Pero, ¿quién le ha contado a usted esos disparates?

DON DIEGO
—Nadie. Yo lo sé, yo lo he visto, nadie me lo ha contado, y cuando se lo digo a usted, bien seguro estoy de que es verdad... Vaya, ¿qué llanto es ése?

DOÑA IRENE. *Llora.*
—¡Pobre de mí!

DON DIEGO
—¿A qué viene eso?

DOÑA IRENE
—¡Porque me ven sola y sin medios, y porque soy una pobre viuda, parece que todos me desprecian y se conjuran contra mí!

DON DIEGO
—Señora doña Irene...

DOÑA IRENE
—Al cabo de mis años y de mis achaques, verme tratada de esta manera como un estropajo, como una puerca cenicienta, vamos al decir... ¿Quién lo creyera de usted?... ¡Válgame Dios!... ¡Si vivieran mis tres difuntos!... Con el último difunto que me viviera, que tenía un genio como una serpiente...

DON DIEGO
—Mire usted, señora, que se me acaba ya la paciencia.

DOÑA IRENE
—Que lo mismo era replicarle, que se ponía hecho una furia del infierno, y un día del Corpus, yo no sé por qué friolera, hartó de mojicones a un comisario ordenador, y si no hubiera sido por dos padres del Carmen, que se pusieron de por medio, le estrella contra un poste en los portales de Santa Cruz.

DON DIEGO
—Pero ¿es posible que no ha de atender usted a lo que voy a decirla?

203

Doña Irene
—¡Ay! no, señor, que bien lo sé, que no tengo pelo de tonta, no, señor... Usted ya no quiere a la niña, y busca pretextos para zafarse de la obligación en que está... ¡Hija de mi alma y de mi corazón!

Don Diego
—Señora doña Irene, hágame usted el gusto de oírme, de no replicarme, de no decir despropósitos, y luego que usted sepa lo que hay, llore y gima, y grite, y diga cuanto quiera... Pero entre tanto, no me apure usted el sufrimiento ¡por amor de Dios!

Doña Irene
—Diga usted lo que le dé la gana.

Don Diego
—Que no volvamos otra vez a llorar y a...

Doña Irene
—No, señor, ya no lloro.
(Enjugándose las lágrimas con el pañuelo.)

Don Diego
—Pues hace ya cosa de un año poco más o menos, que doña Paquita tiene otro amante. Se han hablado muchas veces, se han escrito, se han prometido amor, fidelidad, constancia... Y por último, existe en ambos una pasión tan fina, que las dificultades y la ausencia, lejos de disminuirla, han contribuido eficazmente a hacerla mayor. En este supuesto...

Doña Irene
—Pero ¿no conoce usted, señor, que todo es un chisme inventado por alguna mala lengua que no nos quiere bien?

Don Diego
—Volvemos otra vez a lo mismo. No, señora, no es chisme. Repito de nuevo que lo sé.

Doña Irene
—¿Qué ha de saber usted, señor, ni qué traza tiene eso de verdad? ¡Conque la hija de mis entrañas, encerrada en un convento, ayunando los siete reviernes, acompañada de aquellas santas religiosas!... ¡Ella, que no sabe lo que es mundo, que no ha salido todavía del cascarón, como quien dice!... Bien se conoce que no sabe usted el genio que tiene Circuncisión... ¡Pues bonita es ella para haber disimulado a su sobrina el menor desliz!

Don Diego
—Aquí no se trata de ningún desliz, señora doña Irene; se trata de una inclinación honesta, de la cual hasta ahora no habíamos tenido antecedente alguno. Su hija de usted es una niña muy honrada, y no es capaz de deslizarse... Lo que digo es que la madre Circuncisión, y la Soledad y la Candelaria, y todas las madres y usted y yo el primero, nos hemos equivocado solemnemente. La muchacha se quiere casar con otro, y no conmigo. Hemos llegado tarde; usted ha contado muy de ligero con la voluntad de su hija. Vaya, ¿para qué es cansarnos? Lea usted ese papel, y verá si tengo razón.

(Saca el papel de Don Carlos *y se le da a* Doña Irene. *Ella, sin leerle, se levanta muy agitada, se acerca a la puerta de su cuarto y llama. Levántase* Don Diego, *y procura en vano contenerla.)*

DOÑA IRENE
—¡Yo he de volverme loca!... ¡Francisquita!... ¡Virgen del Tremedal!... ¡Rita! ¡Francisca!

DON DIEGO
—Pero ¿a qué es llamarlas?

DOÑA IRENE
—Sí, señor, que quiero que venga, y que se desengañe la probrecita de quién es usted.

DON DIEGO
—Lo echó todo a rodar... Esto le sucede a quien se fía de la prudencia de una mujer.

ESCENA XII

DOÑA FRANCISCA, DOÑA IRENE, DON DIEGO, RITA

RITA
—¡Señora!

DOÑA FRANCISCA
—¿Me llamaba usted?

DOÑA IRENE
—Sí, hija, sí; porque el señor don Diego nos trata de un modo que ya no se puede aguantar. ¿Qué amores tienes, niña? ¿A quién has dado palabra de matrimonio? ¿Qué enredos son éstos?... Y tú, picarona... Pues tú también lo has de saber... Por fuerza lo sabes... ¿Quién ha escrito este papel? ¿Qué dices?
(Presentando el papel abierto a DOÑA FRANCISCA.)

RITA. *Aparte a DOÑA FRANCISCA.*
—Su letra es.

DOÑA FRANCISCA
—¡Qué maldad!... Señor don Diego, ¿así cumple usted su palabra?

DON DIEGO
—Bien sabe Dios que no tengo la culpa... Venga usted aquí. *(Tomando de una mano a DOÑA FRANCISCA, la pone a su lado.)* No hay que temer... Y usted, señora, escuche y calle, y no me ponga en términos de hacer un desatino... Déme usted ese papel. *(Quitándola el papel.)* Paquita, ya se acuerda usted de las tres palmadas de esta noche.

DOÑA FRANCISCA
—Mientras viva me acordaré.

DON DIEGO
—Pues éste es el papel que tiraron a la ventana. No hay que asustarse, ya lo he dicho. *(Lee.)* Bien mío: si no consigo hablar con usted, haré lo posible para que llegue a sus manos esta carta. Apenas me separé de usted, encontré en la posada al que yo llamaba mi enemigo, y al verle no sé cómo no expiré de dolor. Me mandó que saliera inmediatamente de la ciudad, y fue preciso obede-

cerle. *Yo me llamo don Carlos, no don Félix. Don Diego es mi tío. Viva usted dichosa, y olvide para siempre a su infeliz amigo.—Carlos de Urbina.*

Doña Irene
—¿Conque hay eso?

Doña Francisca
—¡Triste de mí!

Doña Irene
—¿Conque es verdad lo que decía el señor, grandísima picarona? Te has de acordar de mí.
(Se encamina hacia Doña Francisca, *muy colérica y en ademán de querer maltratarla.* Rita *y* don Diego *lo estorban.)*

Doña Francisca
—¡Madre!... ¡Perdón!

Doña Irene
—No, señor, que la he de matar.

Don Diego
—¿Qué locura es ésta?

Doña Irene
—He de matarla.

ESCENA XIII

Don Carlos, don Diego, doña Irene, doña Francisca, Rita

(Sale don Diego *del cuarto precipitadamente; coge de un brazo a* doña Francisca, *se la lleva hacia el fondo del teatro, y se pone delante de ella para defenderla.* Doña Irene *se asusta y se retira.)*

Don Carlos
—Eso no. Delante de mí nadie ha de ofenderla.

Doña Francisca
—¡Carlos!

Don Carlos. *(A* don Diego.)
(Disimule usted mi atrevimiento... He visto que la insultaban, y no me he sabido contener.)

Doña Irene
—¿Qué es lo que me sucede? ¡Dios mío! ¿Quién es usted?... ¿Qué acciones son éstas?... ¡Qué escándalo!

Don Diego
—Aquí no hay escándalos. Ese es de quien su hija de usted está enamorada. Separarlos y matarlos, viene a ser lo mismo... Carlos... No importa... Abraza a tu mujer.
(Se abrazan don Carlos *y* doña Francisca, *y después se arrodillan a los pies de* don Diego.)

Doña Irene
—¿Conque su sobrino de usted?

Don Diego
—Sí, señora, mi sobrino, que con sus palmadas, y su música, y su papel me ha dado la noche más terrible que he tenido en mi vida... ¿Qué es esto, hijos míos, qué es esto?

Doña Francisca
—¿Conque usted nos perdona y nos hace felices?

Don Diego
—Sí, prendas de mi alma... Sí.
(Los hace levantar con expresión de ternura.)

Doña Irene
—¿Y es posible que usted se determine a hacer un sacrificio?...

Don Diego
—Yo pude separarlos para siempre, y gozar tranquilamente la posesión de esta niña amable; pero mi conciencia no lo sufre... ¡Carlos!... ¡Paquita! ¡Qué dolorosa impresión me deja en el alma el esfuerzo que acabo de hacer!... Porque, al fin, soy hombre miserable y débil.

Don Carlos. *Besándole las manos.*
—Si nuestro amor, si nuestro agradecimiento pueden bastar a consolar a usted en tanta pérdida...

Doña Irene
—¡Conque el bueno de don Carlos! Vaya que...

Don Diego
—El y su hija de usted estaban locos de amor, mientras que usted y las tías fundaban castillos en el aire, y me llenaban la cabeza de ilusiones, que han desaparecido como un sueño... Esto resulta del abuso de autoridad, de la opresión que la juventud padece, éstas son las seguridades que dan los padres y los tutores, y esto es lo que se debe fiar en *El sí de las niñas*... Por una casualidad he sabido a tiempo el error en que estaba. ¡Ay de aquellos que lo saben tarde!

Doña Irene
—En fin, Dios los haga buenos, y que por muchos años se gocen... Venga usted acá, señor, venga usted, que quiero abrazarle. *(Abrazando a* don Carlos, doña Francisca *se arrodilla y besa la mano a su madre.)* Hija, Francisquita. ¡Vaya! Buena elección has tenido... Cierto que es un mozo muy galán... Morenillo, pero tiene un mirar de ojos muy hechicero.

Rita
—Sí, dígaselo usted, que no lo ha reparado la niña... Señorita, un millón de besos.
(Se besan doña Francisca *y* Rita.*)*

Doña Francisca
—Pero ¿ves qué alegría tan grande?... ¡Y tú, como me quieres tanto!... Siempre, siempre serás mi amiga.

Don Diego
—Paquita hermosa *(abraza a* Doña Francisca*)*, recibe los primeros abrazos de tu nuevo padre... No temo ya la soledad terrible que amenazaba a mi vejez... Vosotros *(asiendo de las manos a* Doña Francisca *y a* Don Carlos*)* seréis la delicia de mi corazón; y el primer fruto de vuestro amor... sí, hijos, aquél... no hay remedio, aquél es para mí. Y cuando le acaricie en mis brazos podré decir: a mí debe su existencia este niño inocente; si sus padres viven, si son felices, yo he sido la causa.

Don Carlos
—¡Bendita sea tanta bondad!

Don Diego
—Hijos, bendita sea la de Dios.

SIGLO XIX

EL DUQUE DE RIVAS

Don Angel de Saavedra nació en Córdoba en 1791. Por sus ideas liberales fue condenado a muerte, pero consiguió escapar y en el exilio vivió durante diez años. En este tiempo, como les ocurrió a otros escritores del momento, sustituyó la estética neoclásica por el romanticismo, entonces triunfante en toda Europa. A su regreso a España adoptó una postura política mucho más moderada, ocupando puestos importantes, tales como ministro, embajador, presidente de la Real Academia, etc.

Antes de su conversión al romanticismo, había escrito una serie de obras dramáticas de inspiración neoclásica, de escaso interés. Como dramaturgo, su obra más importante es *Don Alvaro o la fuerza del sino*, estrenada en Madrid en 1835; esta obra significó el triunfo definitivo del romanticismo en España. En ella podemos encontrar las características que definen al drama romántico español. La libertad como principio artístico, mezcla de lo trágico y lo cómico, de prosa y verso; esto último, como señala Ruiz Ramón, más por un prurito de originalidad que por razones internas del drama. Polimetría, pero a diferencia de lo ocurrido en el teatro del Siglo de Oro sin conseguir una adecuación entre el metro y la acción dramática. Ruptura de las unidades de tiempo y lugar, la obra transcurre a lo largo de varios años y en varios escenarios (Sevilla, Italia, etc.). Abundancia de acotaciones escénicas, referidas unas veces a la escenografía de la obra y otras a las actitudes de los personajes. En cuanto a los personajes más importantes de la obra, Don Alvaro es un héroe misterioso, del que se aventuran distintos orígenes. Es así mismo portador de un destino fatal que convierte en tragedia todo aquello en que intervine. La heroína, doña Leonor, toda dulzura e inocencia, es el objeto de la pasión, personaje fundamentalmente pasivo, arrastrado por el destino fatal de Don Alvaro. La acción, cuyo motor es el sino, se manifiesta en una complicada intriga llena de los lances más insospechados. Se trata ciertamente de un drama histórico, pero la historia aquí sirve de telón de fondo y para dar algunas notas de colorido.

Como rasgos positivos de esta obra se suelen señalar la belleza plástica de las escenas, así como cierta fuerza trágica y un lenguaje que por momentos adquiere fuerza poética indudable. Pero este drama adolece de los defectos propios del drama romántico español, sobre todo de excesiva teatralidad y una marcada falta de autenticidad.

El Duque de Rivas es además autor de un poema narrativo, *El moro expósito*, de transición entre neoclasicismo y romanticismo, y de una serie de romances históricos, de inspiración nacionalista, que marcan el giro del autor hacia un romanticismo moderado de inspiración tradicional.

DON ALVARO O LA FUERZA DEL SINO

JORNADA PRIMERA
ESCENA VII

Don Alvaro, en cuerpo con una jaquetilla de mangas perdidas sobre una rica chupa de majo, redecilla, calzón de ante, etc., entra por el balcón y se echa en brazos de Doña Leonor

Don Alvaro (*Con gran vehemencia.*)
¡Angel consolador del alma mía!...
¿Van ya los santos cielos
a dar corona eterna a mis desvelos?...
Me ahoga la alegría...
¿Estamos abrazados
para no vernos nunca separados?...
Antes, antes la muerte
que de ti separarme y que perderte.

Doña Leonor (*Muy agitada.*)
¡Don Alvaro!

Don Alvaro Mi bien, mi Dios, mi todo.
¿Qué te agita y te turba de tal modo?
¿Te turba el corazón ver que tu amante
se encuentra en este instante
más ufano que el sol?... ¡Prenda adorada!

Doña Leonor Es ya tan tarde...

Don Alvaro ¿Estabas enojada
porque tardé en venir? De mi retardo
no soy culpado, no, dulce señora;
hace más de una hora
que despechado aguardo
por estos rededores
la ocasión de llegar, y ya temía
que de mi adversa estrella los rigores
hoy deshicieran la esperanza mía.
Mas no, mi bien, mi gloria, mi consuelo;
protege nuestro amor el santo cielo
y una carrera eterna de ventura,
próvido, a nuestras plantas asegura.
El tiempo no perdamos.
¿Está ya todo listo? Vamos, vamos.

Curra	Sí: bajo del balcón, Antonio, el guarda las maletas espera; las echaré al momento. *(Va hacia el balcón.)*
Doña Leonor	*(Resuelta.)* Curra, aguarda detente... ¡Ay, Dios! ¿No fuera, don Alvaro, mejor...?
Don Alvaro	¿Qué, encanto mío?... ¿Por qué tiempo perder? La jaca torda, la que, cual dices tú, los campos borda, la que tanto te agrada por su obediencia y brío, para ti está, mi dueño, enjaezada. Para Curra, el overo, para mí, el alazán gallardo y fiero... ¡Oh, loco estoy de amor y de alegría! En San Juan de Alfarache, preparado todo, con gran secreto, lo he dejado. El sacerdote en el altar espera; Dios nos bendecirá desde su esfera, y cuando el nuevo sol en el Oriente, protector de mi estirpe soberana, numen eterno en la región indiana, la regia pompa de su trono ostente, monarca de la luz, padre del día, yo tu esposo seré; tú, esposa mía.
Doña Leonor	Es tan tarde... ¡Don Alvaro!
Don Alvaro	*(A Curra.)* Muchacha, ¿qué te detiene ya? Corre, despacha; por el balcón esas maletas, luego...
Doña Leonor	*(Fuera de sí.)* ¡Curra, Curra, detente! ¡Don Alvaro!
Don Alvaro	¡¡Leonor!!
Doña Leonor	Dejadlo os ruego para mañana
Don Alvaro	¿Qué?
	Más fácilmente...
Don Alvaro	*(Demudado y confuso.)* ¿Qué es esto, qué, Leonor? ¿Te falta ahora resolución?... ¡Ay, yo, desventurado!
Doña Leonor	¡Don Alvaro! ¡Don Alvaro!
Don Alvaro	¡Señora!
Doña Leonor	¡Ay! Me partís el alma...
Don Alvaro	Destrozado tengo yo el corazón... ¿Dónde está, donde, vuestro amor, vuestro firme juramento? Mal con vuestra palabra corresponde tanta irresolución en tal momento. Tan súbita mudanza... No os conozco, Leonor. ¿Llevóse el viento

de mi delirio toda la esperanza?
Sí, he cegado en el punto
en que alboraba el más risueño día
Me sacarán difunto
de aquí, cuando inmortal salir creía.
Hechicera engañosa,
¿la perspectiva hermosa
que falaz me ofreciste así deshaces?
¡Pérfida! ¿Te complaces
en levantarme al trono del Eterno
para después hundirme en el infierno?...
¡Sólo me resta ya...!

Doña Leonor   *(Echándose en sus brazos.)*
　　　　　　　　　　No, no; te adoro.
　　　　　¡Don Alvaro!... ¡Mi bien!... Vamos, sí, vamos.
Don Alvaro　¡Oh, mi Leonor!...
Curra　　　　　　　　El tiempo no perdamos.
Don Alvaro　¡Mi encanto, mi tesoro!
　　　　　(Doña Leonor, muy abatida, se apoya en el hombro de don Alvaro, con muestras de desmayarse.)
　　　　　Mas ¿qué es esto? ¡Ay de mí! ¡Tu mano yerta!
　　　　　Me parece la mano de una muerta...
　　　　　Frío está tu semblante
　　　　　como la losa de un sepulcro helado...
Doña Leonor　¡Don Alvaro!
Don Alvaro　　　　　¡Leonor! *(Pausa.)* Fuerza bastante
　　　　　hay para todo en mí... ¡Desventurado!
　　　　　La conmoción conozco que te agita,
　　　　　inocente Leonor. Dios no permita
　　　　　que por debilidad en tal momento
　　　　　sigas mis pasos y mi esposa seas.
　　　　　Renuncio a tu palabra y juramento;
　　　　　hachas de muerte las nupciales teas
　　　　　fueran para los dos... Si no me amas
　　　　　como te amo yo a ti... Si arrepentida...
Doña Leonor　Mi dulce esposo, con el alma y vida
　　　　　es tuya tu Leonor; mi dicha fundo
　　　　　en seguirte hasta el fin del ancho mundo.
　　　　　Vamos; resuelta estoy, fijé mi suerte,
　　　　　separarnos podrá sólo la muerte.
　　　　　(Van hacia el balcón, cuando de repente se oye ruido, ladridos y abrir y cerrar puertas.)

Doña Leonor.—¡Dios mío! ¿Qué ruido es éste? ¡Don Alvaro!
Curra.—Parece que han abierto las puertas del patio... y la de la escalera...
Doña Leonor.—¿Se habrá puesto malo mi padre?...
Curra.—¡Qué! No, señora; el ruido viene de otra parte.
Doña Leonor.—¿Habrá llegado alguno de mis hermanos?
Don Alvaro.—Vamos, vamos, Leonor; no perdamos ni un instante.
(Vuelven hacia el balcón y de repente se ve por él el resplandor de hachones de viento y se oye galopar de caballos.)

Doña Leonor.—¡Somos perdidos! Estamos descubiertos... Imposible es la fuga.
Don Alvaro.—Serenidad es necesario en todo caso.
Curra.—¡La Virgen del Rosario nos valga y las ánimas benditas!... ¿Qué será de mi pobre Antonio? *(Se asoma al balcón y grita.)* ¡Antonio! ¡Antonio!
Don Alvaro.—¡Calla, maldita! No llames la atención hacia este lado; entorna el balcón. *(Se acerca el ruido de puertas y pisadas.)*
Doña Leonor.—¡Ay, desdichada de mí! Don Alvaro, escóndete... aquí... en mi alcoba...
Don Alvaro.—*(Resuelto.)* No, yo no me escondo... No te abandono en tal conflicto. *(Prepara una pistola.)* Defenderte y salvarte es mi obligación.
Doña Leonor.—*(Asustadísima.)* ¿Qué intentas? ¡Ay! Retira esa pistola que me hiela la sangre... ¡Por Dios, suéltala!... ¿La dispararás contra mi buen padre?... ¿Contra alguno de mis hermanos?... ¿Para matar a alguno de los fieles y antiguos criados de esta casa?...
Don Alvaro.—*(Profundamente confundido.)* No, no, amor mío... La emplearé en dar fin a mi desventurada vida.
Doña Leonor.—¡Qué horror! ¡Don Alvaro!

ESCENA VIII

Abrese la puerta con estrépito, después de varios golpes en ella, y entra el Marqués, *en bata y gorro, con un espadín desnudo en la mano, y detrás, dos criados mayores con luces*

Marqués.—*(Furioso.)* ¡Vil seductor!... ¡Hija infame!
Doña Leonor.—*(Arrojándose a los pies de su padre.)* ¡Padre! ¡Padre!
Marqués.—No soy su padre... Aparta... Y tú, vil advenedizo...
Don Alvaro.—Vuestra hija es inocente... Yo soy el culpado... Atravesadme el pecho. *(Hinca una rodilla.)*
Marqués.—Tu actitud suplicante manifiesta lo bajo de tu condición...
Don Alvaro.—*(Levantándose.)* ¡Señor marqués!... ¡Señor marqués!...
Marqués. *(A su hija.)* Quita, mujer inicua. *(A* Curra, *que le sujeta el brazo.)* Y tú, infeliz, ¿osas tocar a tu señor? *(A los criados.)* Ea, echaos sobre ese infame, sujetadle, atadle...
Don Alvaro.—*(Con dignidad.)* Desgraciado del que me pierda el respeto. *(Saca una pistola y la monta.)*
Doña Leonor.—*(Corriendo hacia* Don Alvaro.*)* ¡Don Alvaro!... ¿Qué vais a hacer?
Marqués.—Echaos sobre él al punto.
Don Alvaro.—¡Ay de vuestros criados si se mueven! Vos sólo tenéis derecho para atravesarme el corazón.
Marqués.—¿Tú morir a manos de un caballero? No; morirás a las del verdugo.
Don Alvaro.—¡Señor marqués de Calatrava! Mas, ¡ah!, no; tenéis derecho para todo... Vuestra hija es inocente... Tan pura como el aliento de los ángeles que rodean el trono del Altísimo. La sospecha a que puede dar origen mi presencia aquí a tales horas concluya con mi muerte, salga envolviendo mi cadáver como si fuera mi mortaja... Sí, debo morir..., pero a vuestras manos. *(Pone una rodilla en tierra.)* Espero resignado el golpe; no lo resistiré; ya me tenéis

desarmado. *(Tira la pistola, que al dar en tierra se dispara y hiere al marqués, que cae moribundo en los brazos de su hija y de los criados, dando un alarido.)*
   Marqués.—Muerto soy... ¡Ay de mí!...
   Don Alvaro.—¡Dios mío! ¡Arma funesta! ¡Noche terrible!
   Doña Leonor.—¡Padre, padre!
   Marqués.—Aparta; sacadme de aquí..., donde muera sin que esta vil me contamine con tal nombre...
   Doña Leonor.—¡Padre!...
   Marqués.—¡Yo te maldigo!
   (Cae Leonor en brazos de don Alvaro, que la arrastra hacia el balcón.)

JORNADA QUINTA
ESCENA IX

El teatro representa un valle rodeado de riscos inaccesibles y de malezas, atravesado por un arroyuelo. Sobre un peñasco accesible con dificultad, y colocado al fondo, habrá una medio gruta, medio ermita, con puerta practicable, y una campana que pueda sonar y tocarse desde dentro; el cielo representará el ponerse el sol de un día borrascoso, se irá oscureciendo lentamente la escena y aumentándose los truenos y relámpagos. Don Alvaro *y* Don Alfonso *salen por un lado*

Don Alfonso   De aquí no hemos de pasar.
Don Alvaro   No, que tras de estos tapiales
              bien, sin ser vistos, podemos
              terminar nuestro combate.
              Y aunque en hollar este sitio
              cometo un crimen muy grande,
              hoy es de crímenes día,
              y todos han de apurarse.
              De uno de los dos la tumba
              se está abriendo en este instante.
Don Alfonso   Pues no perdamos más tiempo,
              y que las espadas hablen.
Don Alvaro   Vamos; mas antes es fuerza
              que un gran secreto os declare,
              pues que de uno de nosotros
              es la muerte irrevocable,
              y si yo caigo es forzoso
              que sepáis en este trance
              a quién habéis dado muerte,
              que puede ser importante.
Don Alfonso   Vuestro secreto no ignoro,
              y era el mejor de mis planes
              (para la sed de venganza
              saciar que en mis venas arde),
              después de heriros de muerte
              daros noticias tan grandes,
              tan impensadas y alegres,
              de tan feliz desenlace,

	que el despecho de saberlas de la tumba en los umbrales, cuando no hubiese remedio, cuando todo fuera en balde, el fin espantoso os diera digno de vuestras maldades.
Don Alvaro	Hombre, fantasma o demonio, que ha tomado humana carne para hundirme en los infiernos, para perderme..., ¿qué sabes?...
Don Alfonso	Corrí el Nuevo Mundo... ¿Tiemblas? Vengo de Lima... Esto baste.
Don Alvaro	No basta, que es imposible que saber quién soy lograses.
Don Alfonso	De aquel virrey fementido que (pensando aprovecharse de los trastornos y guerras, de los disturbios y males que la sucesión al trono trajo a España) formó planes de tornar su virreinato en imperio, y coronarse, casando con la heredera última de aquel linaje de los Incas (que en lo antiguo, del mar del Sur a los Andes fueron los emperadores) eres hijo. De tu padre las traiciones descubiertas, aún a tiempo de evitarse, con su esposa, en cuyo seno eras tú ya peso grave, huyó a los montes, alzando entre los indios salvajes de traición y rebeldía el sacrílego estandarte. No los ayudó fortuna, pues los condujo a la cárcel de Lima, do tú naciste...

(Hace extremos de indignación y sorpresa Don Alvaro.)

Oye..., espera hasta que acabe.
El triunfo del rey Felipe
y su clemencia notable
suspendieron la cuchilla
que ya amagaba a tus padres,
y en una prisión perpetua
convirtió el suplicio infame.
Tú entre los indios creciste,
como fiera te educaste,

                y viniste ya mancebo,
                con oro y con favor grande,
                a buscar completo indulto
                para tus traidores padres.
                Mas no, que viniste sólo
                para asesinar cobarde,
                para seducir inicuo
                y para que yo te mate.
Don Alvaro   (*Despechado.*)
                Vamos a probarlo al punto.
Don Alfonso Ahora tienes que escucharme,
                que has de apurar, ¡vive el cielo!
                hasta las heces el cáliz.
                Y si, por ser mi destino,
                consiguieses el matarme,
                quiero allá en tu aleve pecho
                todo un infierno dejarte.
                El rey, benéfico, acaba
                de perdonar a tus padres.
                Ya están libres y repuestos
                en honras y dignidades.
                La gracia alcanzó tu tío,
                que goza favor notable,
                y andan todos tus parientes
                afanados por buscarte
                para que tenga heredero...
Don Alvaro   (*Muy turbado y fuera de sí.*)
                Ya me habéis dicho bastante...
                No sé dónde estoy, ¡oh, cielos!...
                Si es cierto, si son verdades
                las noticias que dijisteis...,
                  (*Enternecido y confuso.*)
                ¡todo puede repararse!
                Si Leonor existe, todo.
                ¿Veis lo ilustre de mi sangre?...
                ¿Veis?...
Don Alfonso   Con sumo gozo veo
                que estáis ciego y delirante.
                ¿Qué es reparación?... Del mundo
                amor, gloria, dignidades,
                no son para vos... Los votos
                religiosos e inmutables
                que os ligan a este desierto,
                esa capucha, ese traje,
                capucha y traje que encubren
                a un desertor que al infame
                suplicio escapó en Italia,
                de todo incapaz os hacen.
                Oye cuán truena indignado
                  (*Truena.*)
                contra ti el cielo... Esta tarde

Don Alvaro	completísimo es mi triunfo. Un sol hermoso y radiante te he descubierto, y de un soplo luego he sabido apagarle. *(Volviendo al furor.)* ¿Eres monstruo del infierno, prodigio de atrocidades?
Don Alfonso	Soy un hombre rencoroso que tomar venganza sabe. Y porque sea más completa, te digo que no te jactes de noble... Eres un mestizo, fruto de traiciones...
Don Alvaro	*(En el extremo de la desesperación.)* Baste. ¡Muerte y exterminio! ¡Muerte para los dos! Yo matarme sabré, en teniendo el consuelo de beber tu inicua sangre. *(Toma la espada, combaten, y cae herido* Don Alfonso.*)*

Don Alfonso.—Ya lo conseguiste... ¡Dios mío! ¡Confesión! Soy cristiano... Perdonadme..., salva mi alma...

Don Alvaro.—*(Suelta la espada y queda como petrificado.)* ¡Cielos!... ¡Dios mío! ¡Santa Madre de los Angeles!... ¡Mis manos tintas en sangre..., en sangre de Vargas!...

Don Alfonso.—¡Confesión! ¡Confesión!... Conozco mi crimen y me arrepiento... Salvad mi alma, vos, que sois ministro del Señor...

Don Alvaro.—*(Aterrado.)* No, yo no soy más que un réprobo, presa infeliz del demonio! Mis palabras sacrílegas aumentarían vuestra condenación. Estoy manchado de sangre, estoy irregular...: Pedid a Dios misericordia... Y... esperad..., cerca vive un santo penitente... podrá absolveros... Pero está prohibido acercarse a su mansión... ¿Qué importa? Yo, que he roto todos los vínculos, que he hollado todas las obligaciones...

Don Alfonso.—¡Oh! ¡Por caridad, por caridad!...

Don Alvaro.—Sí, voy a llamarlo... al punto...

Don Alfonso.—Apresuraos, padre... ¡Dios mío! (Don Alvaro *corre a la ermita y golpea la puerta.)*

Doña Leonor.—*(Dentro.)* ¿Quién se atreve a llamar a esta puerta? Respetad este asilo.

Don Alvaro.—Hermano, es necesario salvar un alma, socorrer a un moribundo; venid a darle el auxilio espiritual.

Doña Leonor.—*(Dentro.)* Imposible, no puedo; retiraos.

Don Alvaro.—Hermano, por el amor de Dios.

Doña Leonor.—*(Dentro.)* No, no; retiraos.

Don Alvaro.—Es indispensable; vamos. *(Golpea fuertemente la puerta.)*

Doña Leonor.—*(Dentro, tocando la campanilla.)* ¡Socorro! ¡Socorro!

ESCENA X

Los Mismos y doña Leonor vestida con un saco y esparcidos los cabellos, pálida y desfigurada, aparece a la puerta de la gruta, y se oye repicar a lo lejos las campanas del convento

Doña Leonor.—Huid, temerario; temed la ira del cielo.
Don Alvaro.—*(Retrocediendo horrorizado por la montaña abajo.)* ¡Una mujer!... ¡Cielos!... ¡Qué acento! ¡Es un espectro!... ¡Imagen adorada!... ¡Leonor! ¡Leonor!
Don Alfonso.—*(Como queriéndose incorporar.)* ¡Leonor! ¿Qué escucho? ¡Mi hermana!
Doña Leonor.—*(Corriendo detrás de* don Alvaro.) ¡Dios mío! ¿Es don Alvaro?... Conozco su voz... El es... ¡Don Alvaro!
Don Alfonso.—¡Oh furia!... Ella es... ¡Estaba aquí con su seductor!... ¡Hipócritas!... ¡¡Leonor!!
Doña Leonor.—¡Cielos! ¡otra voz conocida!... Mas ¿qué veo? *(Se precipita hacia donde ve a* don Alfonso.)
Don Alfonso.—¡Ves al último de tu infeliz familia!
Doña Leonor.—*(Precipitándose en los brazos de su hermano.)* ¡Hermano mío!... ¡Alfonso!
Don Alfonso.—*(Hace un esfuerzo, saca un puñal y hiere de muerte a* Leonor.) Toma, causa de tantos desastres, recibe el premio de tu deshonra... Muero vengado. *(Muere.)*
Don Alvaro.—¡Desdichado!... ¿Qué hiciste?... ¡Leonor! ¿Eras tú?... Tan cerca de mí estabas?... ¡Ay! *(Se inclina hacia el cadáver de ella.)* Aún respira..., aún palpita aquel corazón todo mío... Angel de mi vida..., vive, vive; yo te adoro... ¡Te hallé, por fin..., sí, te hallé..., muerta! *(Queda inmóvil.)*

ESCENA ULTIMA

Hay un rato de silencio; los truenos resuenan más fuertes que nunca, crecen los relámpagos y se oye cantar a lo lejos el Miserere *a la comunidad, que se acerca lentamente*

(Voz dentro.) Aquí, aquí. ¡Qué horror! (Don Alvaro *vuelve en sí y luego huye hacia la montaña. Sale el* Padre Guardián *con la comunidad, que queda asombrada.)*
Padre Guardián.—¡Dios mío!... ¡Sangre derramada!... ¡Cadáveres!... La mujer penitente!
Todos los frailes.—¡Una mujer!... ¡Cielos!
Padre Guardián.—¡Padre Rafael!
Don Alvaro.—*(Desde un risco, con sonrisa diabólica, todo convulso, dice.)* Busca, imbécil, al padre Rafael... Yo soy un enviado del infierno, soy el demonio exterminador... Huid, miserables.
Todos.—¡Jesús! ¡Jesús!
Don Alvaro.—¡Infierno, abre tu boca y trágame! ¡Húndase el cielo, perezca la raza humana; exterminio, destrucción...! *(Sube a lo más alto del monte y se precipita.)*
El Padre Guardián y los otros frailes.—*(Aterrados y en actitudes diversas.)* ¡Misericordia, Señor! ¡Misericordia!

MARIANO JOSE DE LARRA

Larra es, pese a su corta vida, la máxima figura del romanticismo español. Nació en Madrid en 1809, pero con muy poca edad fue llevado a Francia, en donde su padre, médico al servicio de las tropas francesas, tuvo que exilarse. En Francia cursó sus primeros estudios. De vuelta en España, comenzó a publicar artículos en la prensa de Madrid y pronto se convirtió en el periodista más popular de la corte. A pesar del éxito, no es ni mucho menos feliz; una serie de circunstancias van a ensombrecer su vida hasta llevarlo al suicidio en 1837. Entre las causas de ese terrible final puede señalarse como más inmediata la ruptura de relaciones con Dolores Armijo, pero hay otras más lejanas, y quizá más importantes; tales como su matrimonio fracasado, y sobre todo su carácter y el choque entre su ideal de perfección y la realidad española.

Larra probó fortuna en la novela y el teatro, con escaso éxito, así en dos obras sobre la figura del trovador Macías: *El doncel de don Enrique el Doliente*, novela histórica, y el drama romántico *Macías*. También estrenó *No más mostrador*, basada en una obra francesa.

Pero lo más importante de la obra de Larra son, desde luego, sus artículos. Estos vienen agrupándose en artículos de costumbres, de tema político y de crítica literaria.

En los artículos de costumbres («El castellano viejo» «Los toros», «Vuelva usted mañana», etc.), trata distintos aspectos de la sociedad española de su época. Constituyen una sátira de los defectos fundamentales de los españoles, que para Larra eran causa principal de la decadencia nacional. Aunque en casi todos sus artículos está presente el humor, lo dominante en ellos es una visión pesimista de la sociedad española.

En los artículos de tema político Larra hace una crítica del absolutismo y una defensa de la ideología liberal. Pero ataca por igual el fanatismo de los carlistas y los errores de los sucesivos ministerios liberales. Hay que señalar que los artículos de tema político han resistido peor, en contra de lo que creía su autor, el paso del tiempo.

Finalmente, nos referiremos a los artículos de crítica literaria. Frente a la pasión romántica, casi siempre superficial, de tantos escritores de su época, Larra, tal vez el romántico más profundo desde el punto de vista vital, adoptó una postura ecléctica entre clasicismo y romanticismo. De todas formas sus críticas con motivo del estreno de los dramas románticos más celebrados muestran su agudo sentido crítico y su conocimiento de las nuevas tendencias.

LO QUE NO SE PUEDE DECIR,
NO SE DEBE DECIR

Hay verdades de verdades, y a imitación del *diplomático* de Scribe, podríamos clasificarlas con mucha razón en dos: la verdad que no es verdad, y... Dejando a un lado las muchas de esa especie que en todos los ángulos del mundo pasan convencionalmente por lo que no son, vamos a la verdad verdadera, que es, indudablemente, la contenida en el epígrafe de este capítulo.

Una cosa aborrezco, pero de ganas, a saber: esos hombres naturalmente turbulentos que se alimentan de oposición, a quienes ningún gobierno les gusta, ni aun el que tenemos en el día; hombres que no dan tiempo al tiempo, para quienes no hay ministro bueno, sobre todo desde que se ha convenido con ellos en que Calomarde era el peor de todos; esos hombres que quieren que las guerras no duren, que se acaben pronto las facciones, que haya libertad de imprenta, que todos sean milicianos urbanos... Vaya usted a saber lo que quieren esos hombres. ¿No es un horror?

Yo no. ¡Dios me libre! El hombre ha de ser dócil y sumiso, y cuando está sobre todo en la clase de los súbditos, ¿qué quiere decir esa petulancia de juzgar a los que le gobiernan? ¿No es esto la débil y mezquina criatura pidiendo cuentas a su Criador?

¡La ley, señor, la ley! Clara está y terminante: impresa y todo; no es decir que se la dan a uno de tapadillo. Ese es mi norte. Cójame Zumalacárregui si se me ve jamás separarme un ápice de la ley.

Quiero hacer un artículo, por ejemplo: no quiero que me lo prohiban, aunque no sea más que por no hacer dos en vez de uno. —«¿Y qué hace usted? —me dirán esos perturbadores, que tienen siempre la anarquía entre los dedos para soltársela encima al primer ministro que trasluzcan—. ¿Qué hace usted para que no se lo prohiban?»

—¡Qué he de hacer, hombres exigentes! Nada; lo que debe hacer un escritor independiente en tiempos como estos de independencia. Empiezo por poner al frente de mi artículo para que me sirva de eterno recuerdo: «Lo que no se puede decir, no se debe decir.» Sentada en el papel esta provechosa verdad, que es la verdadera, abro el reglamento de censura; no me pongo a criticarlo; ¡nada de eso!; no me compete. Sea reglamento o no sea reglamento, cierro los ojos y venero la ley, y la bendigo, que es más. Y continúo:

«Artículo 12. No permitirán los censores que se inserten en los periódicos:

»Primero: artículos en que se viertan máximas o doctrinas que conspiren a destruir o alterar la religión, el respeto a los derechos y prerrogativas del trono, el Estatuto Real y demás leyes fundamentales de la monarquía.»

Esto dice la ley. Ahora bien; doy el caso que me ocurra una idea que conspira a destruir la religión. La callo, no la escribo, me la como. Este es el modo.

No digo nada del respeto a los derechos y prerrogativas del trono, el Estatuto, etc., etc. ¿Si les parecerá a esos hombres de oposición que no me ocurre nada sobre esto? Pues se equivocan. ¿Ni cómo he de impedir yo que me ocurran los mayores disparates del mundo? Ya se ve que me ocurriría entrar en el examen de ese respeto, y que me ocurriría investigar los fundamentos de todas las cosas más fundamentales. Pero me llamo aparte y digo para mí: ¿No está clara la ley? Pues punto en boca. Es verdad que me ocurrió; pero la ley no condena ocurrencia alguna. Ahora, en cuanto a escribirlo, ¿no fuera una necedad? No pasaría. Callo, pues; no lo pongo, y no me lo prohiben. He aquí el medio sencillo, sencillísimo. Los escritores, por otra parte, debemos dar el ejemplo de la sumisión. O es ley, o no es ley. ¡Mal haya los descontentadizos! ¡Mal haya esa funesta oposición! ¿No es buena manía la de oponerse a todo, la de querer escribirlo todo?

Que no pasan las *sátiras* e *invectivas* contra la autoridad; pues no se ponen tales sátiras ni invectivas. Que las prohiben, aunque se *disfracen* con *alusiones* o *alegorías*. Pues no se disfrazan. Así como así, ¡no parece sino que es cosa fácil inventar las tales alusiones y alegorías!

Los *escritos injuriosos* están en el mismo caso, aun cuando vayan con *anagramas* o en otra cualquiera forma, *siempre que los censores se convenzan de que se alude a personas determinadas.*

En buen hora. Voy a escribir ya; pero llego a este párrafo y no escribo. Que no es injurioso, que no es libelo, que no pongo anagrama. No importa: puede convencerse el censor de que se alude, aunque no se aluda. ¿Cómo haré, pues, que el censor no se convenza? ¡Gran trabajo! No escribo nada. Mejor para mí; mejor para él; mejor para el gobierno. ¡Que encuentre alusiones en lo que no escribo! He aquí, he aquí el sistema. He aquí la gran dificultad por tierra. Desengañémonos: nada más fácil que obedecer. Pues entonces, ¿en qué se fundan las quejas? ¡Miserables que somos!

Los *escritos licenciosos,* por ejemplo. ¿Y qué son escritos licenciosos? ¿Y qué son costumbres? Discurso, y a mi primera resolución. Nada escribo; más fácil es no escribir nada que ir a averiguarlo.

Buenas ganas se me pasan de injuriar a *algunos soberanos y gobiernos extranjeros.* ¿Pero no lo prohibe la ley? Pues chitón.

Hecho mi examen de la ley, voy a ver mi artículo; con el reglamento de censura a la vista, con la intención que me asiste, no puedo haberlo infringido. Examino mi papel; no he escrito nada, no he hecho artículo, es verdad. Pero, en cambio, he cumplido con la ley. Este será eternamente mi sistema. Buen ciudadano, respetaré el látigo que me gobierna, y concluiré siempre diciendo:

«Lo que no se puede decir, no se debe decir.»

DIA DE DIFUNTOS DE 1836

Fígaro en el cementerio

Beati qui moriuntur in Domino.

En atención a que no tengo gran memoria, circunstancia que no deja de contribuir a esta especie de felicidad que dentro de mí mismo me he formado, no tengo muy presente en qué artículo escribí (en los tiempos en que yo escribía) que vivía en un perpetuo asombro de cuantas cosas a mi vista se presentaban. Pudiera suceder también que no hubiera escrito tal cosa en ninguna parte, cuestión en verdad que dejaremos a un lado por harto poco importante en época en que nadie parece acordarse de lo que ha dicho, ni de lo que otros han hecho. Pero suponiendo que así fuese, hoy, Día de Difuntos de 1836, declaro que si tal dije, es como si nada hubiera dicho, porque en la actualidad maldito si me asombro de cosa alguna. He visto tanto, tanto, tanto..., como dice alguien en *El Califa*. Lo que sí me sucede es comprender claramente todo lo que veo, y así es que al amanecer un día de Difuntos no me asombra precisamente que haya tantas gentes que vivan; sucédeme, sí, que no lo comprendo.

En esta duda estaba deliciosamente entretenido el día de los Santos, y fundado en el antiguo refrán que dice: *Fíate en la Virgen y no corras* (refrán cuyo origen no se concibe en un país tan eminentemente cristiano como el nuestro), encomendábame a todos ellos con tanta esperanza, que no tardó en cubrir mi frente una nube de melancolía; pero de aquellas melancolías de que sólo un liberal español en estas circunstancias puede formar una idea aproximada. Quiero dar una idea de esta melancolía: un hombre que cree en la amistad y llega a verla por dentro, un inexperto que se ha enamorado de una mujer, un heredero cuyo tío indiano muere de repente sin testar, un tenedor de bonos de Cortes, una viuda que tiene asignada pensión sobre el tesoro español, un diputado elegido en las penúltimas elecciones, un militar que ha perdido una pierna por el Estatuto y se ha quedado sin pierna y sin Estatuto, un grande que fue liberal por ser prócer y que se ha quedado sólo liberal, un general constitucional que persigue a Gómez, imagen fiel del hombre corriendo siempre tras la felicidad sin encontrarla en ninguna parte, un redactor del *Mundo* en la cárcel en virtud de la libertad de imprenta, un ministro de España, y un rey, en fin, constitucional, son todos seres alegres y bulliciosos, comparada su melancolía con aquella que a mí me acosaba, me oprimía y me abrumaba en el momento de que voy hablando.

Volvíame y me revolvía en un sillón de estos que parecen camas, sepulcro de todas mis meditaciones, y ora me daba palmadas en la frente, como si fuese mi mal mal de casado, ora sepultaba las manos en mis faltriqueras, a guisa de buscar mi dinero, como si mis faltriqueras fueran el pueblo español y mis dedos otros tantos gobiernos, ora alzaba la vista al cielo como si en calidad de liberal no me quedase más esperanza que en él, ora la bajaba avergonzado como quien ve un faccioso más, cuando un sonido lúgubre y monótono, semejante al ruido de los partes, vino a sacudir mi entorpecida existencia.

—¡Día de Difuntos! —exclamé.

Y el bronce herido que anunciaba con lamentable clamor la ausencia eterna de los que han sido, parecía vibrar más lúgubre que ningún año, como si presagiase su propia muerte. Ellas también, las campanas, han alcanzado su última hora, y sus tristes acentos son el estertor del moribundo: ellas también van a morir a manos de la libertad, que todo lo vivifica, y ellas serán las únicas en España, ¡santo Dios! que morirán colgadas. ¡Y hay justicia divina!

La melancolía llegó entonces a su término. Por una reacción natural cuando se ha agotado una situación, ocurrióme de pronto que la melancolía es la cosa más alegre del mundo para los que la ven, y la idea de servir yo entero de diversión... —¡Fuera! —exclamé—. ¡Fuera! —como si estuviera viendo representar a un actor español—. ¡Fuera! —como si oyese hablar a un orador en las Cortes. Y arrojéme a la calle; pero en realidad con la misma calma y despacio como si tratase de cortar la retirada a Gómez.

Dirigíanse las gentes por las calles en gran número y larga procesión, serpenteando de unas en otras como largas culebras de infinitos colores. —¡Al cementerio, al cementerio!— ¡Y para eso salían de las puertas de Madrid!

—Vamos claros —dije yo para mí—. ¿Dónde está el cementerio? ¿Fuera o dentro?

Un vértigo espantoso se apoderó de mí, y comencé a ver claro. El cementerio está dentro de Madrid. Madrid es el cementerio. Pero vasto cementerio, donde cada casa es el nicho de una familia; cada calle, el sepulcro de un acontecimiento; cada corazón, la urna cineraria de una esperanza o de un deseo.

Entonces, y en tanto que los que creen vivir acudían a la mansión que presumen de los muertos, yo comencé a pasear con toda la devoción y recogimiento de que soy capaz las calles del grande osario.

—¡Necios! —decía a los transeúntes—. ¿Os movéis para ver muertos? ¿No tenéis espejos, por ventura? ¿Ha acabado también Gómez con el azogue de Madrid? ¡Miraos, insensatos, a vosotros mismos, y en vuestra frente veréis vuestro propio epitafio! ¿Vais a ver a vuestros padres y a vuestros abuelos, cuando vosotros sois los muertos? Ellos viven, porque ellos tienen paz; ellos tienen libertad, la única posible sobre la tierra, la que da la muerte; ellos no pagan contribuciones que no tienen; ellos no serán alistados ni movilizados; ellos no son presos ni denunciados; ellos, en fin, no gimen bajo la jurisdicción del celador del cuartel; ellos son los únicos que gozan de la libertad de imprenta, porque ellos hablan al mundo. Hablan en voz bien alta, y que ningún jurado se atrevería a encausar y a condenar. Ellos, en fin, no reconocen más que una ley, la imperiosa ley de la naturaleza que allí los puso, y ésa la obedecen.

—¿Qué monumento es éste? —exclamé al comenzar mi paseo por el vasto cementerio.

—¿Es él mismo un esqueleto inmenso de los siglos pasados, o la tumba de otros esqueletos? ¡*Palacio*! Por un lado mira a Madrid, es decir, a las demás tumbas; por otro mira a Extremadura, esa provincia virgen..., como se ha llamado hasta ahora. Al llegar aquí me acordé del verso de Quevedo:

Y ni los v... ni los diablos veo.

En el frontispicio decía: «*Aquí yace el trono;* nació en el reinado de Isabel la Católica, murió en la Granja, de un aire colado.» En el basamento se veían cetro y corona, y demás ornamentos de la dignidad real. La *Legitimidad*, figura colosal de mármol negro, lloraba encima. Los muchachos se habían divertido en tirarle piedras, y la figura maltratada llevaba sobre sí las muestras de la ingratitud.

—¿Y este mausoleo a la izquierda? *La armería*. Leamos:

«Aquí yace el valor castellano, con todos sus pertrechos. R. I. P.»

Los ministerios. «Aquí yace media España: murió de la otra media.»

Doña María de Aragón. «Aquí yacen los tres años.»

Y podía haberse añadido: aquí callan los tres años. Pero el cuerpo no estaba en el sarcófago. Una nota al pie decía:

«El cuerpo del santo se trasladó a Cádiz en el año 23, y allí, por descuido, cayó al mar.»

Y otra añadía, más moderna sin duda: «Y resucitó al tercero día.»

Más allá; ¡santo Dios!: «Aquí yace la Inquisición, hija de la fe y del fanatismo: murió de vejez.» Con todo, anduve buscando alguna nota de resurrección: o todavía no la habían puesto, o no se debía de poner nunca.

Alguno de los que se entretienen en poner letreros en las paredes había escrito, sin embargo, con yeso en una esquina, que no parecía sino que se estaba saliendo, aun antes de borrarse: «Gobernación.» ¡Qué insolentes son los que ponen letreros en las paredes! Ni los sepulcros respetan.

¿Qué es esto? ¡La cárcel! «Aquí reposa la libertad del pensamiento.» ¡Dios mío, en España, en el país más educado para instituciones libres! Con todo, me acordé de aquel célebre epitafio y añadí, involuntariamente:

> Aquí el pensamiento reposa,
> en su vida hizo otra cosa.

Dos redactores del *Mundo* eran las figuras lacrimatorias de esta grande urna. Se veían en el relieve una cadena, una mordaza y una pluma. Esta pluma, dije para mí, ¿es la de los escritores o la de los escribanos? En la cárcel todo puede ser.

La calle de Postas, la calle de la Montera. Estos no son sepulcros. Son osarios, donde, mezclados y revueltos, duermen el comercio, la industria, la buena fe, el negocio.

Sombras venerables, ¡hasta el valle de Josafat!

Correos: «¡Aquí yace la subordinación militar!»

Una figura de yeso, sobre el vasto sepulcro, ponía el dedo en la boca; en la otra mano una especie de jeroglífico hablaba por ella: una disciplina rota.

Puerta del Sol. La Puerta del Sol: ésta no es sepulcro sino de mentiras.

La Bolsa. «Aquí yace el crédito español.» Semejante a las pirámides de Egipto —me pregunté— ¿es posible que se haya erigido este edificio sólo para encerrar el una cosa tan pequeña?

La Imprenta Nacional. Al revés que la Puerta del Sol. Este es el sepulcro de la verdad. Única tumba de nuestro país, donde, a uso de Francia, vienen los concurrentes a echar flores.

La victoria. Esa yace para nosotros en toda España. Allí no había epitafio, no había monumento. Un pequeño letrero, que el más ciego podía leer, decía sólo: «¡Ese terreno le ha comprado a perpetuidad, para su sepultura, la junta de enajenación de conventos!»

¡Mis carnes se estremecieron! Lo que va de ayer a hoy. ¿Irá otro tanto de hoy a mañana?

Los teatros. «Aquí reposan los ingenios españoles.» Ni una flor, ni un recuerdo, ni una inscripción.

El Salón de Cortes. Fue casa del Espíritu Santo; pero ya el Espíritu Santo no baja al mundo en lenguas de fuego.

> Aquí yace el Estatuto.
> Vivió y murió en un minuto.

Sea por muchos años —añadí—, que sí será: éste debió de ser raquítico, según lo poco que vivió.

El Estamento de Próceres. Allá, en el Retiro. Cosa singular. ¡Y no hay un ministerio que dirija las cosas del mundo, no hay una inteligencia provisora, inexplicable! Los próceres y su sepulcro en el Retiro.

El sabio en su retiro y villano en un rincón.

Pero ya anochecía, y también era hora de retiro para mí. Tendí una última ojeada sobre el vasto cementerio. Olía a muerte próxima. Los perros ladraban con aquel aullido prolongado, intérprete de su instinto agorero; el gran coloso, la inmensa capital, toda ella se removía como un moribundo que tantea la ropa: entonces no vi más que un gran sepulcro; una inmensa lápida se disponía a cubrirle como una ancha tumba.

No había «aquí yace» todavía: el escultor no quería mentir; pero los nombres del difunto saltaban a la vista, ya distintamente delineados.

«¡Fuera —exclamé— la horrible pesadilla, fuera!» ¡Libertad! ¡Constitución! ¡Tres veces! ¡Opinión nacional! ¡Emigración! ¡Vergüenza! ¡Discordia! Todas estas palabras parecían repetirme a un tiempo los últimos ecos del clamor general de las campanas del Día de Difuntos de 1836.

Una nube sombría lo envolvió todo. Era la noche. El frío de la noche helaba mis venas. Quise salir violentamente del horrible cementerio. Quise refugiarme en mi propio corazón, lleno no ha mucho de vida, de ilusiones, de deseos.

¡Santo cielo! También otro cementerio. Mi corazón no es más que otro sepulcro. ¿Qué dice? Leamos. ¿Quién ha muerto en él? ¡Espantoso letrero! «¡Aquí yace la esperanza!!»

¡Silencio, silencio!!!

JOSE DE ESPRONCEDA

Espronceda nació en 1808 en Almendralejo (Badajoz). Cuando apenas tiene quince años, participa en la fundación de una sociedad secreta revolucionaria para conspirar contra el absolutismo de Fernando VII. Estas actividades son descubiertas y Espronceda detenido, pero consigue huir y, como tantos liberales del momento, toma el camino del exilio. Durante diez años en Portugal, Francia e Inglaterra, participa en varias intentonas revolucionarias (barricadas en París, desembarco frustrado en España, etc.), y es protagonista de un episodio escandaloso: el rapto en París de Teresa Mancha, a quien había conocido tiempo atrás en Lisboa, pero que en este momento ya estaba casada. Con Teresa va a mantener una relación amorosa tan turbulenta como fugaz, puesto que poco tiempo después ella lo abandona. El exilio, además, va a propiciar la influencia de los románticos franceses e ingleses en nuestro autor, y como en otros escritores exilados (Duque de Rivas, Martínez de la Rosa, etc.) se produce la sustitución de su neoclasicismo inicial por el romanticismo triunfante.

La obra de Espronceda se compone de una colección de poesías líricas, una leyenda en verso, *El estudiante de Salamanca,* una novela, *Sancho Saldaña,* y un largo poema inacabado, *El Diablo Mundo.*

Las poesías líricas fueron reunidas por los amigos del poeta en 1840 en un volumen titulado precisamente así, *Poesías Líricas.* Podemos distinguir tres grupos de poemas: composiciones de tema político, en las que ataca al despotismo vigente y defiende la libertad política, así en el poema titulado «A la Patria» o en el soneto a la muerte de Torrijos. Un segundo grupo de poemas que tienen como protagonista a seres marginados (el verdugo, el condenado a muerte, la prostituta, etc.), en los que destaca la aspiración romántica a una libertad individual absoluta y la hostilidad hacia todo tipo de traba social. Finalmente, una serie de poemas en que aparece la desilusión vital provocada por el choque entre el ideal romántico y la sórdida realidad, así en *A Jarifa en una orgía.*

De la obra narrativa, la novela histórica *Sancho Saldaña* tiene escaso valor literario; sí lo tiene, en cambio, *El estudiante de Salamanca,* leyenda en verso en que se nos cuenta la historia del estudiante don Félix de Montemar, quien, después de matar al hermano de su amante, es conducido por un espectro a través de la ciudad y en el camino se encuentra con su propio entierro, para terminar en la cripta de una iglesia celebrando unos macabros esponsales con el fantasma de su amada.

La obra más ambiciosa de Espronceda es el poema inacabado *El Diablo Mundo* (1841), alegoría de la existencia en que se nos da una visión caótica del mundo y de la sociedad. Contiene elementos narrativos, dramáticos, líricos, costumbristas, reflexiones filosóficas y hasta insultos, todo ello mezclado. También está incluida dentro de esta obra «El canto a Teresa», quizá su composición más importante, en la que muestra el trayecto de su amor, que es también el de su propia vida, desde el entusiasmo a la desilusión definitiva.

EL ESTUDIANTE DE SALAMANCA

... ...

    Cruzan tristes calles,
plazas solitarias
arruinados muros,
donde sus plegarias
y falsos conjuros,
en la misteriosa
noche borrascosa,
maldecida bruja
con ronca voz canta,
y de los sepulcros
los muertos levanta.
Y suenan los ecos
de sus pasos huecos
en la soledad;
mientras en silencio
yace la ciudad,
y en lúgubre son
arrulla su sueño
bramando Aquilón.

Y una calle y otra cruzan,
y más allá y más allá:
ni tiene término el viaje,
ni nunca dejan de andar,
y atraviesan, pasan, vuelven,
cien calles quedando atrás,
y paso tras paso siguen,
y siempre adelante van;
y a confundirse ya empieza
y a perderse Montemar,
que ni sabe a dó camina,
ni acierta ya dónde está;
y otras calles, otras plazas
recorre y otra ciudad,
y ve fantásticas torres
de su eterno pedestal
arrancarse, y sus macizas
negras masas caminar,
apoyándose en sus ángulos
que en la tierra, en desigual,
perezoso tronco fijan;
y a su monótono andar,
las campanas sacudidas
misteriosos dobles dan;
mientras en danzas grotescas
y al estruendo funeral
en derredor cien espectros
danzan con torpe compás:
y las veletas sus frentes
bajan ante él al pasar,
los espectros le saludan,
y en cien lenguas de metal,
oye su nombre en los ecos
de las campanas sonar.

Mas luego cesa el estrépito,
y en silencio, en muda paz
todo queda, y desaparece
de súbito la ciudad:
palacios, templos, se cambian
en campos de soledad,
y en un yermo y silencioso
melancólico arenal,
sin luz, sin aire, sin cielo,
perdido en la inmensidad,
tal vez piensa que camina,
sin poder parar jamás,
de extraño empuje llevado
con precipitado afán;
entretanto que su guía
delante de él sin hablar,
sigue misterioso, y sigue
con paso rápido, y ya
se remonta ante sus ojos
en alas del huracán,
visión sublime, y su frente
ve fosfórica brillar,
entre lívidos relámpagos

en la densa oscuridad,
sierpes de luz, luminosos
engendros del vendaval;
y cuando duda si duerme,
si tal vez sueña o está
loco, si es tanto prodigio,
tanto delirio verdad.
Otra vez en Salamanca

súbito vuélvese a hallar,
distingue los edificios,
reconoce en dónde está,
y en su delirante vértigo
al vino vuelve a culpar,
y jura, y siguen andando
ella delante, él detrás.
... ...

    En tanto don Félix a tientas seguía,
delante camina la blanca visión,
triplica su espanto la noche sombría,
sus hórridos gritos redobla Aquilón.

    Rechinan girando las férreas veletas,
crujir de cadenas se escucha sonar,
las altas campanas, por el viento inquietas
pausados sonidos en las torres dan.

    Rüido de pasos de gente que viene
a compás marchando con sordo rumor,
y de tiempo en tiempo su marcha detiene,
y rezar parece en confuso son.

    Llegó de don Félix luego a los oídos,
y luego cien luces a lo lejos vio,
y luego en hileras largas divididos,
vio que murmurando con lúgubre voz,

    enlutados bultos andando venían;
y luego más cerca con asombro ve,
que un féretro en medio y en hombros traían
y dos cuerpos muertos tendidos en él.

    Las luces, la hora, la noche, profundo,
infernal arcano parece encubrir.
Cuando en hondo sueño yace muerto el mundo,
cuando todo anuncia que habrá de morir

    al hombre, que loco la recia tormenta
corrió de la vida, del viento a merced,
cuando una voz triste las horas le cuenta,
y en lodo sus pompas convertidas ve,

    forzoso es que tenga de diamante el alma
quien no sienta el pecho de horror palpitar,
quien como don Félix, con serena calma
ni en Dios ni en el diablo se ponga a pensar.

    Así en tardos pasos, todos murmurando,
el lúgubre entierro ya cerca llegó,
y la blanca dama devota rezando,
entrambas rodillas en tierra dobló.

    Calado el sombrero y en pie, indiferente
el féretro mira don Félix pasar,
y al paso pregunta con su aire insolente
los nombres de aquellos que al sepulcro van.

Mas ¡cuál su sorpresa, su asombro cuál fuera,
cuando horrorizado con espanto ve
que el uno don Diego de Pastrana era,
y el otro, ¡Dios santo!, y el otro era él...!

El mismo, su imagen, su misma figura,
su mismo semblante, que él mismo era en fin:
y duda y se palpa y fría pavura
un punto en sus venas sintió discurrir.

Al fin era hombre, y un punto temblaron
los nervios del hombre, y un punto temió;
mas pronto su antigua vigor recobraron,
pronto su fiereza volvió al corazón.
... ...

EL DIABLO MUNDO

Canto a Teresa

Descansa en paz

¿Por qué volvéis a la memoria mía,
tristes recuerdos del placer perdido,
a aumentar la ansiedad y la agonía
de este desierto corazón herido?
¡Ay!, que de aquellas horas de alegría
le quedó al corazón sólo un gemido,
y el llanto que al dolor los ojos niegan
lágrimas son de hiel que al alma anegan.

¿Dónde volaron, ¡ay!, aquellas horas
de juventud, de amor y de ventura,
regaladas de músicas sonoras,
adornadas de luz y de hermosura?
Imágenes de oro bullidoras,
sus alas de carmín y nieve pura,
al sol de mi esperanza desplegando,
pasaban, ¡ay!, a mi alrededor cantando.

Gorjeaban los dulces ruiseñores,
el sol iluminaba mi alegría,
el aura susurraba entre las flores,
el bosque mansamente respondía,
las fuentes murmuraban sus amores...
¡Ilusiones que llora el alma mía!
¡Oh!, ¡cuán süave resonó en mi oído
el bullicio del mundo y su ruïdo!

Mi vida entonces, cual guerrera nave
que el puerto deja por la vez primera,
y al soplo de los céfiros süave
orgullosa despliega su bandera,

y al mar dejando que a sus pies alabe
su triunfo en roncos cantos, va, velera,
una ola tras otra bramadora
hollando y dividiendo vencedora.
    ¡Ay!, en el mar del mundo, en ansia ardiente
de amor volaba; el sol de la mañana
llevaba yo sobre mi tersa frente,
y el alma pura de su dicha ufana:
dentro de ella el amor, cual rica fuente
que entre frescuras y arboledas mana,
brotaba entonces abundante río
de ilusiones y dulce desvarío.

... ...

    ¡Una mujer! Deslízase en el cielo
allá en la noche desprendida estrella;
si aroma el aire recogió en el suelo,
es el aroma que le presta ella.
Blanca es la nube que en callado vuelo
cruza la esfera, y que su planta huella,
y en la tarde la mar olas le ofrece
de plata y de zafir, donde se mece.
    Mujer que amor en su ilusión figura,
mujer que nada dice a los sentidos,
ensueño de suavísima ternura,
eco que regaló nuestros oídos;
de amor la llama generosa y pura,
los goces dulces del placer cumplidos,
que engalana la rica fantasía,
goces que avaro el corazón ansía.
    ¡Ay!, aquella mujer, tan sólo aquélla,
tanto delirio a realizar alcanza,
y esa mujer tan cándida y tan bella
es mentida ilusión de la esperanza;
es el alma que vívida destella,
su luz al mundo cuando en él se lanza,
y el mundo con su magia y galanura
es espejo no más de su hermosura.
    Es el amor que al mismo amor adora,
el que creó las sílfides y ondinas,
la sacra ninfa que bordando mora
debajo de las aguas cristalinas;
es el amor que recordando llora
las arboledas del Edén divinas:
amor de allí arrancado, allí nacido,
que busca en vano aquí su bien perdido.
    ¡Oh llama santa!, ¡celestial anhelo!
¡Sentimiento purísimo!, ¡memoria
acaso triste de un perdido cielo,
quizá esperanza de futura gloria!
¡Huyes y dejas llanto y desconsuelo!

y suspira tu nombre el labio mío;
para allí su carrera el pensamiento,
hiela mi corazón punzante frío,
ante mis ojos la funesta losa,
donde, vil polvo, tu beldad reposa.
   Y tú, feliz, que hallastes en la muerte
sombra a que descansar en tu camino,
cuando llegabas, mísera, a perderte
y era llorar tu único destino;
cuando en tu frente la implacable suerte
grababa de los réprobos el sino;
feliz, la muerte te arrancó del suelo,
y otra vez ángel te volviste al cielo.
... ...
   Un recuerdo de amor que nunca muere
y está en mi corazón; un lastimero
tierno quejido que en el alma hiere,
eco süave de su amor primero;
¡ay!, de tu luz, en tanto yo viviere,
quedará un rayo en mí, blanco lucero,
que iluminaste con tu luz querida
la dorada mañana de mi vida.
   Que yo, como una flor que en la mañana
abre su cáliz al naciente día,
¡ay!, al amor abrí tu alma temprana,
y exalté tu inocente fantasía;
yo, inocente también, ¡oh!, cuán ufana
al porvenir mi mente sonreía,
y en alas de mi amor, ¡con cuánto anhelo
pensé contigo remontarme al cielo!
   Y alegre, audaz, ansioso, enamorado,
en tus brazos en lánguido abandono,
de glorias y deleites rodeado,
levantar para ti soñé yo un trono.

BECQUER

Gustavo Adolfo Bécquer nació en Sevilla en 1836. Hijo de un pintor, también él al principio pensó dedicarse a la pintura, pero más tarde abandona esta actividad para entregarse de lleno a la literatura. En 1854 se traslada a Madrid y durante varios años vive en la pobreza; apenas consigue algún dinero con colaboraciones en periódicos de segunda fila y con su participación en libretos de zarzuela. En 1858 sufre una enfermedad, seguramente tuberculosis, de la que no se recuperó del todo. Su matrimonio en 1861 fue un completo fracaso, pese a tener tres hijos, y terminó con la separación en 1868. Su fracaso sentimental alcanzará también a un gran amor no correspondido, hecho éste que no ha podido esclarecerse del todo. Murió en 1870.

Su obra, que no había aparecido en libro al morir el autor, se compone de un centenar de poemas breves, dieciocho leyendas, cuatro cartas literarias y algunos artículos.

Como poeta, hay aspectos de su obra que lo hacen aparecer como fruto tardío del romanticismo, mientras que en otro sentido Bécquer representa el comienzo de la poesía española contemporánea. Como ha señalado Luis Cernuda, «Bécquer representa en nuestra poesía moderna un papel equivalente al de Garcilaso en nuestra poesía clásica: el de crear una nueva tradición, que lega a sus descendientes».

Desde el punto de vista formal, los rasgos más sobresalientes de su poesía son: el abandono de la estrofa tradicional para conseguir una mayor libertad (usa con preferencia combinaciones de versos de arte mayor, en los que unas veces alternan versos de arte mayor con otros de arte menor y otras varios versos de arte mayor con un verso de pie quebrado) y el abandono de la rima consonante en favor de la asonante.

Los temas de las rimas son: la poesía, el amor en sus distintas fases, desde el entusiasmo y la emoción de los primeros momentos a la desilusión final, y el tema de la muerte. Todo ello en un estilo sencillo, sin estridencias; pues, como el mismo poeta dejó escrito, frente a la poesía «magnífica y sonora» hay otra «natural, breve, seca, que brota del alma como una chispa eléctrica, que hiere el sentimiento con una palabra y huye, y desnuda de artificio, desembarazada dentro de una forma libre, despierta, con una que las toca, las mil ideas que duermen en el océano sin fondo de la fantasía», y así era desde luego la de Bécquer.

De una gran calidad y belleza son también las *Leyendas*, que aún tienen algún punto de contacto con las leyendas románticas, así el estar situadas en un pasado más o menos remoto. Pero ahora lo importante no es lo novelesco o la reconstrucción de un ambiente histórico, aunque esto también se consiga en alguna de ellas, sino, mediante un lenguaje poético, acercarse a lo misterioso y sobrenatural. Se trata, como en el caso de la poesía, de alcanzar una determinada expresión poética, pero con distinto instrumento.

RIMAS

I

Yo sé un himno gigante y extraño
que anuncia en la noche del alma una aurora,
y estas páginas son de ese himno
cadencias que el aire dilata en las sombras.

Yo quisiera escribirle, del hombre
domando el rebelde mezquino idïoma,
con palabras que fuesen a un tiempo
suspiros y risas, colores y notas.

Pero en vano es luchar; que no hay cifra
capaz de encerrarle, y apenas ¡oh hermosa!
si teniendo en mis manos las tuyas
pudiera al oído cantártelo a solas.

IV

No digáis que agotado su tesoro
de asuntos falta enmudeció la lira:
podrá no haber poetas; pero siempre
habrá poesía.

Mientras las ondas de la luz al beso
palpiten encendidas,
mientras el sol las desgarradas nubes
de fuego y oro vista,
mientras el aire en su regazo lleve
perfumes y armonías,
mientras haya en el mundo primavera,
habrá poesía!

Mientras la ciencia a descubrir no alcance
las fuentes de la vida,
y en el mar o en el cielo haya un abismo
que al cálculo resista,
mientras la humanidad siempre avanzando
no sepa a do camina,
mientras haya un misterio para el hombre,
habrá poesía!

Mientras se sienta que se ría el alma,
sin que los labios rían;
mientras se llore, sin que el llanto acuda
a nublar la pupila;
mientras el corazón y la cabeza
batallando prosigan,
mientras haya esperanzas y recuerdos,
habrá poesía!

Mientras haya unos ojos que reflejen
los ojos que los miran,
mientras responda el labio suspirando
al labio que suspira,
mientras sentirse puedan en un beso
dos almas confundidas,
mientras exista una mujer hermosa
habrá poesía!

VII

Del salón en el ángulo oscuro,
de su dueña tal vez olvidada,
silenciosa y cubierta de polvo,
veíase el arpa.

¡Cuánta nota dormía en sus cuerdas
como el pájaro duerme en las ramas,
esperando la mano de nieve
que sabe arrancarlas!

Ay! pensé; ¡cuántas veces el genio
así duerme en el fondo del alma
y una voz como Lázaro espera
que le diga «Levántate y anda!»

XV

Cendal flotante de leve bruma,
rizada cinta de blanca espuma,
rumor sonoro
de arpa de oro,
beso del aura, onda de luz,
    eso eres tú.

Tu sombra aérea que cuantas veces
voy a tocarte te desvaneces.
Como la llama, como el sonido,
como la niebla, como el gemido
    del lago azul!

En mar sin playas onda sonante,
en el vacío cometa errante,
largo lamento
del ronco viento,
ansia perpetua de algo mejor,
     eso soy yo.

Yo, que a tus ojos en mi agonía
los ojos vuelvo de noche y día;
yo, que incansable corro y demente
tras una sombra, tras la hija ardiente
de una visión!

XXIII

Por una mirada, un mundo:
por una sonrisa, un cielo:
por un beso... yo no sé
qué te diera por un beso.

XXVI

Voy contra mi interés al confesarlo,
no obstante, amada mía,
pienso cual tú que una oda sólo es buena
de un billete del Banco al dorso escrita.
No faltará algún necio que al oírlo
se haga cruces y diga:
Mujer al fin del siglo diez y nueve
material y prosaica... Boberías!
Voces que hacen correr cuatro poetas
que en invierno se embozan con la lira!
Ladridos de los perros a la luna!
Tú sabes y yo sé que en esta vida
con genio es muy contado el que *la escribe*
y con oro cualquiera *hace* poesía.

LIII

Volverán las oscuras golondrinas
en tu balcón sus nidos a colgar,
y otra vez con el ala a sus cristales
jugando llamarán.

Pero aquellas que el vuelo refrenaban
tu hermosura y mi dicha a contemplar,
aquellas que aprendieron nuestros nombres...
ésas... no volverán!

Volverán las tupidas madreselvas
de tu jardín las tapias a escalar
y otra vez a la tarde aún más hermosas
sus flores se abrirán.

Pero aquellas cuajadas de rocío
cuyas gotas mirábamos temblar
y caer como lágrimas del día...
ésas... no volverán!

Volverán del amor en tus oídos
las palabras ardientes a sonar
tu corazón de su profundo sueño
tal vez despertará.

Pero mudo y absorto y de rodillas
como se adora a Dios ante su altar,
como yo te he querido... desengáñate,
nadie así te amará.

LVI

Hoy como ayer, mañana como hoy,
y siempre igual!
Un cielo gris, un horizonte eterno
y andar... andar.

Moviéndose a compás como una estúpida
máquina el corazón:
la torpe inteligencia del cerebro
dormida en un rincón.

El alma, que ambiciona un paraíso,
buscándole sin fe.
Fatiga sin objeto, ola que rueda
ignorando por qué.

Voz que incesante con el mismo tono
canta el mismo cantar.
Gota de agua monótona que cae
y cae sin cesar.

Así van deslizándose los días
unos de otros en pos,
hoy lo mismo que ayer... y todos ellos
sin gozo ni dolor.

Ay! a veces me acuerdo suspirando
del antiguo sufrir!
¡Amargo es el dolor; pero siquiera
padecer es vivir!

LXVI

De dónde vengo? El más horrible y áspero
de los senderos busca;
las huellas de unos pies ensangrentados
sobre la roca dura;
los despojos de un alma hecha jirones
en las zarzas agudas,
te dirán el camino
que conduce a mi cuna.

Adónde voy? El más sombrío y triste
de los páramos cruza,
valle de eternas nieves y de eternas
melancólicas brumas.
En donde esté una piedra solitaria
sin inscripción alguna,
donde habite el olvido,
allí estará mi tumba.

LXXV

¿Será verdad que cuando toca el sueño
con sus dedos de rosa nuestros ojos,
de la cárcel que habita huye el espíritu
en vuelo presuroso?

¿Será verdad que huésped de las nieblas,
de la brisa nocturna al tenue soplo,
alado sube a la región vacía
a encontrarse con otros?

¿Y allí desnudo de la humana forma,
allí los lazos terrenales rotos,
breves horas habita de la idea
el mundo silencioso?

¿Y ríe y llora y aborrece y ama
y guarda un rastro del dolor y el gozo,
semejante al que deja cuando cruza
el cielo un meteoro?

Yo no sé si ese mundo de visiones
vive fuera o va dentro de nosotros:
Pero sé que conozco a muchas gentes
a quienes no conozco.

JUAN VALERA

Don Juan Valera y Alcalá Galiano nació en Cabra (Córdoba), en 1824, de familia ilustre. Ingresó en el Cuerpo Diplomático, en el que llegó a ser embajador, y vivió en distintas partes del mundo. Hombre de una gran cultura, se dio a conocer antes como crítico que como novelista, pues hasta los cincuenta años no escribió su primera novela. Murió en 1905.

Su obra crítica es más interesante por las noticias de primera mano que aporta sobre autores y obras de su época que por sus juicios, no siempre acertados. Defendía la independencia del arte de toda consideración de verdad o utilidad —el arte por el arte—, la necesidad de excluir de la obra de arte todo lo feo o desagradable —la novela no debe ser, según él, copia de la realidad, sino creación del espíritu poético; no debe presentar las cosas como son, sino más bellas de lo que son— y, finalmente, rechazaba la literatura de tesis, tan de moda en su época; pues, según Valera, era imposible «demostrar nada por medio de una fábula».

Sus novelas se pueden dividir, cronológicamente, en dos grupos, separados por un intervalo de dieciséis años. Del primer grupo, escrito entre 1874 y 1879, la obra más importante es *Pepita Jiménez*; del segundo, entre 1895 y 1899, lo es *Juanita la larga*.

Sus obras más logradas tienen como fondo el ambiente costumbrista de Andalucía, pero fiel a sus postulados estéticos se trata de una Andalucía fuertemente idealizada de la que sólo se nos muestran los rasgos más amables. El tema más frecuente en Valera es la experiencia amorosa, pero más como objeto de análisis psicológico que como reflejo del sentimiento personal.

De toda su producción novelesca, la obra más destacada es *Pepita Jiménez*, novela muy bien construida, en la que desde una perspectiva irónica se nos muestra cómo la presunta vocación sacerdotal del protagonista don Luis de Vargas se va desvaneciendo, hasta desaparecer, ante los encantos de la joven viuda Pepita Jiménez, con la que acabará casándose.

PEPITA JIMENEZ

I. CARTAS DE MI SOBRINO

8 de abril.

Siguen las diversiones campestres, en que tengo que intervenir muy a pesar mío.

He acompañado a mi padre a ver casi todas sus fincas, y mi padre y sus amigos se pasman de que yo no sea completamente ignorante de las cosas del campo. No parece sino que para ellos el estudio de la teología, a que me he dedicado, es contrario del todo al conocimiento de las cosas naturales. Cuántos han admirado mi erudición al verme distinguir en las viñas, donde apenas empiezan a brotar los pámpanos, la cepa Pedro-Jiménez de la baladí y de la de Don-Bueno. ¡Cuántos han admirado también que en los verdes sembrados sepa yo distinguir la cebada del trigo y el anís de las habas; que conozca muchos árboles frutales y de sombra, y que, aun de las hierbas que nacen espontáneamente en el campo, acierte yo con varios nombres y refiera bastantes condiciones y virtudes.

Pepita Jiménez, que ha sabido por mi padre lo mucho que me gustan las huertas de por aquí, nos ha convidado a ver una que posee a corta distancia del lugar, y a comer las fresas tempranas que en ella se crían. Este antojo de Pepita de obsequiar tanto a mi padre, quien la pretende y a quien desdeña, me parece a menudo que tiene su poco de coquetería, digna de reprobación; pero cuando veo a Pepita después, y la hallo tan natural, tan fresca y tan sencilla, se me pasa el mal pensamiento e imagino que todo lo hace candorosamente y que no lleva otro fin que el de conservar la buena amistad que con mi familia la liga.

Sea como sea, anteayer tarde fuimos a la huerta de Pepita. Es hermoso sitio, de lo más ameno y pintoresco que pueda imaginarse. El riachuelo que riega casi todas estas huertas, sangrado por mil acequias, pasa al lado de la que visitamos; se forma allí una presa, y cuando se suelta el agua sobrante del riego, cae en un hondo barranco poblado en ambas márgenes de álamos blancos y negros, mimbrones, adelfas floridas y otros árboles frondosos. La cascada, de agua limpia y transparente, se derrama en el fondo, formando espuma, y luego sigue su curso tortuoso por un cauce que la naturaleza misma ha abierto, esmaltando sus orillas de mil hierbas y flores, y cubriéndolas ahora con multitud de violetas. Las laderas que hay en un extremo de la huerta están llenas de nogales, higueras, avellanos y otros árboles de fruta. Y en la parte llana hay cuadros de hortalizas, de fresas, de tomates, patatas, judías y pimientos, y su poco de jardín, con grande abundancia de flores, de las que por aquí más comúnmente se crían. Los rosales, sobre todo, abundan, y los hay de mil diferentes especies. La casilla del hortelano es más bonita y limpia de lo que en esta tierra se suele ver, y al lado de la casilla hay otro pequeño edificio reservado para el dueño de la finca, y donde nos agasajó Pepita con una espléndida merienda, a la cual dio pretexto el comer las fresas, que era el principal objeto que allí nos llevaba. La cantidad de fresas fue asombrosa para lo temprano de la estación, y nos fueron servidas con leche de algunas cabras que Pepita también posee.

Asistimos a esta gira el médico, el escribano, mi tía doña Casilda, mi padre y yo; sin faltar el indispensable señor Vicario, padre espiritual, y más que padre espiritual, admirador y encomiador perpetuo de Pepita.

Por un refinamiento algo sibarítico, no fue el hortelano ni su mujer, ni el chiquillo del hortelano, ni ningún otro campesino quien nos sirvió la merienda, sino dos lindas muchachas, criadas y como confidentas de Pepita, vestidas a lo rústico, si bien con suma pulcritud y elegancia. Llevaban trajes de percal de vistosos colores, cortos y ceñidos al cuerpo, pañuelo de seda cubriendo las espaldas, y descubierta la cabeza, donde lucían abundantes y lustrosos cabellos negros, trenzados y atados luego, formando un moño en figuras de martillo, y por delante rizos sujetos con sendas horquillas, por acá llamados *caracoles*. Sobre el moño o castaña ostentaba cada una de estas doncellas un ramo de frescas rosas.

Salvo la superior riqueza de la tela y su color negro, no era más cortesano el traje de Pepita. Su vestido de merino tenía la misma forma que el de las criadas, y, sin ser muy corto, no arrastraba ni recogía suciamente el polvo del camino. Un modesto pañolito de seda negra cubría también, al uso del lugar, su espalda y su pecho, y en la cabeza no ostentaba tocado, ni flor, ni joya, ni más adorno que el de sus propios cabellos rubios. En la única cosa que noté por parte de Pepita cierto esmero, en que se apartaba de los usos aldeanos, era en llevar guantes. Se conoce que cuida mucho de sus manos y que tal vez pone alguna vanidad en tenerlas muy blancas y bonitas, con unas uñas lustrosas y sonrosadas; pero si tiene esta vanidad, es disculpable en la flaqueza humana, y al fin, si yo no estoy trascordado, creo que Santa Teresa tuvo la misma vanidad cuando era joven, lo cual no le impidió ser una santa tan grande.

En efecto, yo me explico, aunque no disculpo, esta pícara vanidad. ¡Es tan distinguido, tan aristocrático tener una linda mano! Hasta se me figura, a veces, que tiene algo de simbólico. La mano es el instrumento de nuestras obras, el signo de nuestra nobleza, el medio por donde la inteligencia reviste de forma sus pensamientos artísticos, y da ser a las creaciones de la voluntad, y ejerce el imperio que Dios concedió al hombre sobre todas las criaturas. Una mano ruda, nerviosa, fuerte, tal vez callosa, de un trabajador, de un obrero, demuestra noblemente ese imperio; pero en lo que tiene de más violento y mecánico. En cambio, las manos de esta Pepita, que parecen casi diáfanas como el alabastro, si bien con leves tintas rosadas, donde cree uno ver circular la sangre pura y sutil, que da a sus venas un ligero viso azul; estas manos, digo, de dedos afilados y de sin par corrección de dibujo, parecen el símbolo del imperio mágico, del dominio misterioso que tiene y ejerce el espíritu humano, sin fuerza material, sobre todas las cosas visibles que han sido inmediatamente creadas por Dios y que por medio del hombre, Dios completa y mejora. Imposible parece que el que tiene manos como Pepita tenga pensamiento impuro, ni idea grosera, ni proyecto ruin que esté en discordancia con las limpias manos que deben ejecutarle.

No hay que decir que mi padre se mostró tan embelesado como siempre de Pepita, y ella tan fina y cariñosa con él, si bien con un cariño más filial de lo que mi padre quisiera. Es lo cierto que mi padre, a pesar de la reputación que tiene de ser por lo común poco respetuoso y bastante profano con las mujeres, trata a ésta con un respeto y unos miramientos tales, que ni Amadís los usó mayores con la señora Oriana en el período más humilde de sus pretensiones y galanteos: ni una palabra que disuene, ni un requiebro brusco e inoportuno, ni un chiste algo amoroso de éstos que con tanta frecuencia suelen permitirse los andaluces. Apenas si se atreve a decir a Pepita: «buenos ojos tienes»; y en verdad que si lo dijese no mentiría, porque los tiene grandes, verdes como los de Circe, hermosos y rasgados: y lo que más mérito y valor les da es que no parece sino que ella no lo sabe, pues no se descubre en ella la menor intención de agradar a nadie ni de atraer a nadie con lo dulce de sus miradas. Se diría que cree que los ojos sirven para ver y nada más que para ver. Lo contrario de lo que yo, según he oído decir, presumo que creen la mayor parte de las mujeres jóvenes y bonitas, que hacen de los ojos un arma de combate y como un aparato eléctrico y fulmíneo para rendir corazones y cautivarlos. No son así, por cierto, los ojos de Pepita, donde hay una serenidad y una paz como del cielo. Ni por eso se puede decir que miren con fría indiferencia. Sus ojos están llenos de caridad y de dulzura. Se posan con afecto en un rayo de luz, en una flor, hasta en cualquier objeto inanimado, pero con más afecto aún, con muestras de sentir más blando, humano y benigno, se posan en el prójimo, sin que el prójimo, por joven, gallardo y presumido que sea, se atreva a suponer nada más que caridad y amor al prójimo, y cuando más, predilección amistosa en aquella serena y tranquila mirada.

Yo me paro a pensar si todo esto será estudiado; si esta Pepita será una gran comedianta; pero sería tan perfecto el fingimiento y tan oculta la comedia, que parece imposible. La misma naturaleza, pues, es la que guía y sirve de norma a esta mirada y a estos ojos. Pepita, sin duda, amó a su padre primero, y luego las circunstancias la llevaron a amar a don Gumersindo por deber, como al compañero de su vida; y luego, sin duda, se extinguió en ella toda pasión que pudiera inspirar ningún objeto terreno, y amó a Dios, y amó las cosas todas por amor de Dios, y se encontró quizá en una situación de espíritu apacible y hasta envidiable, en la cual, si tal vez hubiere algo que censurar, será un egoísmo de que ella misma no se da cuenta. Es muy cómodo amar de este modo suave, sin atormentarse con el amor; no tener pasión que combatir; hacer del amor y del afecto a los demás un aditamento y como un complemento del amor propio.

A veces me pregunto a mí mismo si al censurar en mi interior esta condición de Pepita no soy yo quien me censuro. ¿Qué sé yo lo que pasa en el alma de esa mujer, para censurarla? ¿Acaso, al creer que veo su alma, no es la mía la que veo? Yo no he tenido ni tengo pasión alguna por vencer: todas mis inclinaciones bien dirigidas, todos mis instintos buenos y malos, merced a la sabia enseñanza de usted, van sin obstáculos ni tropiezos encaminados al mismo propósito; cumpliéndole se satisfarían no sólo mis nobles y desinteresados deseos, sino también mis deseos egoístas, mi amor a la gloria, mi afán de saber, mi curiosidad de ver tierras distantes, mi anhelo de ganar nombre y fama. Todo esto se cifra en llegar al término de la carrera que he emprendido. Por este lado se me antoja a veces que soy más censurable que Pepita, aun suponiéndola merecedora de censura.

Yo he recibido ya las órdenes menores; he desechado de mi alma las vanidades del mundo; estoy tonsurado; me he consagrado al altar, y, sin embargo, un porvenir de ambición se presenta a mis ojos, y veo con gusto que puedo alcanzarle y me complazco en dar por ciertas y valederas las condiciones que tengo para ello, por más que a veces llame a la modestia en mi auxilio, a fin de no confiar demasiado. En cambio, esta mujer, ¿a qué aspira ni qué quiere? Yo la censuro de que se cuida las manos; de que mira tal vez con complacencia su belleza; casi la censuro de su pulcritud, del esmero que pone en vestirse, de yo no sé qué coquetería que hay en la misma modestia y sencillez con que se viste. ¡Pues qué! ¿La virtud ha de ser desaliñada? ¿Ha de ser sucia la santidad? Un alma pura y limpia, ¿no puede complacerse en que el cuerpo también lo sea? Es extraña esta malevolencia con que miro el primor y aseo de Pepita. ¿Será tal vez porque va a ser mi madrastra? ¡Pero si no quiere ser mi madrastra! ¡Si no quiere a mi padre! Verdad es que las mujeres son raras; quién sabe si en el fondo de su alma no se siente inclinada ya a querer a mi padre y a casarse con él, si bien, atendiendo a aquello de que lo que mucho vale mucho cuesta, se propone, páseme V. la palabra, molerle antes con sus desdenes, tenerle sujeto a su servidumbre, poner a prueba la constancia de su afecto y acabar por darle el plácido sí. ¡Allá veremos!

Ello es que la fiesta en la huerta fue apaciblemente divertida: se habló de flores, de frutos, de injertos, de plantaciones y de otras mil cosas relativas a la labranza, luciendo Pepita sus conocimientos agrónomos en competencia con mi padre, conmigo y con el señor Vicario, que se queda con la boca abierta cada vez que habla Pepita, y jura que en los setenta y pico de años que tiene de edad y en sus largas peregrinaciones, que le han hecho recorrer casi toda la Andalucía, no ha conocido mujer más discreta ni más atinada en cuanto piensa y dice.

Cuando volvemos a casa de cualquiera de estas expediciones, vuelvo a insistir con mi padre en mi ida con V., a fin de que llegue el suspirado momento de que yo me vea elevado al sacerdocio; pero mi padre está tan contento de tenerme a su lado y se siente tan a gusto en el lugar, cuidando de sus fincas, ejerciendo mero y mixto imperio como cacique, y adorando a Pepita y consultándoselo todo como a su ninfa Egeria, que halla siempre y hallará aún, tal vez durante algunos meses, fundado pretexto para retenerme aquí. Ya tiene que clarificar el vino de yo no sé cuántas pipas de la candiotera; ya tiene que trasegar otro; ya es menester binar los majuelos; ya es preciso arar los olivares y cavar los pies a los olivos: en suma, me retiene aquí contra mi gusto; aunque no debiera yo decir «contra mi gusto», porque le tengo muy grande en vivir con un padre que es para mí tan bueno.

Lo malo es que con esta vida temo materializarme demasiado: me parece sentir alguna sequedad de espíritu durante la oración; mi fervor religioso, disminuye; la vida vulgar va penetrando y se va infiltrando en mi naturaleza. Cuando rezo padezco distracciones, no pongo en lo que digo a mis solas, cuando el alma debe elevarse a Dios, aquella atención profunda que antes ponía. En cambio, la ternura de mi corazón, que no se fija en un objeto condigno, que no se emplea y consume en lo que debiera, brota y como que rebosa en ocasiones por objetos y circunstancias que tienen mucho de pueriles, que me parecen ridículos, y de los cuales me avergüenzo. Si me despierto en el silencio de la alta noche y oigo que algún campesino enamorado canta, al son de su guitarra mal rasgueada, una copla de fandango o de rondeñas, ni muy discreta, ni muy poética, ni muy delicada, suelo enternecerme como si oyera la más celestial melodía. Una compasión loca, insana, me aqueja a veces. El otro día cogieron los hijos del aperador de mi padre un nido de gorriones, y al ver yo los pajarillos sin plumas aún y violentamente separados de la madre cariñosa, sentí suma angustia, y lo confieso, se me saltaron las lágrimas. Pocos días antes trajo del campo un rústico una ternerita que se había perniquebrado; iba a llevarla al matadero y venía a decir a mi padre qué quería de ella para su mesa: mi padre pidió unas cuantas libras de carne, la cabeza y las patas; yo me conmoví al ver la ternerita, y estuve a punto, aunque la vergüenza lo impidió, de comprársela al hombre, a ver si la curaba y conservaba viva. En fin, querido tío, menester es tener la gran confianza que tengo yo con V. para contarle estas muestras de sentimiento extraviado y vago, y hacerle ver con ellas que necesito volver a mi antigua vida, a mis estudios, a mis altas especulaciones y acabar por ser sacerdote para dar al fuego que devora mi alma el alimento sano y bueno que debe tener.

BENITO PEREZ GALDOS

Galdós nació en Las Palmas de Gran Canaria en 1843. Se traslada a Madrid en 1862 para estudiar leyes, pero desde el primer momento Galdós está más interesado en la calle madrileña y en las tertulias de los cafés que en el derecho. A partir de 1865 comienza su actividad periodística en *La Nación* y desde entonces viviría de la pluma, bien es verdad que con frecuentes problemas económicos.

Su producción novelesca —después de unos intentos de escribir para el teatro— se inicia con *La sombra,* novela corta de tipo fantástico, escrita seguramente en 1867. A continuación escribe dos novelas históricas, *La Fontana de Oro* (1870) y *El audaz* (1871), obras que entran dentro del ciclo histórico de las dos primeras series de *Episodios Nacionales,* que escribiría poco después, concretamente entre 1873 y 1879. Las tres series restantes las escribiría a partir de 1898. En total, Galdós escribió cuarenta y seis episodios, puesto que la quinta serie quedó incompleta. La intención que mueve a Galdós al escribir estas novelas históricas es claramente didáctica, porque creía que las fuerzas que actuaban en su presente histórico arrancaban y tenían su explicación en el pasado inmediato, y porque estaba convencido que al hacer la crónica del agitado período anterior resaltarían los errores cometidos, de tal manera que éstos no se repitieran.

Al mismo tiempo que las dos primeras series de *Episodios,* Galdós escribió sus novelas de tesis: *Doña Perfecta* (1876), *Gloria* (1877) y *La Familia de León Roch* (1878); en ellas defiende el punto de vista liberal frente a la intolerancia y el dogmatismo. Entre *Gloria* y *La Familia de León Roch* escribió *Marianela,* su única novela poética.

De 1881 a 1890 Galdós vive su etapa de plenitud creadora. Durante estos años escribe novelas tan importantes como *La desheredada* (1881), *La de Bringas* (1884), *Fortunata y Jacinta* (1886-1887), *Miau* (1888) y *Realidad,* entre otras. Es seguramente su etapa más optimista; aún cree en la Restauración, como lo prueba el hecho de que en 1886 aceptara un acta de diputado por el Partido Liberal. En 1889 entra en la Academia, pese a una fuerte oposición, gracias a la influencia de Menéndez Pelayo. Todas estas novelas, las llamadas «Novelas de la vida contemporánea», están localizadas en Madrid y pretenden presentar un panorama de la sociedad española de la época. La más importante de todas ellas, sin duda su obra maestra, es *Fortunata y Jacinta,* y esto a pesar de los defectos de construcción; entre otras cosas porque hay en la obra material suficiente para varias novelas más. A través de los amores de Juanito Santa Cruz con Jacinta, su esposa, y Fortunata, su amante, y de las desventuras de Maximiliano Rubín, Galdós consigue un magnífico cuadro del Madrid de la Restauración.

A partir, aproximadamente, de 1891, se produce una nueva inflexión en la obra de Galdós con la aparición de una fuerte tendencia espiritualista en su obra. A este momento corresponden obras como *Angel Guerra, Nazarín, Misericordia* y su última gran novela: *El Abuelo* (1897). Por estos años comienza a escribir para el teatro, al que aportó obras estimables, así *Electra* o *Casandra,* que representaron un claro intento renovador frente al mediocre teatro del momento.

La inflexión, a que antes aludíamos, se corresponde con un cambio ideológico del autor, cambio que lo llevaría desde un liberalismo moderado a una posición mucho más radical. A este respecto es significativo el hecho de que, a partir de 1907, Galdós fuera diputado a cortes por la conjunción Republicano-Socialista.

En los últimos años de su vida, Galdós fue protagonista de un hecho realmente insólito: ante la posibilidad de que le fuera concedido el Premio Nobel, un sector de la sociedad española montó una campaña contra dicha concesión.

A partir de 1910, Galdós fue perdiendo progresivamente la visión hasta quedarse totalmente ciego. Por otra parte, sus libros no se vendían y su situación económica en estos años llegó a ser angustiosa. Murió en 1920.

FORTUNATA Y JACINTA

CAPITULO XI

Final que viene a ser principio

I

Quien manda, manda. Resolvióse la cuestión del *Pituso* conforme a lo dispuesto por don Baldomero, y la propia Guillermina se lo llevó una mañanita a su asilo, donde quedó instalado. Iba Jacinta a verle muy a menudo, y su suegra le acompañaba siempre. El niño estaba tan mimado, que la fundadora del establecimiento tuvo que tomar cartas en el asunto, amonestando severamente a sus amigas y cerrándoles la puerta no pocas veces. En los últimos días de aquel infausto año entráronle a Jacinta melancolías, y no era para menos, pues el desairado y risible desenlace de la novela *pitusiana* hubiera abatido al más pintado. Vinieron luego otras cosillas, menudencias si se quiere; pero como caían sobre un espíritu ya quebrantado, resultaban con mayor pesadumbre de la que por sí tenían. Porque Juan, desde que se puso bueno y tomó calle, dejó de estar tan expansivo, sobón y dengoso como en los días del encierro, y se acabaron aquellas escenas nocturnas en que la confianza imitaba el lenguaje de la inocencia. El Delfín afectaba una gravedad y un seso propios de su talento y reputación; pero acentuaba tanto la postura, que parecía querer olvidar con una conducta sensata las chiquilladas del período catarral. Con su mujer mostrábase siempre afable y atento, pero frío, y a veces un tanto desdeñoso. Jacinta se tragaba este acíbar sin decir nada a nadie. Sus temores de marras empezaban a condensarse, y atando cabos y observando pormenores, trataba de personalizar las distracciones de su marido. Pensaba primero en la institutriz de las niñas de Casa-Muñoz, por ciertas cosillas que había visto casualmente, y dos o tres frases, cazadas al vuelo, de una conservación de Juan con su confidente Villalonga. Después tuvo esto por un disparate y se fijó en una amiga suya, casada con Moreno-Vallejo, tendero de novedades de muy reducido capital. Dicha señora gastaba un lujo estrepitoso, dando mucho que hablar. Había, pues, un amante. A Jacinta se le puso en la cabeza que éste era el Delfín, y andaba desalada tras una palabra, un acento, un detalle cualquiera que se lo confirmase. Más de una vez sintió las cosquillas de aquella rabietina infantil que le entraba de sopetón, y daba pataditas en el suelo y tenía que refrenarse mucho para no irse hacia él y tirarle del pelo diciéndole: «¡Pillo..., farsante!», con todo lo demás que en una gresca matrimonial se acostumbraba. Lo que más le atormentaba era que le quería más cuando él se ponía tan juicioso haciendo el bonitísimo papel de una persona que está en la sociedad para dar ejemplo de moderación y buen criterio. Y nunca estaba Jacinta más celosa que cuando su marido se daba aquellos aires de formalidad, porque la experiencia le había enseñado a conocerle, y ya se sabía: cuando el Delfín se mostraba muy decidor de frases sensatas, envolviendo a la familia en el incienso de su argumentación paradójica, *picos pardos* seguros.

Vinieron días marcados en la historia patria por sucesos resonantes, y aquella familia feliz discutía estos sucesos como los discutíamos todos. ¡El 3 de enero de 1874!... ¡El golpe de Estado de Pavía! No se hablaba de otra cosa, ni había nada mejor de que hablar. Era grato al temperamento español un cambio teatral de instituciones, y volcar una situación como se vuelca un puchero electoral. Había estado admirablemente hecho, según don Baldomero, y el ejército había salvado *una vez más* a la desgraciada nación española. El Consolidado había llegado a 11, y las acciones del Banco a 138. El crédito estaba hundido. La guerra y la anarquía no se acababan: habíamos llegado al «período álgido del incendio», como decía Aparisi, y pronto, muy pronto, el que tuviera una peseta la enseñaría como cosa rara.

Deseaban todos que fuese Villalonga a la casa para que les contara la memorable sesión de la noche del 2 al 3, porque la había presenciado en los escaños rojos. Pero el representante del país no aportaba por allá. Por fin se apareció el día de Reyes por la mañana. Pasaba Jacinta por el recibimiento, cuando el amigo de la casa entró.

—Tocaya, buenos días... ¿Cómo están por aquí? Y el monstruo, ¿se ha levantado ya?

Jacinta no podía ver al dicho tocayo. Fundábase esta antipatía en la creencia de que Villalonga era el corruptor de su marido y el que le arrastraba a la infidelidad.

—Papá ha salido —díjole no muy risueña—. ¡Cuánto sentirá no verle a usted para que le cuente eso!... ¿Tuvo usted mucho miedo? Dice Juan que se metió usted debajo de un banco.

—¡Ay, qué gracia! ¿Ha salido también Juan?

—No, se está vistiendo. Pase usted.

Y fue detrás de él, porque siempre que los dos amigos se encerraban, hacía ella los imposibles por oír lo que decían, poniendo su orejita rosada en el resquicio de la mal cerrada puerta. Jacinto esperó en el gabinete, y su tocaya entró a anunciarle.

—Pero qué, ¿ha venido ya ese pelagatos?

—Sí..., *resalao*..., aquí estoy.

—Pasa, danzante... ¡Dichosos los ojos...!

El amigote entró, Jacinta notaba en los ojos de éste algo de intención picaresca. De buena gana se escondería detrás de una cortina para estafarles sus secretos a aquel par de tunantes. Desgraciadamente, tenía que ir al comedor a cumplir ciertas órdenes que Barbarita le había dado... Pero daría una vueltecita y trataría de pescar algo.

—Cuenta, chico, cuenta. Estábamos rabiando por verte.

Y Villalonga dio principio a su relato delante de Jacinta; pero en cuanto ésta se marchó, el semblante del narrador inundóse de malicia. Miraron ambos a la puerta; cercióse el compinche de que la esposa se había retirado, y volviéndose hacia el Delfín, le dijo con la voz temblorosa que emplean los conspiradores domésticos:

—Chico, ¿no sabes... la noticia que te traigo?... ¡Si supieras a quién he visto! ¿Nos oirá tu mujer?

—No, hombre, pierde cuidado —replicó Juan, poniéndose los botones de la pechera—. Claréate pronto.

—Pues he visto a quien menos puedes figurarte... Está aquí.

—¿Quién?

—Fortunata... Pero no tienes idea de su transformación. ¡Vaya un cambiazo! Está guapísima, elegantísima. Chico, me quedé turulato cuando la vi.

Oyéronse los pasos de Jacinta. Cuando apareció levantando la cortina, Villalonga dio una brusca retorcedura a su discurso:

—No, hombre, no me has entendido; la sesión empezó por la tarde y se suspendió a las ocho. Durante la suspensión se trató de llegar a una inteligencia. Yo me acercaba a todos los grupos a oler aquel guisado... ¡Jum!, malo, malo. El Ministerio Palanca se iba cociendo, se iba cociendo... A todas éstas..., ¡figúrate si estarían ciegos aquellos hombres!..., a todas éstas, fuera de las Cortes se estaba preparando la máquina para echarles la zancadilla. Zalamero y yo salíamos y entrábamos a turno para llevar noticias a una casa de la calle de la Greda, donde estaban Serrano, Topete y otros. «Mi general, no se entienden. Aquello es una balsa de aceite... hirviendo. Tumban a Castelar. En fin, se ha de ver ahora.» «Vuelva usted allá. ¿Habrá votación?» «Creo que sí.» «Tráiganos usted el resultado.»

—El resultado de la votación —indicó Santa Cruz— fue contrario a Castelar. Di una cosa: ¿y si hubiera sido favorable?

—No se habría hecho nada. Tenlo por cierto. Pues como te decía, habló Castelar...

Jacinta ponía mucha atención a esto; pero entró Rafaela a llamarla y tuvo que retirarse.

—Gracias a Dios que estamos solos otra vez —dijo el compinche después que la vio salir—. ¿Nos oirá?

—¿Qué ha de oír?... ¡Qué medroso te has vuelto! Cuenta, pronto. ¿Dónde la viste?

—Pues anoche... estuve en el Suizo hasta las diez. Después me fui un rato al Real, y al salir ocurrióme pasar por Praga a ver si estaba allí Joaquín Pez, a quien tenía que decir una cosa. Entro, y lo primero que me veo es una pareja... en las mesas de la derecha... Quedéme mirando como un bobo... Eran un señor y una mujer vestida con una elegancia..., ¿cómo te diré?, con una elegancia improvisada. «Yo conozco esa cara», fue lo primero que se me ocurrió. Y al instante caí... «¡Pero si es esa condenada de Fortunata!...» Por mucho que yo te diga, no puedes formarte idea de la metamorfosis... Tendrías que verla por tus propios ojos. Está de rechupete. De fijo que ha estado en París, porque sin pasar por allí no se hacen ciertas transformaciones. Púseme todo lo cerca posible, esperando oírla hablar. «¿Cómo hablará?», me decía yo. Porque el talle y el corsé, cuando hay dentro calidad, los arreglan los modistos fácilmente; pero lo que es el lenguaje... Chico, habías de verla y te quedarías lelo, como yo. Dirías que su elegancia es de lance y que no tiene aire de señora... Convenido; no tiene aire de señora; ni falta...; pero eso no quita que tenga un aire seductor, capaz de... Vamos, que si la ves, tiras piedras. Te acordarás de aquel cuerpo sin igual, de aquel busto estatuario, de esos que se dan en el pueblo y mueren en la oscuridad cuando la civilización no los busca y los *presenta*. Cuántas veces lo dijimos: «¡Si este busto supiera explotarse...!» Pues, ¡hala!, ya lo tienes en perfecta explotación. ¿Te acuerdas de lo que sostenías?... «El pueblo es la cantera. De él salen las grandes ideas y las grandes bellezas. Viene luego la inteligencia, el arte, la mano de obra; saca el bloque, lo talla...» Pues,

253

chico, ahí la tienen bien labrada... ¡Qué líneas tan primorosas!... Por supuesto, hablando, de fijo que mete la pata. Yo me acercaba con disimulo. Comprendí que me había conocido y que mis miradas la cohibían... ¡Pobrecilla! Lo elegante no le quitaba lo ordinario, aquel no sé qué de pueblo, cierta timidez que se combina no sé cómo con el descaro, la conciencia de valer muy poco, pero muy poco, moral e intelectualmente, unida a la seguridad de esclavizar..., ¡ah bribonas!, a los que valemos más que ellas...; digo, no me atrevo a afirmar que valgamos más, como no sea por la forma... En resumidas cuentas, chico, está que *ahuma*. Yo pensaba en la cantidad de agua que había precedido a la transformación. Pero, ¡ah!, las mujeres aprenden esto muy pronto. Son el mismo demonio para asimilarse todo lo que es del reino de la *toilette*. En cambio, yo apostaría que no ha aprendido a leer... Son así; luego dicen que si las pervertimos. Pues volviendo a lo mismo, la metamorfosis es completa. Agua, figurines, la fácil costumbre de emperejilarse; después, seda, terciopelo, el sombrerito...

—¡Sombrero! —exclamó Juan en el colmo de la estupefacción.

—Sí; y no puedes figurarte lo bien que le cae. Parece que lo ha llevado toda la vida... ¿Te acuerdas del pañolito por la cabeza, con el pico arriba y la lazada?... ¡Quién lo diría! ¡Qué transiciones!... Lo que te digo... Las que tienen genio, aprenden en un abrir y cerrar de ojos. La raza española es tremenda, chico, para la asimilación de todo lo que pertenece a la forma... ¡Pero si habías de verla tú...! Yo, te lo confieso, estaba pasmado, absorto, embebe...

¡Ay Dios mío!, entró Jacinta, y Villalonga tuvo que dar un quiebro violentísimo...

—Te digo que estaba embebecido. El discurso de Salmerón fue admirable..., pero de lo más admirable... Aún me parece que estoy viendo aquella cara de *hijo del desierto*, y aquel movimiento horizontal de los ojos y la gallardía de los gestos. Gran hombre; pero yo pensaba: «No te valen tus filosofías; en buena te has metido, y ya verás la que te tenemos armada.» Habló después Castelar. ¡Qué discursazo! ¡Qué valor de hombre! ¡Cómo se crecía! Parecíame que tocaba al techo. Cuando concluyó: (A votar, a votar...»

Jacinta volvió a salir sin decir nada. Sospechaba quizás que en su ausencia los tunantes hablaban de otro asunto, y se alejó con ánimo de volver y aproximarse cautelosa.

—Y aquel hombre..., ¿quién era? —preguntó el Delfín, que sentía el ardor de una curiosidad febril.

II

—Te diré... Desde que le vi, me dije: «Yo conozco esa cara.» Pero no pude caer en quién era. Entró Pez y hablamos... Él también quería reconocerle. Nos devanábamos los sesos. Por fin caímos en la cuenta de que habíamos visto a aquel sujeto dos días antes en el despacho del director del Tesoro. Creo que hablaba con éste del pago de unos fusiles encargados a Inglaterra. Tiene acento catalán, gasta bigote y perilla..., cincuenta años..., bastante antipático. Pues verás: como Joaquín y yo la mirábamos tanto, el tío aquel se escamaba. Ella no se *timaba*..., parecía como vergonzosa, ¡y qué mona estaba con su vergüenza!... ¿Te acuerdas de aquel palmito descolorido con cabos negros? Pues ha mejorado mucho, porque está más gruesa, más llena de cara y de cuerpo.

Santa Cruz estaba algo aturdido. Oyóse la voz de Barbarita, que entraba con su nuera.

—Salí de estampía... —siguió Villalonga— a anunciar a los amigos que había empezado la votación... A los pies de usted, Barbarita... Yo bien, ¿y usted? Aquí estaba contando... Pues decía que eché a correr...
—Hacia la calle de la Greda.
—No..., los amigos se habían trasladado a una casa de la calle de Alcalá, la de Casa-Irujo, que tiene ventanas al parque del Ministerio de la Guerra...; subo y me los encuentro muy desanimados. Me asomé con ellos a las ventanas que dan a Buenavista, y no vi nada... «Pero ¿a cuándo esperan? ¿En qué están pensando?...» Francamente, yo creí que el golpe se había chafado, y que Pavía no se atrevía a echar las tropas a la calle. Serrano, impaciente, limpiaba los cristales empañados, para mirar, y abajo no se veía nada. «Mi general —le dije—, yo veo una faja negra, que así de pronto, en la oscuridad de la noche, parece un zócalo... Mire usted bien; ¿no será una fila de hombres?» «¿Y qué hacen ahí pegados a la pared?» «Vea usted, vea usted, el zócalo se mueve. Parece una culebra que rodea todo el edificio y que ahora se desenrosca... ¿Ve usted?... La punta se extiende hacia las rampas.» «Soldados son», dijo en voz baja el general, y en el mismo instante entró Zalamero con medio palmo de lengua fuera, diciendo: «La votación sigue; la ventaja que llevaba al principio Salmerón la lleva ahora Castelar...: nueve votos... Pero aún falta por votar la mitad del Congreso...» Ansiedad en todas las caras... A mí me tocaba entonces ir allá, para traer el resultado final de la votación... Tras, tras..., cojo mi calle del Turco, y entrando en el Congreso, me encontré a un periodista que salía: «La proposición lleva diez votos de ventaja. Tendremos Ministerio Palanca.» ¡Pobre Emilio!... Entré. En el salón estaban votando ya las filas de arriba. Eché un vistazo y salí. Di la vuelta por la curva, pensando lo que acababa de ver en Buenavista, la cinta negra enroscada en el edificio... Figueras salió por la escalerilla del reloj, y me dijo: «Usted qué cree: ¿habrá trifulca esta noche?» Y le respondí: «Váyase usted tranquilo, maestro, que no habrá nada...» «Me parece —dijo con socarronería— que esto se lo lleva Pateta.» Yo me reí. Y a poco pasa un portero, y me dice con la mayor tranquilidad del mundo que por la calle del Florín había tropa. «¿De veras? Visiones de usted. ¡Qué tropa ni qué niño muerto!» Yo me hacía de nuevas. Asomé la jeta por la puerta del reloj. «No me muevo de aquí —pensé, mirando a la mesa—. Ahora veréis lo que es canela...» Estaban leyendo el resultado de la votación. Leían los nombres de todos los votantes, sin omitir uno. De repente aparecen por la puerta del rincón de Fernando el Católico varios quintos mandados por un oficial, y se plantan junto a la escalera de la mesa. Parecían comparsa de teatro. Por la otra puerta entró un coronel viejo de la Guardia Civil.
—El coronel Iglesias —dijo Barbarita, que deseaba terminase el relato—. De buena escapó el país... Bien, Jacinto, supongo que almorzará usted con nosotros.
—Pues ya lo creo —dijo el Delfín.— Hoy no le suelto, y pronto, mamá, que es tarde.
Barbarita y Jacinta salieron.
—¿Y Salmerón qué hizo?
—Yo puse toda mi atención en Castelar, y le vi llevarse la mano a los ojos y decir: «¡Que ignominia!» En la mesa se armó un barullo espantoso... Gritos, protestas. Desde el reloj vi una masa de gente, todos en pie... No distinguía al presidente. Los quintos, inmóviles... De repente, ¡pum!, sonó un tiro en el pasillo...
—Y empezó la desbandada... Pero dime otra cosa, chico. No puedo apartar de mi pensamiento... ¿Decías que llevaba sombrero?

—¿Quién?... ¡Ah! ¿Aquélla? Sí, sombrero, y de muchísimo gusto —dijo el compinche con tanto énfasis como si continuara narrando el suceso histórico—, y vestido azul elegantísimo y abrigo de terciopelo.

—¿Tú estás de guasa? Abrigo de terciopelo.

—Vaya..., y con pieles; un abrigo soberbio. Le caía tan bien..., que...

Entró Jacinta sin anunciarse ni con ruido de pasos ni de ninguna otra manera. Villalonga giró sobre el último concepto como una vela impulsada por fuerte racha de viento.

—El abrigo que yo llevaba..., mi gabán de pieles..., quiero decir, que en aquella marimorena me arrancaron una solapa..., la piel de una solapa, quiero decir...

—Cuando se metió usted debajo del banco.

—Yo no me metí debajo de ningún banco, tocaya. Lo que hice fue ponerme en salvo, como los demás, por lo que pudiera tronar.

—Mira, mira, querida esposa —dijo Santa Cruz mostrando a su mujer el chaleco, que se quitó apenas puesto—. Mira cómo cuelga ese último botón de abajo. Hazme el favor de pegárselo o decirle a Rafaela que se lo pegue, o, en último caso, llamar al coronel Iglesias.

—Venga acá —dijo Jacinta con mal humor, saliendo otra vez.

—En buen apuro me vi, camaraíta —dijo Villalonga conteniendo la risa—. ¿Se enteraría? Pues verás: otro detalle. Llevaba unos pendientes de turquesas que eran la gracia divina sobre aquel cutis moreno pálido. ¡Ay, qué orejitas de Dios y qué turquesas! Te las hubieras comido. Cuando le vimos levantarse, nos propusimos seguir a la pareja para averiguar dónde vivía. Toda la gente que había en Praga la miraba, y ella más parecía corrida que orgullosa. Salimos..., tras, tras..., calle de Alcalá, Peligros, Caballero de Gracia, ellos delante, nosotros detrás. Por fin dieron fondo en la calle del Colmillo. Llamaron al sereno, les abrió, entraron. Es una casa que está en la acera del Norte, entre una tienda de figuras de yeso y el establecimiento de burras de leche..., allí.

Entró Jacinta con el chaleco.

—Vamos..., a ver... ¿Manda usía otra cosa?

—Nada más, hijita, muchas gracias. Dice este monstruo que no tuvo miedo y que se salió tan tranquilo... Yo no lo creo.

—Pero ¿miedo a qué?...Si yo estaba en el ajo... Os diré el último detalle para que os asombréis. Los cañones que puso Pavía en las bocacalles estaban descargados. Y ya véis lo que pasó dentro. Dos tiros al aire, y lo mismo que se desbandan los pájaros posados en un árbol cuando dais debajo de él dos palmadas, así se desbandó la Asamblea de la República.

—El almuerzo está en la mesa. Ya pueden ustedes venir —dijo la esposa, que salió delante de ellos muy preocupada.

—¡Estómagos, a defenderse!

Algunas palabras había cogido la Delfina al vuelo, que no tenían, a su parecer, ninguna relación con aquello de las Cortes, el coronel Iglesias y el Ministerio Palanca. Indudablemente, había moros por la costa. Era preciso descubrir, perseguir y aniquilar al corsario a todo trance. En la mesa versó la conversación sobre el mismo asunto. Y Villalonga, después de volver a contar el caso con todos sus pelos y señales para que lo oyera don Baldomero, añadió diferentes pormenores que daban color a la historia.

—¡Ah! Castelar tuvo golpes admirables: «¿Y la Constitución federal?... La quemasteis en Cartagena.»

—¡Qué bien dicho!

—El único que se resistía a dejar el local fue Díaz Quintero, que empezó a pegar gritos y a forcejear con los guardias civiles. Los diputados y el presidente abandonaron el salón por la puerta del reloj, y aguardaron en la biblioteca a que les dejaran salir. Castelar se fue con dos amigos por la calle del Florín y retiróse a su casa, donde tuvo un fuerte ataque de bilis.

Estas referencias o noticias sueltas eran en aquella triste historia como las uvas desgranadas que quedan en el fondo del cesto después de sacar los racimos. Eran las más maduras, y quizá por esto las más sabrosas.

III

En los siguientes días, la observadora y suspicaz Jacinta notó que su marido entraba en casa fatigado, como hombre que ha andado mucho. Era la perfecta imagen del corredor que va y viene y sube escaleras y recorre calles sin encontrar el negocio que busca. Estaba cabizbajo, como los que pierden dinero, como el cazador impaciente que se despierna de monte en monte sin ver pasar alimaña cazable; como el artista desmemoriado a quien se le escapa del filo del entendimiento la idea feliz o la imagen que vale para él un mundo. Su mujer trataba de reconocerle, echando en él la sonda de la curiosidad, cuyo plomo eran los celos; pero el Delfín guardaba sus pensamientos muy al fondo, y cuando advertía conatos de sondaje íbase más abajo todavía.

Estaba el pobre Juanito Santa Cruz sometido al horroroso suplicio de la idea fija. Salió, investigó, rebuscó, y la mujer aquella, visión inverosímil que había trastornado a Villalonga, no parecía por ninguna parte. ¿Sería sueño o ficción vana de los sentidos de su amigo? La portera de la casa indicada por Jacinto se prestó a dar cuantas noticias se le exigían; mas lo único de provecho que Juan obtuvo de su indiscreción complaciente fue que en la casa de huéspedes del segundo habían vivido un señor y una señora, «guapetona ella», durante dos días nada más. Después habían desaparecido... La portera declaraba con notoria agudeza que, a su parecer, el señor se había largado por tren, y «la *individua*, señora... o lo que fuera..., andaba por Madrid». Pero ¿dónde demonios andaba? Esto era lo que había que averiguar. Con todo su talento no podía Juan darse explicación satisfactoria del interés, de la curiosidad o afán amoroso que despertaba en él una persona a quien dos años antes había visto con indiferencia y hasta con repulsión. La forma, la pícara forma, alma del mundo, tenía la culpa. Había bastado que la infeliz joven abandonada, miserable y quizás maloliente, se trocase en la aventurera elegante, limpia y seductora, para que los desdenes del hombre del siglo, que rinde culto al arte personal, se trocaran en un afán ardiente de apreciar por sí mismo aquella transformación admirable, prodigio de esta nuestra edad de seda. «Si esto no es más que curiosidad, pura curiosidad... —se decía Santa Cruz caldeando su alma turbada—. Seguramente, cuando la vea me quedaré como si tal cosa; pero quiero verla, quiero verla a todo trance..., y mientras no la vea no creeré en la metamorfosis.» Y esta idea le dominaba de tal modo, que lo infructuoso de sus pesquisas producíale un dolor indecible, y se fue exaltando, y por último figurábase que tenía sobre sí una grande, irreparable desgracia. Para acabar de aburrirle y trastornarle, un día fue Villalonga con nuevos cuentos.

—He averiguado que el hombre aquel es un trapisondista... Ya no está en Madrid. Lo de los fusiles era un timo..., letras falsificadas.

—Pero ella...

—A ella la ha visto ayer Joaquín Pez. Sosiégate, hombre, no te vaya a dar algo. ¿Dónde, dices? Pues por no sé qué calle. La calle no importa. Iba vestida con la mayor humildad... Tú dirás, como yo: ¿Y el abrigo de terciopelo?..., ¿y el sombrerito?..., ¿y las turquesas?... Paréceme que me dijo Joaquín que aún llevaba las turquesas... No, no, no dijo esto; porque si las hubiera llevado, no las habría visto. Iba de pañuelo a la cabeza, bien anudado debajo de la barba, y con un mantón negro de mucho uso y un gran lío de ropa en la mano... ¿Te explicas esto? ¿No? Pues yo sí... En el lío iba el abrigo, y quizás otras prendas de ropa...

—Como si lo viera —apuntó Juanito con rápido discernimiento—. Joaquín la vio entrar en una casa de préstamos.

—Hombre, ¡qué talentazo tienes!... Verde y con asa...

—Pero ¿no la vio salir?... ¿No la siguió después para ver dónde vive?

—Eso te tocaba a ti... También él lo habría hecho. Pero considera, alma cristiana, que Joaquinito es de la Junta de Aranceles y Valoraciones, y precisamente había junta aquella tarde, y nuestro amigo iba al Ministerio con la puntualidad de un Pez.

Quedóse Juan con esta noticia más pensativo y peor humorado, sintiendo arreciar los síntomas del mal que padecía y que principalmente se alojaba en su imaginación, mal de ánimo con mezcla de un desate nervioso acentuado por la contrariedad. ¿Por qué la despreció cuando la tuvo como era, y la solicitaba cuando se volvió muy distinta de lo que había sido?... El pícaro ideal, ¡ay!, el eterno ¿cómo sera?

Y la pobre Jacinta, a todas éstas, descrismándose por averiguar qué demonches de antojo o manía embargaba el ánimo de su inteligente esposo. Este se mostraba siempre considerado y afectuoso con ella; no quería darle motivo de queja; mas para conseguirlo necesitaba apelar a su misma imaginación dañada, revestir a su mujer de formas que no tenía y suponérsela más ancha de hombros, más alta, más mujer, más pálida... y con las turquesas aquellas en las orejas... Si Jacinta llega a descubrir este arcano escondidísimo del alma de Juanito Santa Cruz, de fijo pide el divorcio. Pero estas cosas estaban muy adentro, en cavernas más hondas que el fondo de la mar, y no llegará a ellas la sonda de Jacinta ni con todo el plomo del mundo.

Cada día más dominado por su frenesí investigador, visitó Santa Cruz diferentes casas, unas de peor fama que otras, misteriosas aquéllas, éstas al alcance de todo el público. No encontrando lo que buscaba en lo que parece más alto, descendió de escalón en escalón, visitó lugares donde había estado algunas veces y otros donde no había estado nunca. Halló caras conocidas y amigas, caras desconocidas y repugnantes, y a todas pidió noticias, buscando remedio al tifus de curiosidad que le consumía. No dejó de tocar a ninguna puerta tras de la cual pudieran esconderse la vergüenza perdida o la perdición vergonzosa. Sus exploraciones parecían lo que no eran por el ardor con que las practicaba y el carácter humanitario de que las revestía. Parecía un padre, un hermano que desalado busca a la prenda querida que ha caído en los dédalos tenebrosos del vicio. Y quería cohonestar su inquietud con razones filantrópicas y aún cristianas, que sacaba de su entendimiento rico en sofisterías. «Es un caso de conciencia. No puedo consentir que caiga en la miseria y en la abyección, siendo, como soy, responsable... ¡Oh!, mi mujer me perdone; pero una esposa, por inteligente que sea, no puede hacerse cargo de los motivos morales, sí, morales, que tengo para proceder de esta manera.»

Y siempre que iba de noche por las calles, todo bulto negro o pardo se le antojaba que era la que buscaba. Corría, miraba de cerca... y no era. A veces creía distinguirla de lejos, y la forma se perdía en el gentío como la gota en el agua. Las siluetas humanas que en el claroobscuro de la movible muchedumbre parecen escamoteadas por las esquinas y los portales, le traían descompuesto y sobresaltado. Mujeres vio muchas, a obscuras aquí, allá iluminadas por la claridad de las tiendas; mas la suya no parecía. Entraba en todos los cafés, hasta en algunas tabernas entró, unas veces solo, otras acompañado de Villalonga. Iba con la certidumbre de encontrarla en tal o cual parte; pero al llegar, la imagen que llevaba consigo, como hechura de sus propios ojos, se desvanecía en la realidad. «¡Parece que dondequiera que voy —decía con profundo tedio— llevo su desaparición, y que estoy condenado a expulsarla de mi vista con mi deseo de verla!» Decíale Villalonga que tuviera paciencia; pero su amigo no la tenía; iba perdiendo la serenidad de su carácter, y se lamentaba de que a un hombre tan grave y bien equilibrado como él le trastornase tanto un mero capricho, una tenacidad del ánimo, desazón de la curiosidad no satisfecha.

—Cosas de los nervios, ¿verdad, Jacintillo? Esta pícara imaginación... Es como cuando tú te ponías enfermo y delirante esperando ver salir una carta que no salía nunca. Francamente, yo me creí más fuerte contra esta horrible neurosis de la carta que no sale.

Una noche que hacía mucho frío entró el Delfín en su casa no muy tarde, en un estado lamentable. Se sentía mal, sin poder precisar lo que era. Dejóse caer en un sillón y se inclinó de un lado con muestras de intensísimo dolor. Acudió a él su amante esposa, muy asustada de verle así y de oír los ayes lastimeros que de sus labios se escapaban junto con una expresión fea que se perdona fácilmente a los hombres que padecen.

—¿Qué tienes, *nenito?*

El Delfín se oprimía con la mano el costado izquierdo. Al pronto creyó Jacinta que a su marido le habían pegado una puñalada. Dio un grito..., miró; no tenía sangre...

—¡Ah! ¿Es que te duele?... ¡Pobrecito niño! Eso será frío... Espérate, te pondré una bayeta caliente..., te daremos friegas con..., con árnica...

Entró Barbarita y miró alarmada a su hijo; pero antes de tomar ninguna disposición echóle una buena reprimenda porque no se recataba del crudísimo viento seco del Norte que en aquellos días reinaba. Juan entonces se puso a tiritar, dando diente con diente. El frío que le acometió fue tan intenso, que las palabras de queja salían de sus labios como pulverizadas. La madre y la esposa se miraron con terror, consultándose recíprocamente en silencio sobre la gravedad de aquellos síntomas... Es mucho Madrid éste. Sale de caza un cristiano por esas calles, noche tras noche. ¿En dónde estará la res? Tira por aquí, tira por allá, y nada. La res no cae. Y cuando más descuidado está el cazador, viene callandito por detrás una pulmonía de las finas, le apunta, tira y me lo deja seco.

Madrid, enero de 1886.

JUAN MARTIN «EL EMPECINADO»

CAPITULO V

No permanecimos muchas horas en Grajanejos, y cuando la tropa se racionó con lo poco que allí se encontrara, dieron orden de marchar hacia la sierra, en dirección al mismo pueblo de Val de Rebollo, de donde habíamos partido. Nada nos aconteció en el camino digno de contarse, hasta que nos unimos al ejército (pues tal nombre merecía) de don Juan Martín, general en jefe de todas las fuerzas voluntarias y de línea que en aquel país operaban. El encuentro ocurrió en Moranchel. Venían ellos de Sigüenza por el camino de Mirabueno y Algora, y nosotros, que conocíamos su dirección, pasamos el Tajuña y lo remontamos por su izquierda.

Caía la tarde cuando nos juntamos a la gran partida. Los alrededores de Moranchel estaban poblados de tropa, que nos recibió con aclamaciones por la buena presa que llevábamos, y al punto la gente de nuestras filas se desparramó, difundiéndose entre la muchedumbre empecinada como un arroyo que entra en un río. Encontré algunos conocidos entre los oficiales que don Juan Martín había recogido en distintos puntos, según las órdenes de Blake, y me contaron la insigne proeza de Calatayud, realizada algunos días antes.

Yo tenía suma curiosidad de ver al famoso Empecinado, cuyo nombre, lo mismo que el de Mina, resonaba en aquellos tiempos con estruendo glorioso en toda la Península, y a quien los más se representaban como un héroe de los tiempos antiguos, resucitado en los nuestros como una prueba de la protección del cielo en la cruel guerra que sosteníamos. No tardé en satisfacer mi curiosidad, porque don Juan Martín salió de su alojamiento para visitar a los heridos que habíamos traído desde Grajanejos. Cuando se presentó delante de su gente, advertí el gran entusiasmo y admiración que a ésta infundía, y puedo asegurar que el mismo Bonaparte no era objeto por parte de los veteranos de su guardia, de un culto tan ferviente.

Era don Juan Martín un Hércules; de estatura poco más que mediana, organización hecha para la guerra, persona de considerable fuerza muscular, cuerpo de bronce que encerraba la energía, la actividad, la resistencia, la contumancia, el arrojo frenético del Mediodía junto con la paciencia de la raza del Norte. Su semblante moreno, amarillento, color propio de castellanos asoleados y curtidos expresaba aquellas cualidades. Sus facciones eran más bien hermosas que feas, los ojos vivos, y el pelo, aplastado en desorden sobre la frente, se juntaba a las cejas. El bigote se unía a las cortas patillas, dejando la barba limpia de pelo, afeite a la rusa, que ha estado muy en boga entre guerrilleros, y que más tarde usaron Zumalacárregui y otros jefes carlistas.

Envolvíase en un capote azul que apenas dejaba ver los distintivos de su jerarquía militar, y su vestir era en general desaliñado y tosco, guardando armonía con lo brusco de sus modales. En el hablar era tardo y torpe, pero expresivo, y a cada instante demostraba no haber cursado en academias militares ni civiles. Tenía empeño en despreciar las formas cultas, suponiendo condición frívola y adamada en todos los que no eran modelo de rudeza primitiva y sí de carácter refractario a la selvática actividad de la guerra de montaña. Sus mismas virtudes y su benevolencia y generosidad eran ásperas como plantas silvestres que contienen zumos salutíferos, pero cuyas hojas están llenas de pinchos.

Poseía en alto grado el genio de la pequeña guerra, y después de Mina, que fue el Napoleón de las guerrillas, no hubo otro en España ni tan activo ni de tanta suerte. Estaba formado su espíritu con uno de los más visibles caracteres del genio castizo español, que necesita de la perpetua lucha para apacentar su indomable y díscola inquietud, y ha de vivir disputando de palabra u obra para creer que vive. Al estallar la guerra, se había echado al campo con dos hombres, como Don Quijote con Sancho Panza, y empezando por detener correos, acabó por destruir ejércitos. Con arte no aprendido, supo y entendió desde el primer día la geografía y la estrategia, y hacía maravillas sin saber por qué. Su espíritu, como el de Bonaparte en esfera más alta, estaba por íntima organización instruido en la guerra y no necesitaba aprender nada. Organizaba, dirigía, ponía en marcha fuerzas diferentes en combinación, y ganaba batallas sin ley ninguna de guerra; mejor dicho, observaba todas las reglas sin saberlo, o de la práctica instintiva hacía derivar la regla.

Suele ser comparada la previsión de los grandes capitanes a la mirada del águila, que, remontándose en pleno día a inmensa altura, ve mil accidentes escondidos a los vulgares ojos. La travesura (pues no es otra cosa que travesura) de los grandes guerrilleros puede compararse al vigilante acecho nocturno de los pájaros de la última escala carnívora, los cuales, desde los tejados, desde las cuevas, desde los pichachos, torreones, ruinas y bosques, atisban la víctima descuidada y tranquila para caer sobre ella.

En las guerrillas no hay verdaderas batallas; es decir, no hay ese duelo previsto y deliberado entre ejércitos que se buscan, se encuentran, eligen terreno y se baten. Las guerrillas son la sorpresa, y para que haya choque es preciso que una de las dos partes ignore la proximidad de la otra. La primera cualidad del guerrillero, aun antes del valor, es la buena andadura, porque casi siempre se vence corriendo. Los guerrilleros no se retiran, huyen, y el huir no es vergonzoso en ellos. La base de su estrategia es el arte de reunirse y dispersarse. Se condensan para caer como la lluvia, y se desparraman para escapar a la persecución; de modo que los esfuerzos del ejército que se propone exterminarlos son inútiles, porque no se puede luchar con las nubes. Su principal arma no es el trabuco ni el fusil: es el terreno; sí, el terreno, porque según la facilidad y la ciencia prodigiosa con que los guerrilleros se mueven en él, parece que se modifica a cada paso prestándose a sus maniobras.

Figuraos que el suelo se arma para defenderse de la invasión; que los cerros, los arroyos, las peñas, los desfiladeros, las grutas, son máquinas mortíferas que salen al encuentro de las tropas regladas, y suben, bajan, ruedan, caen, aplastan, separan y destrozan. Esas montañas que se dejaron allá y ahora aparecen aquí estos barrancos que multiplican sus vueltas; esas cimas inaccesibles que despiden balas; esos mil riachuelos, cuya orilla derecha se ha dominado y luego se tuerce presentando por la izquierda innumerable gente; esas alturas, en cuyo costado se destrozó a los guerrilleros, y que luego ofrecen otro costado donde los guerrilleros destrozan al ejército en marcha: eso, y nada más que eso, es la lucha de partidas; es decir, el país en armas, el territorio, la geografía misma batiéndose. Tres tipos ofrece el caudillaje en España, que son: el guerrillero, el contrabandista, el ladrón de caminos. El aspecto es el mismo: sólo el sentido moral los diferencia. Cualquiera de esos tipos puede ser uno de los otros dos sin que lo externo varíe, con tal que un grano de sentido moral (permítaseme la frase) caiga de más o de menos en la ampolleta de la conciencia. Las partidas que tan fácilmente se forman en España, pueden ser el sumo bien o mal execrable. ¿Debemos celebrar esta especial aptitud de los españoles para congregarse armados y oponer eficaz resistencia a los ejércitos regulares? ¿Los beneficios de un día son tales que puedan hacernos olvidar las calamidades de otro día? Esto no lo diré yo, y menos en este libro, donde me propongo enaltecer las hazañas de un guerrillero insigne que siempre se condujo movido por nobles impulsos, y fue desinteresado, generoso, y no tuvo parentela moral con facciosos, ni matuteros, ni rufianes, aunque sin quererlo y con fin muy laudable, cual era el limpiar a España de franceses, enseñó a aquéllos el oficio.

Los españoles nacieron para descollar en varias y estimadísimas aptitudes, por lo cual tenemos tal número de santos, teólogos, poetas, políticos, pintores, pero con igual ideoneidad sobresalen en los tres tipos que antes he indicado, y que a los ojos de muchos parece que son uno mismo, según las lamentables semejanzas que la Historia nos ofrece. Yo traigo a la memoria la lucha con los romanos y la de siete siglos con los moros, y me figuro qué buenos ratos pasarían unos y otros en esta tierra, hostigados constantemente por los Empecinados de antaño. Guerrillero fue Viriato, y guerrilleros los jefes de mesnada, los adelantados, los condes y señores de la Edad Media. Durante la monarquía absoluta, las guerras en país extraño llevaron a América, Italia, Flandes y Alemania a todos nuestros bravos. Pero cesaron aquellos gloriosos paseos por el mundo, y España volvió a España, donde se aburría, como el aventurero retirado antes de tiempo a la paz del fatigoso hogar, o como Don Quijote, lleno de bizmas y parches, en el lecho de su casa y ante la tapiada puerta de su biblioteca sin libros.

Vino Napoleón y despertó todo el mundo. La frase castellana *echarse a la calle* es admirable por su exactitud y expresión. España entera se echó a la calle, o al campo; su corazón guerrero latió con fuerza, y se ciñó laureles sin fin en la gloriosa frente; pero lo extraño es que Napoleón, aburrido al fin, se marchó con las manos en la cabeza, y los españoles, movidos de la pícara afición, continuaron haciendo de las suyas en diversas formas, y todavía no han vuelto a casa.

La guerra de la Independencia fue la gran academia del desorden. Nadie le quita su gloria, no, señor; es posible que sin los guerrilleros la dinastía intrusa se hubiera afianzado en España, por lo menos hasta la Restauración en Francia. A ellos se debe la permanencia nacional, el respeto que todavía infunde a los extraños el nombre de España, y esta seguridad vanagloriosa, pero justa, que durante medio siglo hemos tenido de que nadie se atreverá a meterse con nosotros. Pero la guerra de la Independencia, repito, fue la gran escuela del caudillaje, porque en ella se adiestraron hasta lo sumo los españoles en el arte para otros incomprensible de improvisar ejércitos y dominar por más o menos tiempo una comarca; cursaron la ciencia de la insurrección, y las maravillas de entonces las hemos llorado después con lágrimas de sangre. Pero ¿a qué tanta sensiblera, señores? Los guerrilleros constituyen nuestra esencia nacional. Ellos son nuestro cuerpo y nuestra alma; son el espíritu, el genio, la Historia de España; ellos son todo, grandeza y miseria, un conjunto informe de cualidades contrarias, la dignidad dispuesta al heroísmo, la crueldad inclinada al pillaje.

Al mismo tiempo que daban en tierra con el poder de Napoleón, nos dejaron esta lepra del caudillaje que nos devora todavía. Pero ¿estáis definitivamente juzgados ya, oh, insignes salteadores de la guerra? ¿Se ha formado ya vuestra cuenta, oh Empecinado, Porlier, Durán, Amor, Mir, Francisquete, Merino, Tabuenca, Chaleco, Chambergo, Longa, Palarea, Lacy, Rovira, Albuín,

Clarós, Saornil, Sánchez, Villacampa, Cuevillas, Aróstegui, Manso, el Fraile, el Abuelo?

No sé si he nombrado a todos los pequeños grandes hombres que entonces nos salvaron, y que en su breve paso por la Historia dejaron la semilla de los Misas, Trapense, Bessieres, el Pastor, Merino, Ladrón, quienes a su vez criaron a sus pechos a los Rochapea, Cabrera, Gómez, Goróstidi, Echevarría, Eraso, Villarreal, padres de los Cucala, Ollo, Santés, Radica, Valdespina, Samaniego, Tristany, varones coetáneos que también engendrarán su pequeña prole para lo futuro.

«CLARIN»

Leopoldo Alás, «Clarín», nació en Zamora en 1852. Se educó en Oviedo, en cuya Universidad estudió Derecho. Realizó estudios de doctorado en Madrid, en donde se relaciona con los krausistas, quienes ejercerían en él una influencia decisiva. En 1833 obtuvo una Cátedra de Derecho en la Universidad de Oviedo. Murió en 1906.

Dos facetas es preciso distinguir en «Clarín», la de crítico y la de novelista. Sus críticas aparecieron primero en periódicos y revistas para ser reunidas posteriormente en volúmenes como: *Solos de Clarín, Palique,* etc. En un momento en que la crítica había alcanzado niveles muy bajos, con gacetilleros que se guiaban más por la amistad o el interés que por el rigor, «Clarín» adopta una postura insobornable, lo que hizo de él el crítico más prestigioso y temido de su época.

Como narrador, «Clarín», cultivó la novela, el cuento y la novela corta. Entre sus novelas la más importante es *La Regenta,* uno de los mejores relatos del siglo XIX. A través de la presentación detallada de la vida de Vetusta (Oviedo), el autor hace una crítica implacable de la sociedad española del momento, sociedad hipócrita y sin ideales que sólo actúa al dictado de convencionalismos huecos. En sus novelas cortas «Clarín» nos ofrece una visión poética de seres humildes, víctimas involuntarias del mundo que los rodea, así en *Pipa* y *Doña Berta.*

Publicó además «Clarín» varias colecciones de cuentos, en los que trata los más variados temas: religioso, sátira de costumbres, problemas nacionales del momento. De todos ellos destacamos *Adiós, cordera,* verdadera obra maestra en su género, en donde con una aparente simplicidad el autor consigue una historia profunda y emocionante, por la ternura con que están tratados los personajes y por la sensación de autenticidad que nos producen.

¡ADIOS, CORDERA!

Eran tres: ¡siempre los tres! Rosa, Pinín y la *Cordera*.

El *prao* Somonte era un recorte triangular de terciopelo verde tendido, como una colgadura, cuesta abajo por la loma. Uno de sus ángulos, el inferior, lo despuntaba el camino de hierro de Oviedo a Gijón. Un palo de telégrafo, plantado allí como un pendón de conquista, con sus *jícaras* blancas y sus alambres paralelos, a derecha e izquierda, representaba para Rosa y Pinín el ancho mundo desconocido, misterioso, temible, eternamente ignorado. Pinín, después de pensarlo mucho, cuando a fuerza de ver días y días el poste tranquilo, inofensivo, campechano, con ganas sin duda, de aclimatarse en la aldea y parecerse todo lo posible a un árbol seco, fue atreviéndose con él, llevó la confianza al extremo de abrazarse al leño y trepar hasta cerca de los alambres. Pero nunca llegaba a tocar la porcelana de arriba, que le recordaba las jícaras que había visto en el rectoral de Puao. Al verse tan cerca del misterio sagrado, le acometía un pánico de respeto, y se dejaba resbalar de prisa hasta tropezar con los pies en el césped.

Rosa, menos audaz, pero más enamorada de lo desconocido, se contentaba con arrimar el oído al palo del telégrafo, y minutos, y hasta cuartos de hora, pasaba escuchando los formidables rumores metálicos que el viento arrancaba a las fibras del pino seco en contacto con el alambre. Aquellas vibraciones, a veces intensas como las del diapasón, que, aplicado al oído, parece que quema con su vertiginoso latir, eran para Rosa los *papeles* que pasaban, las *cartas* que se escribían por *hilos*, el lenguaje incomprensible que lo ignorado hablaba con lo ignorado; ella no tenía curiosidad por entender lo que los de allá, tan lejos, decían a los del otro extremo del mundo. ¿Qué le importaba? Su interés estaba en el ruido por el ruido mismo, por su timbre y su misterio.

La *Cordera*, mucho más formal que sus compañeros, verdad es que, relativamente, de edad también mucho más madura, se abstenía de toda comunicación con el mundo civilizado, y miraba de lejos el palo del telégrafo, como lo que era para ella, efectivamente, como cosa muerta, inútil, que no le servía siquiera para rascarse. Era una vaca que había vivido mucho. Sentada horas y horas, pues, experta en pastos, sabía aprovechar el tiempo, meditaba más que comía, gozaba del placer de vivir en paz, bajo el cielo gris y tranquilo de su tierra, como quien alimenta el alma, que también tienen los brutos; y si no fuera profanación, podría decirse que los pensamientos de la vaca matrona llena de experiencia, debían de parecerse todo lo posible a las más sosegadas y doctrinales odas de Horacio.

Asistía a los juegos de los pastorcicos encargados de *llindarla* como una abuela. Si pudiera, se sonreiría al pensar que Rosa y Pinín tenían por misión en el prado cuidar de ella, la *Cordera*, no se extralimitase, no se metiese por la vía del ferrocarril ni saltara a la heredad vecina. ¡Qué había de saltar! ¡Qué se había de meter!

Pastar de cuando en cuando, no mucho, cada día menos, pero con atención, sin perder el tiempo en levantar la cabeza por curiosidad necia, escogiendo sin vacilar los mejores bocados, y, después, sentarse sobre el cuarto trasero con delicia a rumiar la vida, a gozar el deleite del no padecer, del dejarse existir: esto era lo que ella tenía que hacer, y todo lo demás aventuras peligrosas. Ya no recordaba cuándo le había picado la mosca.

«El *xatu* (el toro), los saltos locos por las praderas adelante... ¡todo eso estaba tan lejos!»

Aquella paz sólo se había turbado en los días de prueba de la inauguración del ferrocarril. La primera vez que la *Cordera* vio pasar el tren, se volvió loca. Saltó la sebe de lo más alto del Somonte, corrió por prados ajenos, y el terror duró muchos días, renovándose, más o menos violento, cada vez que la máquina asomaba por la trinchera vecina. Poco a poco se fue acostumbrando al estrépito inofensivo. Cuando llegó a convencerse de que era un peligro que pasaba, una catástrofe que amenazaba sin dar, redujo sus precauciones a ponerse en pie y a mirar de frente, con la cabeza erguida, al formidable monstruo; más adelante no hacía más que mirarle, sin levantarse, con antipatía y desconfianza; acabó por no mirar al tren siquiera.

En Pinín y Rosa la novedad del ferrocarril produjo impresiones más agradables y persistentes. Si al principio era una alegría loca, algo mezclada de miedo supersticioso, una excitación nerviosa, que les hacía prorrumpir en gritos, gestos, pantomimas descabelladas, después fue un recreo pacífico, suave, renovado varias veces al día. Tardó mucho en gestarse aquella emoción de contemplar la marcha vertiginosa, acompañada del viento, de la gran culebra de hierro, que llevaba dentro de sí tanto ruido y tantas castas de gentes desconocidas, extrañas.

Pero telégrafo, ferrocarril, todo eso, era lo de menos: un accidente pasajero que se ahogaba en el mar de soledad que rodeaba el *prao* Somonte. Desde allí no se veía vivienda humana; allí no llegaban ruidos del mundo más que al pasar el tren. Mañanas sin fin, bajo los rayos del sol a veces, entre el zumbar de los insectos, la vaca y los niños esperaban la proximidad del mediodía para volver a casa. Y luego, tardes eternas, de dulce tristeza silenciosa, en el mismo prado, hasta venir la noche, con el lucero vespertino por testigo mudo en la altura. Rodaban las nubes allá arriba, caían las sombras de los árboles y de las peñas en la loma y en la cañada, se acostaban los pájaros, empezaban a brillar algunas estrellas en lo más obscuro del cielo, y Pinín y Rosa, los niños gemelos, los hijos de Antón de Chinta, teñida el alma de la dulce serenidad soñadora de la solemne y seria Naturaleza, callaban horas y horas, después de sus juegos, nunca muy estrepitosos, sentados cerca de la *Cordera,* que acompañaba el augusto silencio de tarde con un blando son de perezosa esquila.

En este silencio, en esta calma inactiva, había amores. Se amaban los dos hermanos como dos mitades de un fruto verde, unidos por la misma vida, con escasa conciencia de lo que en ellos era distinto, de cuanto los separaba; amaban Pinín y Rosa a la *Cordera,* la vaca abuela, grande, amarillenta, cuyo testuz parecía una cuna. La *Cordera* recordaría a un poeta la *zavala* del Ramayana, la vaca santa: tenía en la amplitud de sus formas, en la solemne serenidad de sus pausados y nobles movimientos, aires y contornos de ídolo destronado, caído, contento con su suerte, más satisfecha con ser vaca verdadera que dios falso. La *Cordera,* hasta donde es posible adivinar estas cosas, puede decirse que también quería a los gemelos encargados de apacentarla.

Era poco expresiva; pero la paciencia con que los toleraba cuando en sus juegos ella les servía de almohada, de escondite, de montura y para otras cosas que ideaba la fantasía de los pastores, demostraba tácitamente el afecto del animal pacífico y pensativo.

En tiempos difíciles, Pinín y Rosa habían hecho por la *Cordera* los imposibles de solicitud y cuidado. No siempre Antón de Chinta había tenido el prado Somonte. Este regalo era relativamente nuevo. Años atrás, la *Cordera* tenía que salir *a la gramática*, esto es, a apacentar como podía, a la buena ventura de los caminos y callejas de las rapadas y escasas praderías del común, que tanto tenían de vía pública como de pastos. Pinín y Rosa, en tales días de penuria, la guiaban a los mejores altozanos, o los parajes más tranquilos y menos esquilmados, y la libraban de las mil injurias a que están expuestas las pobres reses que tienen que buscar su alimento en los azares de un camino.

En los días de hambre, en el establo, cuando el heno escaseaba, y el narvaso para *estrar* el lecho caliente de la vaca faltaba también, a Rosa y a Pinín debía la *Cordera* mil industrias que la hacían más suave la miseria. ¡Y qué decir de los tiempos heroicos del parto y la cría, cuando se entablaba la lucha necesaria entre el alimento y regalo de la *nación*, y el interés de los Chintos, que consistía en robar a las ubres de la pobre madre toda la leche que no fuera absolutamente indispensable para que el ternero subsistiese! Rosa y Pinín, en tal conflicto, siempre estaban de parte de la *Cordera*, y en cuanto había ocasión, a escondidas, soltaban el recental, que, ciego y como loco, a testarada contra todo, corría a buscar el amparo de la madre, que le albergaba bajo su vientre, volviendo la cabeza agradecida y solícita, diciendo, a su manera:

—Dejad a los niños y a los recentales que vengan a mí.

Estos recuerdos, estos lazos, son de los que no se olvidan.

Añádase a todo que la *Cordera* tenía la mejor pasta de vaca sufrida del mundo. Cuando se veía emparejada bajo el yugo con cualquier compañera, fiel a la gamella, sabía someter su voluntad a la ajena, y horas y horas se la veía con la cerviz inclinada, la cabeza torcida, incómoda postura, velando en pie mientras la pareja dormía en tierra.

Antón de Chinta comprendió que había nacido para pobre cuando palpó la imposibilidad de cumplir aquel sueño dorado suyo de tener un corral propio con dos yuntas por lo menos. Llegó, gracias a mil ahorros, que eran mares de sudor y purgatorios de privaciones, llegó a la primera vaca, la *Cordera*, y no pasó de ahí; antes de poder comprar la segunda se vió obligado, para pagar atrasos al amo, el dueño de la *casería* que llevaba en renta, a llevar al mercado aquel pedazo de sus entrañas, la *Cordera*, el amor de sus hijos. La Chinta había muerto a los dos años de tener la *Cordera* en casa. El establo y la cama de matrimonio estaban pared por medio, llamando pared a un tejido de ramas de castaño y de cañas de maíz. La Chinta, musa de la economía en aquel hogar miserable, había muerto mirando a la vaca por un boquete del destrozado tabique de ramaje, señalándola como salvación de la familia.

«Cuidadla, es vuestro sustento», parecían decir los ojos de la pobre moribunda, que murió extenuada de hambre y de trabajo.

El amor de los gemelos se había concentrado en la *Cordera*; el regazo, que tiene su cariño especial, que el padre no puede reemplazar, estaba al calor de la vaca en el establo y allá, en el Somonte.

Todo esto lo comprendía Antón a su manera, confusamente. De la venta necesaria no había que decir palabra a los niños. Un sábado de julio, al ser de día, de mal humor, Antón echó a andar hacia Gijón, llevando la *Cordera* por delante, sin más atavío que el collar de esquila. Pinín y Rosa dormían. Otros días había que despertarlos a azotes. El padre los dejó dormir tranquilos. Al levantarse se encontraron sin la *Cordera*. «Sin duda, *mio pá* la había llevado al *xatu*.» No cabía otra conjetura... Pinín y Rosa opinaban que la vaca iba de mala gana; creían ellos que no deseaba más hijos, pues todos acababa por perderlos pronto, sin saber cómo ni cuándo.

Al obscurecer, Antón y la *Cordera* entraban por la *corrada*, mohinos, cansados y cubiertos de polvo. El padre no dio explicaciones, pero los hijos adivinaron el peligro.

No había vendido, porque nadie había querido llegar al precio que a él se le había puesto en la cabeza. Era excesivo: un sofisma del cariño. Pedía mucho por la vaca para que nadie se atreviese a llevársela. Los que se habían acercado a intentar fortuna se habían alejado pronto echando pestes de aquel hombre que miraba con ojos de rencor y desafío al que osaba insistir en acercarse al precio fijo en que él se abroquelaba. Hasta el último momento del mercado estuvo Antón de Chinta en el Humedal dando plazo a la fatalidad. «No se dirá», pensaba, «que yo no quiero vender: son ellos lo que no me pagan la *Cordera* en lo que vale.» Y, por fin, suspirando, si no satisfecho, con cierto consuelo, volvió a emprender el camino por la carretera de Candás adelante, entre la confusión y el ruido de cerdos y novillos, bueyes y vacas, que los aldeanos de muchas parroquias del contorno conducían con mayor o menor trabajo, según eran de antiguo las relaciones entre dueños y bestias.

En el Natahoyo, en el cruce de dos caminos, todavía estuvo expuesto el de Chinta a quedarse sin la *Cordera;* un vecino de Carrió que le había rondado todo el día ofreciéndole pocos duros menos de los que pedía, le dio el último ataque, algo borracho.

El de Carrió subía, subía luchando entre la codicia, y el capricho de llevar la vaca. Antón, como una roca. Llegaron a tener las manos enlazadas, parados en medio de la carretera, interrumpiendo el paso... Por fin, la codicia pudo más; el pico de los cincuenta los separó como un abismo; se soltaron las manos, cada cual tiró por su lado; Antón, por la calleja que, entre madreselvas que aún no florecían y zarzamoras en flor, le condujo hasta su hogar.

Desde aquel día en que adivinaron el peligro, Pinín y Rosa no sosegaron. A media semana se *personó* el mayordomo del corral de Antón. Era otro aldeano de la misma parroquia, de malas pulgas, cruel con los *caseros* atrasados. Antón, que no admitía reprimendas, se puso lívido ante las amenazas de desahucio.

El amo no esperaba más. Bueno, vendería la vaca a vil precio, por una merienda. Había que pagar o quedarse en la calle.

Al sábado inmediato acompañó al Humedal Pinín a su padre. El niño miraba con horror a los contratistas de carnes, que eran los tiranos del mercado. La *Cordera* fue comprada en su justo precio por un rematante de Castilla. Se la hizo una señal en la piel y volvió a su establo de Puao, ya vendida, ajena, tañendo tristemente la esquila. Detrás caminaban Antón de Chinta, taciturno, y Pinín, con ojos como puños; Rosa, al saber la venta, se abrazó al testuz de la *Cordera*, que inclinaba la cabeza a las caricias como al yugo.

—«¡Se iba la vieja!» —pensaba con el alma destrozada Antón el huraño.

«Ella, ser, era una bestia, pero sus hijos no tenían otra madre ni otra abuela.»

Aquellos días en el pasto, en la verdura del Somonte, el silencio era fúnebre. La *Cordera*, que ignoraba su suerte, descansaba y pacía como siempre..., como descansaría y comería un minuto antes de que el brutal porrazo la derribase muerta. Pero Rosa y Pinín yacían desolados, tendidos sobre la hierba, inútil en adelante. Miraban con rencor los trenes que pasaban, los alambres del telégrafo. Era aquel mundo desconocido, tan lejos de ellos por un lado, y por otro el que les llevaba su *Cordera*.

El viernes, al obscurecer, fue la despedida. Vino un encargado del rematante de Castilla por la res. Pagó; bebieron un trago Antón y el comisionado, y se sacó a la *quintana* la *Cordera*. Antón había apurado la botella; estaba exaltado; el peso del dinero en el bolsillo le animaba también. Quería aturdirse. Hablaba mucho, alababa las excelencias de la vaca. El otro sonreía, porque las alabanzas de Antón eran impertinentes. ¿Que daba la res tantos y tantos *xarros* de leche? ¿Que era noble en el yugo, fuerte con carga? ¿Y qué, si dentro de pocos días había de estar reducida a chuletas y otros bocados suculentos? Antón no quería imaginar esto; se la figuraba viva, trabajando, sirviendo a otro labrador, olvidada de él y de sus hijos, pero viva, feliz... Pinín y Rosa, sentados sobre el montón de *cucho*, recuerdo para ellos sentimental de la *Cordera* y de los propios afanes, unidos por las manos, miraban al enemigo con ojos de espanto. En el supremo instante se arrojaron sobre su amiga; besos, abrazos: hubo de todo. No podían separarse de ella. Antón, agotada de pronto la excitación del vino, cayó como en un marasmo; cruzó los brazos y entró en el corral obscuro. Los hijos siguieron un buen trecho por la calleja, de altos setos, el triste grupo del indiferente comisionado y la *Cordera*, que iba de mala gana con un desconocido y a tales horas. Por fin, hubo que separarse. Antón, malhumorado, clamaba desde casa:

—Bah, bah, *neños*, acá vos digo: ¡basta de *pamemes*! —así gritaba de lejos el padre con voz de lágrimas.

Caía la noche; por la calleja obscura, que hacían casi negra los altos setos, formando casi bóveda, se perdió el bulto de la *Cordera*, que parecía negra de lejos. Después no quedó de ella más que el *tintán* pausado de la esquila, desvanecido con la distancia, entre los chirridos melancólicos de cigarras infinitas.

—¡Adiós, *Cordera*! —gritaba Rosa deshecha en llanto—. ¡Adiós, *Cordera* de *mío* alma!

—¡Adiós, *Cordera*! —repetía Pinín, no más sereno.

—Adiós —contestó por último, a su modo, la esquila, perdiéndose su lamento triste, resignado, entre los demás sonidos de la noche de julio en la aldea.

Al día siguiente, muy temprano, a la hora de siempre, Pinín y Rosa fueron al *prao* Somonte. Aquella soledad no lo había sido nunca para ellos triste; aquel día el Somonte sin la *Cordera* parecía el desierto.

De repente silbó la máquina, apareció el humo, luego el tren. En un furgón cerrado, en unas estrechas ventanas altas o respiraderos, vislumbraron los hermanos gemelos cabezas de vacas que, pasmadas, miraban por aquellos tragaluces.

—¡Adiós, *Cordera*! —gritó Rosa, adivinando allí a su amiga, a la vaca abuela.

—¡Adiós, *Cordera*! —vociferó Pinín con la misma fe, enseñando los puños al tren, que volaba camino de Castilla.

Y, llorando, repetía el rapaz, más enterado que su hermana de las picardías del mundo:

—La llevan al Matadero... Carne de vaca, para comer los señores, los curas... los indianos.

—¡Adiós, *Cordera!*
—¡Adiós, *Cordera!*
Y Rosa y Pinín miraban con rencor la vía, el telégrafo, los símbolos de aquel mundo enemigo, que les arrebataba, que les devoraba a su compañera de tantas soledades, de tantas ternuras silenciosas, para sus apetitos, para convertirla en manjares de ricos glotones...
—*¡Adiós, Cordera...!*
—*¡Adiós, Cordera...!*
Pasaron muchos años, Pinín se hizo mozo y se lo llevó el Rey. Ardía la guerra carlista. Antón de Chinta era casero de un cacique de los vencidos; no hubo influencia para declarar inútil a Pinín, que, por ser, era como un roble.

Y una tarde triste de octubre, Rosa, en el *prao* Somonte sola, esperaba el paso del tren correo de Gijón, que le llevaba a sus únicos amores, su hermano. Silbó a lo lejos la máquina, apareció el tren en la trinchera, pasó como un relámpago. Rosa, casi metida por las ruedas, pudo ver un instante en un coche de tercera multitud de cabezas de pobres quintos que agitaban, gesticulaban, saludando a los árboles, al suelo, a los campos, a toda la patria familiar, a la pequeña, que dejaban para ir a morir en las luchas fratricidas de la patria grande, al servicio de un rey y de unas ideas que no conocían.

Pinín, con medio cuerpo fuera de una ventanilla, tendió los brazos a su hermana; casi se tocaron. Y Rosa pudo oír entre el estrépito de las ruedas y la gritería de los reclutas la voz distinta de su hermano, que sollozaba, exclamando, como inspirado por un recuerdo de dolor lejano:

—¡Adiós, Rosa...! ¡Adiós, *Cordera!*
—Adiós, Pinín! ¡Pinín de *mío* alma...!

«Allá iba, como la otra, como la vaca abuela. Se lo llevaba el mundo. Carne de vaca para los glotones, para los indianos; carne de su alma, carne de cañón para las locuras del mundo, para las ambiciones ajenas.»

Entre confusiones de dolor y de ideas, pensaba así la pobre hermana viendo al tren perderse a lo lejos, silbando triste, con silbido que repercutían los castaños, las vegas y los peñascos...

¡Qué sola se quedaba! Ahora sí, ahora sí que era un desierto el *prao* Somonte.

—Adiós, Pinín! ¡Adiós, *Cordera!*

¡Con qué odio miraba Rosa la vía manchada de carbones apagados; con qué ira los alambres del telégrafo! ¡Oh!, bien hacía la *Cordera* en no acercarse. Aquello era el mundo, lo desconocido que se lo llevaba todo. Y sin pensarlo, Rosa apoyó la cabeza sobre el palo clavado como un pendón en la punta del Somonte. El viento cantaba en las entrañas del pino seco su canción metálica. Ahora ya lo comprendía Rosa. Era canción de lágrimas, de abandono, de soledad, de muerte.

En las vibraciones rápidas, como quejidos, creía oír, muy lejana, la voz que sollozaba por la vía adelante:

—¡Adiós, Rosa! ¡Adiós, *Cordera!*

LA REGENTA

UNO

... ...

Don Fermín contemplaba la ciudad. Era una presa que le disputaban, pero que acabaría de devorar él solo. ¡Qué! ¿También aquel mezquino imperio habían de arrancarle? No, era suyo. Lo había ganado en buena lid. ¿Para qué eran necios? También al Magistral se le subía la altura a la cabeza; también él veía a los vetustenses como escarabajos; sus viviendas viejas y negruzcas, aplastadas, las creían los vanidosos ciudadanos palacios, y eran madrigueras, cuevas, montones de tierra, labor de topo... ¿Qué habían hecho los dueños de aquellos palacios viejos y arruinados de la Encimada que él tenía allí a sus pies? ¿Qué habían hecho? Heredar. ¿Y él? ¿Qué había hecho él? Conquistar. Cuando era su ambición de joven la que chisporroteaba en su alma, don Fermín encontraba estrecho el recinto de Vetusta; él, que había predicado en Roma, que había olfateado y gustado el incienso de la alabanza en muy altas regiones por breve tiempo, se creía postergado en la catedral vetustense. Pero otras veces, las más, era el recuerdo en sus sueños de niño, precoz para ambicionar, el que le asaltaba, y entonces veía en aquella ciudad que se humillaba a sus plantas en derredor el colmo de sus deseos más locos. Era una especie de placer material, pensaba De Pas, el que sentía comparando sus ilusiones de la infancia con la realidad presente. Si de joven había soñado cosas mucho más altas, su dominio presente parecía la tierra prometida a las cavilaciones de la niñez, llena de tardes solitarias y melancólicas en las praderas de los puertos. El Magistral empezaba a despreciar un poco los años de su próxima juventud, le parecían a veces algo ridículos sus ensueños, y la conciencia no se complacía en repasar todos los actos de aquella época de pasiones reconcentradas, poco y mal satisfechas. Prefería las más veces recrear el espíritu contemplando lo pasado en lo más remoto del recuerdo; su niñez la enternecía, su juventud le disgustaba como el recuerdo de una mujer que fue muy querida, que nos hizo cometer mil locuras y que hoy nos parece digna de olvido y desprecio. Aquello que él llamaba placer material y tenía mucho de pueril era el consuelo de su alma en los frecuentes decaimientos del ánimo.

El Magistral había sido pastor en los puertos de Tarsa, ¡y era él el mismo que ahora mandaba a su manera en Vetusta! En este salto de la imaginación estaba la esencia de aquel placer intenso, infantil y material que gozaba De Pas como un pecado de lascivia.

¡Cuántas veces en el púlpito, ceñido al robusto y airoso cuerpo el roquete cándido y rizado, bajo la señoril muceta, viendo allá abajo, en el rostro de todos los fieles la admiración y el encanto, había tenido que suspender el vuelo de su elocuencia, porque le ahogaba el placer y le cortaba la voz en la garganta! Mientras el auditorio aguardaba en silencio, respirando apenas, a que la emoción religiosa permitiera al orador continuar, él oía como en éxtasis de autolatría el chisporroteo de los cirios y de las lámparas; aspiraba con voluptuosidad extraña el ambiente embalsamado por el incienso de la capilla mayor y por las emanaciones calientes y aromáticas que subían de las damas que le rodeaban; sentía como murmullo de la brisa en las hojas de un bosque el contenido crujir de la seda, el aleteo de los abanicos; y en aquel silencio de la atención que esperaba, delirante, creía comprender y gustaba una adoración muda que subía a él; y estaba seguro de que en tal momento pensaban los fieles en el orador esbelto, elegante, de voz melodiosa, de correctos ademanes, a quien oían y veían, no en el Dios de que les hablaba. Entonces sí que, sin poder él desechar aquellos recuerdos, se le presentaba su infancia en los puertos, aquellas tardes de su vida de pastor melancólico y meditabundo. Horas y horas, hasta el crepúsculo, pasaba soñando despierto, en una cumbre, oyendo las esquilas del ganado esparcido por el cueto ¿y qué soñaba? que allá, allá abajo, en el ancho mundo, muy lejos, había una ciudad inmensa, como cien veces el lugar de Tarsa, y más; aquella ciudad se llamaba Vetusta, era mucho mayor que San Gil de la Llana, la cabeza del partido, que él tampoco había visto. En la gran ciudad colocaba él maravillas que halagaban el sentido y llenaban la soledad de su espíritu inquieto. Desde aquella infancia ignorante y visionaria al momento en que se contemplaba el predicador no había intervalo; se veía niño y se veía magistral: lo presente era la realidad del sueño de la niñez, y de esto gozaba.

Emociones semejantes ocupaban su alma mientras el catalejo, reflejando con vivos resplandores los rayos del sol, se movía lentamente pasando la visual de tejado en tejado, de ventana en ventana, de jardín en jardín.

Alrededor de la catedral se extendía, en estrecha zona, el primitivo recinto de Vetusta. Comprendía lo que se llamaba el barrio de la *Encimada* y dominaba todo el pueblo que se había ido estirando por noroeste y por sudeste. Desde la torre se veían, en algunos patios y jardines de casas viejas y ruinosas, restos de la antigua muralla, convertidos en terrados o paredes medianeras, entre huertos y corrales. La Encimada era el barrio noble y el barrio pobre de Vetusta. Los más linajudos y los más andrajosos vivían allí, cerca unos de otros, aquéllos a sus anchas, los otros apiñados. El buen vetustense era de la Encimada. Algunos fatuos estimaban en mucho la propiedad de una casa, por miserable que fuera, en la parte alta de la ciudad, a la sombra de la catedral, o de Santa María la Mayor o de San Pedro, las dos antiquísimas iglesias vecinas de la Basílica y parroquias que se dividían el noble territorio de la Encimada. El Magistral veía a sus pies el barrio linajudo, compuesto de caserones con ínfulas de palacios; conventos grandes como pueblos, y tugurios donde se amontonaba la plebe vetustense, demasiado pobre para poder habitar las barriadas nuevas allá abajo, en el Campo del Sol, al sudeste, donde la Fábrica Vieja levantaba sus augustas chimeneas en rededor de las cuales un pueblo de obreros había surgido. Casi todas las calles de la Encimada eran estrechas, tortuosas, húmedas, sin sol; crecía en algunas la hierba; la limpieza de aquellas en que predominaba el vecindario noble, o de tales pretensiones por lo menos, era triste, casi miserable, como la limpieza de las cocinas pobres de los hospicios; parecía que la escoba municipal y la escoba de la nobleza pulcra habían dejado en aquellas plazuelas y callejas las huellas que el cepillo deja en el paño raído. Había por allí muy pocas tiendas, y no muy lucidas. Desde la torre se veía la historia de las clases privilegiadas contada por piedras y adobes en el recinto viejo de Vetusta. La iglesia ante todo: los conventos ocupaban cerca de la mitad del terreno; Santo Domingo sólo tomaba una quinta parte del área total de la Encimada; seguían en tamaño las Recoletas, donde se habían reunido en tiempo de la Revolución de Septiembre dos comunidades de monjas, que juntas eran diez y ocupaban con su convento y huerto la sexta parte del barrio. Verdad era que San Vicente estaba convertido en cuartel y dentro de sus muros retumbaba la indiscreta voz de la corneta, profanación constante del sagrado silencio secular; del convento ampuloso y plateresco de las Clarisas había hecho el Estado un edificio para toda clase de oficinas, y en cuanto a San Benito, era lóbrega prisión de mal seguros delincuentes. Todo esto era triste; pero el Magistral que veía, con amargura de los labios, estos despojos de que le daba elocuente representación el catalejo, podía abrir el pecho al consuelo y a la esperanza contemplando, fuera del barrio noble, al Oeste y al Norte, gráficas señales de la fe rediviva, en los alrededores de Vetusta, donde construía la piedad nuevas moradas para la vida conventual, más lujosas, más elegantes que las antiguas, si no tan sólidas ni tan grandes. La Revolución había derribado, había robado; pero la Restauración, que no podía restituir, alentaba el espíritu que reedificaba; y ya las Hermanitas de los Pobres tenían coronado el edificio de su propiedad, tacita de plata que brillaba cerca del Espolón, al Oeste, no lejos de los palacios y *chalets* de la Colonia, o sea el barrio nuevo de americanos y comerciantes del reino. Hacia el Norte, entre prados de terciopelo tupido, de un verde oscuro, fuerte, se levantaba la blanca fábrica que con sumas fabulosas construían las Salesas, por ahora arrinconadas dentro de Vetusta, cerca de los vertederos de la Encimada, casi sepultadas en las cloacas, en una casa vieja que tenía por iglesia un oratorio mezquino. Allí, como en nichos, habitaban las herederas de muchas familias ricas y nobles; habían dejado, en obsequio al Crucificado, el regalo de su palacio ancho y cómodo de allá arriba por la estrechez insana de aquella pocilga, mientras sus padres, hermanos y otros parientes regalaban el perezoso cuerpo en las anchuras de los caserones tristes, pero espaciosos en la Encimada. No sólo era la Iglesia quien podía desperezarse y estirar las piernas en el recinto de Vetusta la de arriba; también los herederos de pergaminos y casas solariegas habían tomado para sí anchas cuadras y jardines y huertas que podían pasar los bosques, con relación al área del pueblo, y que en efecto se llamaban, algo hiperbólicamente, parques, cuando eran tan extensos como el de los Ozores y el de los Vegallana. Y mientras no sólo a los conventos y a los palacios, sino también a los árboles se les dejaba campo abierto para alargarse y ensancharse como querían, los míseros plebeyos, que a fuerza de pobres no habían podido huir los codazos del egoísmo noble o regular, vivían hacinados en casas de tierra que el municipio obligaba a tapar con una capa de cal; y era de ver cómo aquellas casuchas apiñadas se enchufaban y saltaban unas sobre otras, y se metían los tejados por los ojos, o sea las ventanas. Parecían un rebaño de retozonas reses que apretadas en un camino brincan y se encaraman en los lomos de quien encuentran delante.

A pesar de esta injusticia distributiva que don Fermín tenía debajo de sus ojos, sin que le irritara, el buen canónigo amaba el barrio de la catedral, aquel hijo predilecto de la Basílica, sobre todos. La Encimada era su imperio natural, la metrópoli del poder espiritual que ejercía. El humo y los silbidos de la fábrica le hacían dirigir miradas recelosas al Campo del Sol; allí vivían los rebeldes; los trabajadores sucios, negros por el carbón y el hierro amasados con sudor; los que escuchaban con la boca abierta a los energúmenos que les predicaban igualdad, federación, reparto, mil absurdos, y a él no querían oírle cuando les hablaba de premios celestiales, de reparaciones de ultratumba. No era que allí no tuviera ninguna influencia, pero la tenía en los menos. Cierto que cuando allí la creencia pura, la fe católica arraigaba, era con robustas raíces, como con cadenas de hierro. Pero si moría un obrero bueno, creyente, nacían dos, tres, que ya jamás oirían hablar de resignación, de lealtad, de fe y obediencia. El Magistral no se hacía ilusiones. El campo del Sol se les iba. Las mujeres defendían allí las últimas trincheras. Poco tiempo antes del día en que De Pas meditaba así, varias ciudadanas del barrio de obreros habían querido matar a pedradas a un forastero que se titulaba pastor protestante; pero estos excesos, estos paroxismos de la fe moribunda, más entristecían que animaban al Magistral. No, aquel humo no era de incienso; subía a lo alto, pero no iba al cielo; aquellos silbidos de las máquinas le parecían burlescos, silbidos de sátira, silbidos de látigo. Hasta aquellas chimeneas delgadas, largas, como monumentos de una idolatría, parecían parodias de las agujas de las iglesias...

El Magistral volvía el catalejo al Noroeste; allí estaba la *Colonia*, la Vetusta novísima, tirada a cordel, deslumbrante de colores vivos con reflejos acerados; parecía un pájaro de los bosques de América, o una india brava adornada con plumas y cintas de tonos discordantes. Igualdad geométrica, desigualdad, anarquía cromáticas. En los tejados todos los colores del iris como en los muros de Echátana; galerías de cristales robando a los edificios por todas partes la esbeltez que podía suponérseles; alardes de piedra inoportunos, solidez afectada; lujo vocinglero. La ciudad del sueño de un indiano que va mezclada con la ciudad de un usurero o de un mercader de paños o de harinas que se quedan y edifican despiertos. Una pulmonía posible por una pared maestra ahorrada; una incomodidad segura por una fastuosidad ridícula. Pero no importa, el Magistral no atiende a nada de eso; no ve allí más que riqueza; un Perú en miniatura, del cual pretende ser el Pizarro espiritual. Y ya empieza a serlo. Los indianos de la Colonia, que en América oyeron muy pocas misas, en Vetusta vuelven, como a una patria, a la piedad de sus mayores: la religión con las formas aprendidas en la infancia es para ellos una de las dulces promesas de aquella España que veían en sueños al otro lado del mar. Además, los indianos no quieren nada que no sea de buen tono, que huela a plebeyo, ni siquiera pueda recordar los orígenes humildes de la estirpe; en Vetusta los descreídos no son más que cuatro pillos, que no tienen sobre qué caerse muertos; todas las personas pudientes creen y practican, como se dice ahora. Páez, don Frutos Redondo, los Jacas, Antolínez, los Argumosa y otros y otros ilustres Américo Vespucios del barrio de la Colonia siguen escrupulosamente en lo que se les alcanza las costumbres *distinguidas* de los Corujedos, Vegallanas, Membibres, Ozores, Carraspiques y demás familias nobles de la Encimada, que se precian de muy buenos y muy rancios cristianos. Y si no lo hicieran por propio impulso los Páez, los Redondo, etc., etc., sus respectivas esposas, hijas y demás familia del sexo débil obligaríanles a imitar en religión, como en todo, las maneras, ideas y palabras de la envidiada aristocracia. Por todo lo cual el Provisor mira al barrio del Noroeste con más codicia que antipatía; si allí hay muchos espíritus que él no ha sondeado todavía, si hay mucha tierra que descubrir en aquella América abreviada, las exploraciones hechas, las *factorías* establecidas, han dado muy buen resultado, y no desconfía don Fermín de llevar la luz de la fe más acendrada, y con ella su natural influencia, a todos los rincones de las bien alineadas casas de la Colonia, a quien el municipio midió los tejados por un rasero.

Pero, entre tanto, De Pas volvía amorosamente la visual del catalejo a su Encimada querida, la noble, la vieja, la amontonada a la sombra de la soberbia torre. Una a oriente otra a occidente, allí debajo tenía, como dando guardia de honor a la catedral, las dos iglesias antiquísimas que la vieron tal vez nacer, o por lo menos pasar a grandezas y esplendores que ellas jamás alcanzaron. Se llamaban, como va dicho, Santa María y San Pedro; su historia anda escrita en los cronicones de la Reconquista, y gloriosamente se pudren poco a poco víctimas de la humedad y hechas polvo por los siglos. En redor de Santa María y de San Pedro hay esparcidas, por callejones y plazuelas, casas solariegas, cuya mayor gloria sería poder proclamarse contemporáneas de los ruinosos templos. Pero no pueden, porque delata la relativa juventud de estos caserones su arquitectura, que revela el mal gusto decadente, pesado o recargado, de muy posteriores siglos. La piedra de todos estos edificios está ennegrecida por los rigores de la intemperie que en Vetusta la húmeda no dejan nada claro mucho tiempo, ni consienten blancura duradera.

... ...

DIECISEIS

Con octubre muere en Vetusta el buen tiempo. Al mediar noviembre suele lucir el sol una semana, pero como si fuera ya otro sol, que tiene prisa y hace sus visitas de despedida preocupado con los preparativos del viaje del invierno. Puede decirse que es una ironía de buen tiempo lo que se llama *el veranillo de San Martín*. Los vetustenses no se fían de aquellos halagos de luz y calor, y se abrigan y buscan su manera peculiar de pasar la vida a nado durante la estación odiosa que se prolonga hasta fines de abril próximamente. Son anfibios que se preparan a vivir debajo del agua la temporada que su destino les condena a este elemento. Unos protestan todos los años haciéndose de nuevas y diciendo: «¡Pero ve usted qué tiempo!»; otros, más filósofos, se consuelan pensando que a las muchas lluvias se debe la fertilidad y hermosura del suelo. «O el cielo o el suelo, todo no puede ser.»

Ana Ozores no era de las que se resignaban. Todos los años, al oír las campanas doblar tristemente el día de los Santos, por la tarde, sentía una angustia nerviosa que encontraba pábulo en los objetos exteriores, y sobre todo en la perspectiva ideal de un invierno, de *otro* invierno húmedo, monótono, interminable, que empezaba con el clamor de aquellos bronces.

Aquel año la tristeza había aparecido a la hora de siempre. Estaba Ana en el comedor. Sobre la mesa quedaban la cafetera de estaño, la taza y la copa en que había tomado café y anís don Víctor, que ya estaba en el Casino jugando al ajedrez. Sobre el platillo de la taza yacía medio puro apagado, cuya ceniza formaba repugnante amasijo impregnado del café frío derramado. Todo esto miraba la Regenta con pena, como si fuesen ruinas del mundo. La insignificancia de aquellos objetos que contemplaba le partía el alma; se le figuraba que eran símbolo del universo, que era así ceniza, frialdad, un cigarro abandonado a la mitad por el hastío del fumador. Además, pensaba en el marido incapaz de fumar un puro entero y de querer por entero a una mujer. Ella era también como aquel cigarro, una cosa que no había servido para uno y que ya no podía servir para otro.

Todas estas locuras las pensaba, sin querer, con mucha formalidad. Las campanas comenzaban a sonar con la terrible promesa de no callarse en toda la tarde ni en toda la noche. Ana se estremeció. Aquellos martillazos estaban destinados a ella; aquella maldad impune, irresponsable, mecánica, del bronce repercutiendo con tenacidad irritante, sin por qué ni para qué, sólo por la razón universal de molestar, creíala descargada sobre su cabeza. No eran *fúnebres lamentos* las campanadas, como decía Trifón Cármenes en aquellos versos de *El Lábaro* del día, que la doncella acababa de poner sobre el regazo de su ama; no eran fúnebres lamentos, no hablaban de los muertos, sino de la tristeza de los vivos, del letargo de todo; ¡tan, tan, tan!, ¡cuántos!, ¡cuántos!, ¡y los que faltaban! ¿Qué contaban aquellos tañidos? Tal vez las gotas de lluvia que iban a caer en aquel *otro* invierno.

La Regenta quiso distraerse, olvidar el ruido inexorable, y miró *El Lábaro*. Venía con orla de luto. El primer fondo que, sin saber lo que hacía, comenzó a leer, hablaba de la brevedad de la existencia y de los acendrados sentimientos católicos de la redacción. «¿Qué eran los placeres de este mundo? ¿Qué la gloria, la riqueza, el amor?» En opinión del articulista, nada; palabras, palabras, como había dicho Shakespeare. Sólo la virtud era cosa sólida. En este mundo no había que buscar la felicidad, la tierra no era el centro de las almas *decididamente*. Por todo lo cual lo más acertado era morirse; y así, el redactor, que había comenzado lamentando lo *solos que se quedaban los muertos*, concluía por envidiar su buena suerte. *Ellos* ya sabían lo que había *más allá*, ya habían resuelto el gran problema de Hamlet: *to be or not to be*. ¿Qué era el más allá? Misterio. De todos modos, el articulista deseaba a los difuntos el descanso y la gloria eterna. Y firmaba: «Trifón Cármenes». Todas aquellas necedades ensartadas en lugares comunes; aquella retórica fiambre, sin pizca de sinceridad, aumentó la tristeza de la Regenta; esto era peor que las campanas, más mecánico, más fatal; era la fatalidad de la estupidez; y también ¡qué triste ver ideas grandes, tal vez ciertas, y frases, en su original sublimes, allí manoseadas, pisoteadas y por milagros de la necedad convertidas en materia liviana, en lodo de vulgaridad y manchadas por las inmundicias de los tontos!... Aquello era también un símbolo del mundo; ¡las cosas grandes, las ideas puras y bellas, andaban confundidas con la prosa y la falsedad y la maldad, y no había modo de separarlas! Después Cármenes se presentaba en el cementerio y cantaba una elegía de tres columnas, en tercetos entreverados de silva. Ana veía los renglones desiguales como si estuvieran en chino; sin saber por qué no podía leer; no entendía nada; aunque la inercia la obligaba a pasar por allí los ojos, la atención retrocedía, y tres veces leyó los cinco primeros versos, sin saber lo que querían decir... Y de repente, recordó que ella también había escrito versos, y pensó que podían ser muy malos también. «¿Si habría sido ella una *Trifona*? Probablemente; ¡y qué desconsolador era tener que echar sobre sí misma el desdén que merecía todo! ¡Y con qué entusiasmo había escrito muchas de aquellas poesías religiosas, místicas, que ahora le parecían amaneradas, rapsodias serviles de Fray Luis de León y San Juan de la Cruz! Y lo peor no era que los versos fueran malos, insignificantes, vulgares, vacíos... ¿Y los sentimientos que los habían inspirado? ¿Aquella piedad lírica? ¿Había valido algo? No mucho, cuando ahora, a pesar de los esfuerzos que hacía por volver a sentir una reacción de religiosidad... ¿Si en el fondo no sería ella más que una literata vergonzante, a pesar de no escribir ya versos ni prosa? Sí, sí, le había quedado el espíritu falso, torcido de la poetisa, que por algo el buen sentido vulgar desprecia.» Como otras veces, Ana fue tan lejos en este vejamen de sí misma, que la exageración la obligó a retroceder y no paró hasta echar la culpa de todos los males a Vetusta, a sus tías, a don Víctor, a Frígilis; y concluyó por tenerse aquella lástima tierna y profunda que la hacía tan indulgente a ratos para los propios defectos y culpas.

Se asomó al balcón. Por la plaza pasaba todo el vecindario de la Encimada camino del cementerio, que estaba hacia el Oeste, más allá del Espolón, sobre un cerro. Llevaban los vetustenses los trajes de cristianar; criadas, nodrizas, soldados y enjambres de chiquillos eran la mayoría de los transeúntes; hablaban a gritos, gesticulaban alegres; de fijo no pensaban en los muertos. Niños y mujeres del pueblo pasaban también, cargados de coronas fúnebres baratas, de cirios flacos y otros adornos de sepultura. De cuando en cuando, un lacayo de librea, un mozo de cordel, atravesaban la plaza abrumados por el peso de colosal corona de siemprevivas, de blandones como columnas y catafalcos portátiles. Era el luto oficial de los ricos, que sin ánimo y tiempo para visitar a sus muertos, les mandaban aquella especie de besalamano. Las *personas decentes* no llegaban al cementerio; las señoritas emperifolladas no tenían valor para entrar allí y se quejaban en el Espolón paseando, luciendo los trapos y dejándose ver, como los demás días del año. Tampoco se acordaban de los difuntos; pero lo disimulaban; los trajes eran oscuros, las conversaciones menos estrepitosas que de costumbre, el gesto algo más compuesto. Se paseaba en el Espolón como se está en una visita de duelo en los momentos en que no está delante ningún pariente cercano del difunto. Reinaba una especie de discreta alegría contenida. Si en algo se pensaba alusivo a la solemnidad del día, era en la ventaja positiva de no contarse entre los muertos. Al más filósofo vetustense se le ocurría que no somos nada, que muchos de sus conciudadanos que se paseaban tan tranquilos estarían al año que viene con los otros; cualquiera menos él.

Ana aquella tarde aborrecía más que otros días a los vetustenses; aquellas costumbres tradicionales, respetadas sin conciencia de lo que se hacía, sin fe ni entusiasmo, repetidas con mecánica igualdad como el rítmico volver de las frases o los gestos de un loco; aquella tristeza ambiente que no tenía grandeza, que no se refería a la suerte incierta de los muertos, sino al aburrimiento seguros de los vivos, se lo ponían a la Regenta sobre el corazón, y hasta creía sentir la atmósfera cargada de hastío, de un hastío sin remedio, eterno. Si ella contara lo que sentía a cualquier vetustense, la llamaría romántica; a su marido no había que mentarle semejantes penas; en seguida se alborotaba y hablaba de régimen, y de propaganda, y de cambiar de vida. Todo menos apiadarse de los nervios o lo que fuera.

... ...

La tarde de *Todos los Santos* Ana creyó perder el terreno adelantado en su curación moral; la aridez de alma de que ella se había quejado a don Fermín, y que éste, citando a San Alfonso Ligorio, le había demostrado ser debilidad común, y hasta de los santos, y general duelo de los místicos; esa aridez que parece inacabable al sentirla, le envolvía el espíritu como una cerrazón en el océano; no le dejaba ver ni un rayo de luz del cielo.

«¡Y las campanas toca que tocarás!» Ya pensaba que las tenía dentro del cerebro; que no eran golpes del metal, sino aldabonazos de la neuralgia que quería enseñorearse de aquella mala cabeza, olla de grillos mal avenidos.

Sin que ella los provocase, acudían a su memoria recuerdos de la niñez, fragmentos de las conversaciones de su padre, el filósofo, sentencias de escéptico, paradojas de pesimista, que en los tiempos lejanos en que las había oído no tenían sentido claro para ella, mas que ahora le parecían mentira digna de atención.

«De lo que estaba convencida era de que en Vetusta se ahogaba; tal vez el mundo entero no fuese tan insoportable como decían los filósofos y los poetas tristes; pero lo que es de Vetusta, con razón se podía asegurar que era el peor de los poblachones posibles.» Un mes antes había pensado que el Magistral iba a sacarla de aquel hastío, llevándola consigo sin salir de la catedral, a regiones superiores, llenas de luz. «Y capaz de hacerlo como lo decía debía de ser, porque tenía mucho talento, y muchas cosas que explicar; pero ella, ella era la que caía de lo alto a lo mejor, la que volvía a aquel enojo, a la aridez que le secaba el alma en aquel instante.»

Ya no pasaba nadie por la Plaza Nueva; ni lacayos, ni curas, ni chiquillos, ni mujeres del pueblo; todos debían estar ya en el cementerio o en el Espolón...

Ana vio aparecer debajo del arco de la calle del Pan, que une la plaza de este nombre con la Nueva, la arrogante figura de don Alvaro Mesía, jinete en soberbio caballo blanco, de reluciente piel, crin abundante y ondeada, cuello grueso, poderosa cerviz, cola larga y espesa. Era el jaco de pura raza española, y hacíale el jinete piafar, caracolear, revolverse, con gran maestría de la mano y la espuela, como si el caballo mostrase toda aquella impaciencia por su gusto, y no excitado por las ocultas maniobras del dueño. Saludó Mesía de lejos y no vaciló en acercarse a la Rinconada, hasta llegar debajo del balcón de la Regenta.

El estrépito de los cascos del animal sobre las piedras, sus graciosos movimientos, la hermosa figura del jinete, llenaron la plaza de repente de vida y alegría, y la Regenta sintió un soplo de frescura en el alma. ¡Qué a tiempo aparecía el galán! Algo sospechó él de tal oportunidad al ver en los ojos y en los labios de Ana, dulce, franca y persistente sonrisa.

No le negó la delicia de anegarse en su mirada, y no trató de ocultar el efecto que en ella producía la de don Alvaro. Hablaron del caballo, del cementerio, de la tristeza del día, de la necedad de aburrirse todos de común acuerdo, de lo inhabitable que era Vetusta. Ana estaba locuaz, hasta se atrevió a decir lisonjas, que si directamente iban al caballo, también comprendían al jinete.

Don Alvaro estaba pasmado, y si no supiera ya por experiencia que aquella fortaleza tenía muchos órdenes de murallas, y que al día siguiente podría encontrarse con que era lo más inexpugnable lo que ahora se le antojaba brecha, hubiese creído llegada la ocasión de dar el ataque *personal,* como llamaba al más brutal y ejecutivo. Pero ni siquiera se atrevió a intentar acercarse, lo cual hubiera sido en todo caso muy difícil, pues no había de dejar el caballo en la plaza. Lo que hacía era aproximarse lo más que podía al balcón, ponerse en pie sobre los estribos, estirar el cuello y hablar bajo para que ella tuviese que inclinarse sobre la barandilla si quería oírle, que sí quería aquella tarde.

¡Cosa más rara! En todo estaban de acuerdo; después de tantas conversaciones, se encontraba ahora con que tenían una porción de gustos idénticos. En un incidente del diálogo se acordaron del día en que Mesía dejó a Vetusta y encontró en la carretera de Castilla a Anita, que volvía de paseo con sus tías. Se discutió la probabilidad de que fuese el mismo coche y el mismo asiento el que poco después ocupaba ella cuando salió para Granada con su esposo...

Ana se sentía caer en un pozo, según ahondaba, ahondaba en los ojos de aquel hombre que tenía debajo; parecía que toda la sangre se le subía a la cabeza, que las ideas se mezclaban y confundían, que las nociones morales se deslucían, que los resortes de la voluntad se aflojaban; y viendo como veía un peligro, y desde luego una imprudencia en hablar así con don Alvaro, en mirarle con deleite que no se ocultaba, en alabarle y abrirle el arca secreta de los deseos y los gustos, no se arrepentía de nada de esto, y se dejaba resbalar, gozándose en caer, como si aquel placer fuese una venganza de antiguas injusticias sociales, de bromas pesadas de la suerte, y sobre todo de la estupidez vetustense que condenaba toda vida que no fuese la monótona, sosa y necia de los insípidos vecinos de la Encimada y la Colonia... Ana sentía deshacerse el hielo, humedecerse la aridez; pasaba la crisis, pero no como otras veces, no se resolvería en lágrimas de ternura abstracta, ideal, en propósitos de vida santa, en anhelos de abnegación y sacrificios; no era la fortaleza, más o menos fantástica, de otras veces quien la sacaba del desierto de los pensamientos secos, fríos, desabridos, infecundos; era cosa nueva, era un relajamiento, algo que al dilacerar la voluntad, al vencerla, causaba en las entrañas placer, como un soplo fresco que recorriese las venas y la médula de los huesos. «Si ese hombre no viniese a caballo, y pudiera subir, y se arrojara a mis pies, en este instante me vencía.» Pensaba esto y casi lo decía con los ojos. Se le secaba la boca y pasaba la lengua por los labios. Y como si al caballo le hiciese cosquillas aquel gesto de la señora del balcón, saltaba y azotaba las piedras con el hierro; mientras las miradas del jinete eran cohetes que se encaramaban a la barandilla en que descansaba el pecho fuerte y bien torneado de la Regenta.

Callaron, después de haber dicho tantas cosas. No se había hablado palabra de amor, es claro; ni don Alvaro se había permitido galantería alguna directa y sobrado significativa; mas no por eso dejaban de estar los dos convencidos de que por señas invisibles, por efluvios, por adivinación o como fuera, uno a otro se lo estaban diciendo todo; ella conocía que a don Alvaro le estaba quemando vivo la pasión allá abajo; que al sentirse admirado, tal vez amado en aquel momento, el agradecimiento tierno y dulce del amante y el amor irritado con el agradecimiento y con el señuelo de la ocasión le derretían; y Mesía comprendía y sentía lo que estaba pasando por Ana, aquel abandono, aquella flojedad del ánimo.

«¡Lástima —pensaba el caballero— que me coja tan lejos, y a caballo, y sin poder apearme decorosamente, este *momento crítico!*...» Al cual momento groseramente llamaba él para sus adentros el *cuarto de hora.*

No había tal cuarto de hora, o por lo menos no era aquel cuarto de la hora a que aludía el materialista elegante.

Todo Vetusta se aburría aquella tarde, o tal se imaginaba Ana por lo menos; parecía que el mundo se iba a acabar aquel día, no por agua ni fuego, sino por hastío, por la gran culpa de la estupidez humana, cuando Mesía, apareciendo a caballo en la plaza, vistoso, alegre, venía a interrumpir tanta tristeza fría y cenicienta con una nota de color vivo, de gracia y fuerza. Era una especie de resurrección del ánimo, de la imaginación v del sentimiento la aparición de aquella arrogante figura de caballo y caballero en una pieza, inquietos, ruidosos, llenando la plaza de repente. Era un rayo de sol en una cerrazón de la niebla, era la viva reivindicación de sus derechos, una protesta alegre y estrepitosa contra la apatía convencional, contra el silencio de muerte de las calles y contra el ruido necio de los campanarios.

Ello era que, sin saber por qué, Ana, nerviosa, vio aparecer a don Alvaro como un náufrago puede ver el buque salvador que viene a sacarle de un peñón aislado en el océano. Ideas y sentimientos que ella tenía aprisionados como peligrosos enemigos rompieron las ligaduras; y fue un motín general del alma, que hubiera asustado al Magistral de haberlo visto, lo que la Regenta sintió con deleite dentro de sí.

Don Alvaro no recordaba siquiera que la Iglesia celebraba aquel día la fiesta de Todos los Santos; había salido a paseo porque le gustaba el campo de Vetusta en otoño y porque sentía opresiones, ansiedades que se le quitaban a caballo, coriendo mucho, bañándose en el aire que le iba cortando el aliento en la carrera...

«¡Perfectamente! Mesía con aquella despreocupación, pensando en su placer, en la naturaleza, en el aire libre, era la realidad racional, la vida que se complace en sí misma; los otros, los que tocaban las campanas y *conmemoraban* maquinalmente a los muertos que tenían olvidados, eran las bestias de reata, la eterna Vetusta que había aplastado su existencia entera (la de Anita) con el peso de preocupaciones absurdas; la Vetusta que la había hecho infeliz... ¡Oh, pero estaba aún a tiempo! Se sublevaba, se sublevaba; que lo supieran sus tías, difuntas; que lo supiera su marido; que lo supiera la hipócrita aristocracia del pueblo, los Vegallana, los Corujedos..., toda la clase..., se sublevaba...» Así era el cuarto de hora de Anita, y no como se lo figuraba don Alvaro, que mientras hablaba, sin propasarse, estaba pensando en dónde podía dejar un momento el caballo. No había modo; sin violencia, que podía echarlo todo a perder, no se podía buscar pretexto para subir a casa de la Regenta en aquel momento.

Gran satisfacción fue para dor Víctor Quintanar, que volvía del casino, encontrar a su mujer conversando alegremente con el simpático y caballeresco don Alvaro, a quien él iba cobrando una afición que, según frase suya, «no solía prodigar...»

—Estoy por decir —aseguraba— que después de Frígilis, Ripamilán y Vegallana, ya es don Alvaro el vecino a quien más aprecio.

No pudiendo dar a su amigo los golpecitos en el hombro con que solía saludarle, los aplicó a las ancas del jaco, que se dignó mirar, volviendo un poco la cabeza al humilde infante.

... ...

INDICE

	PÁGINAS
Prólogo	5
Edad Media	7
El «Cantar de mio Cid»	9
Gonzalo de Berceo	17
Don Juan Manuel	21
Juan Ruiz, Arcipreste de Hita	27
Jorge Manrique	37
«La Celestina»	41
«El Romancero»	53
Siglo de Oro	59
Garcilaso de la Vega	61
Fray Luis de León	69
Santa Teresa de Jesús	75
San Juan de la Cruz	83
«Lazarillo de Tormes»	91
Miguel de Cervantes	97
Lope de Vega	119
Calderón de la Barca	139
Luis de Góngora	159
Francisco de Quevedo	169
Baltasar Gracián	177
Siglo XVIII	181
Feijoo	183
Jovellanos	189
José Cadalso	193
Leandro Fernández de Moratín	199
Siglo XIX	209
El Duque de Rivas	211
Mariano José de Larra	221
José de Espronceda	229
Bécquer	237
Juan Valera	243
Benito Pérez Galdós	249
«Clarín»	265

285